茶与全球史·福建师范大学译丛

18 世纪亚洲商品
在斯堪的纳维亚

〔瑞典〕**汉娜·霍达克斯**
著

贺建涛　陈文希————译

Silk and Tea
in
the North

Hanna Hodacs

Scandinavian Trade
and the Market for
Asian Goods in
Eighteenth-Century Europe

社会科学文献出版社
SOCIAL SCIENCES ACADEMIC PRESS (CHINA)

"茶叶与全球史译丛" 主编译序

茶叶在历史上是起源于亚洲季风区的中国特色农产品，茶在中国栽种、制作和消费历史非常悠久，自唐代就已向中国周边的朝鲜、日本和越南以及西域的回鹘等地扩散传播。16 世纪地理大发现与欧洲人商业扩张推动了全球贸易网络的形成、日渐绵密，中国茶叶与西人开辟的全球性商品贸易网络深度对接，推动了中国外销茶的繁盛与中国茶区渐次扩大。明清时期是中国茶叶"走出去"的重要时期，形成了全球茶叶贸易生产端、消费端的密切联系网络，联动着东西方茶叶贸易沿线的港口、运茶船只制造与茶饮消费市场，丰富了茶叶产销两地人民的生活质量，来自中国的特色茶饮成为风靡国际的主要消费饮料之一，欧洲、美洲和非洲等地刮起一股"中国风"，茶叶的商品消费、种植推广、商业竞争逐渐带动了国际范围内茶学知识的跨界流动与历史记忆书写。

中国茶史的书写向外传播

唐代陆羽撰写的《茶经》（公元 780 年定稿）是世界范围内第一部关于茶学、茶文化和茶叶历史的系统性著作。《茶经》分为三卷，上卷详细记载了茶之源、茶之具、茶之造，中卷聚焦茶之器物类型及其运用，下卷详述茶之煮、茶之饮、茶之事、茶之出、茶之略和茶之图等内容。陆羽在《茶经》中实际上已经系统地追溯了中国茶史的时间维度，包括茶作为南方嘉木的起源、茶季时茶的制作流程以及历代茶事佳话。陆羽在《茶经》中还明确指出了中国名茶的地理分布、饮茶空间塑造等地域内容，《茶经》对后世茶叶空间美学的形塑是一个重要的示范。陆羽创立的茶道对周边汉文化圈的影响颇巨。

宋代以降，宋徽宗赵佶亲自撰写的《茶论》二十篇，被后世誉为《大观茶论》（成书于大观年间），该书以闽地建溪的北苑贡茶为中心，篇目分地产、天时、采择、蒸压、制造、鉴别辨、白茶、罗碾、茶盏、茶筅、茶瓶、茶勺、用水、点茶、茶味、茶香、茶色、藏焙、品名和外焙二十节，"研究精微，所得之妙"，影响颇深。宋代中国茶美学对于日本"茶道"的影响尤为显著。1192年，日本荣西禅师从中国回到日本后撰写《吃茶养生记》，这本被誉为日本首部开风气之先的茶书有很强的中国印记。正是"中国南方禅宗思想与制茶饮茶结合，推动了日本茶道的形成"。关于这一点，日本学者冈仓天心在《茶之书》也予以承认。不过冈仓天心1903年撰写《茶之书》写作语言是用英文，写作和出版的地点是在美国波士顿、费城和纽约为核心的新英格兰地区，其目的在于推崇以日本茶道为代表东方精神取代日趋衰落的中国茶文化精神，使日本茶道能融合东西方文明的区别与歧见，东西方的迥异人性"在茶碗中汇合交融"。

当然，冈仓天心1893年来到中国之时更为关心的是龙门石窟等中国文物，还热衷于向西方介绍所谓的"世界大发现"，引发文物贩子纷至沓来。至于其有没有接触阅读明清两代中国学者撰写的茶学新作，不得而知。明代中国学者万邦宁辑成《茗史》（成书约天启元年，1621年），清代康熙年间刘长源辑出《茶史》（成书约1669年），这两部史书是中国古代茶典籍中为数不多以史部来记载茶事的文献。尤其是《茶史》一书首先辑录各著述家之代表作，其次以编目形式论述了茶之原始、名产、分产、近品，追根溯源又更新了茶类之进展。其后添加了名泉、古今名家品水、茶之鉴赏、辩论和高致，最后还增加了茶癖、茶效等篇目。根据阮浩耕等编写的《中国古代茶叶全书》（1999年）统计，明代茶书著述还是中国历代对茶事书写最多、最繁荣的。250年间出书68种，其中现存33种、辑佚6种、已佚29种。清代茶书也有17种。

近代以来中国茶叶大量外销，以英文、荷兰文等语言形式撰写关于中国茶叶分类及其功效的记载发展起来。19世纪80年代，英国开始在印度、锡兰等地种植和制作茶叶，荷兰在爪哇等地试种试制红茶，这一时期以英文和荷兰文形式书写的茶史开始猛增，不过，这些茶史著作内容侧重于当地茶商茶人对现代制茶学工艺、化学以及机器运用层次的探索，科技史的成分比较浓厚。随着中国茶在国际市场的相对衰微，中国制茶精英和知识分子开始引介、翻译国外先进的现代制茶论著，主要就是印度、荷兰和日本茶学界比较重要的茶事书写，以此作为复兴中国茶的智识基础。现代制茶的工艺以及其背后茶学化学、茶文化等知识反向影响亚洲传统产茶制茶的中国、日本，形成了知识史上跨国流动的新局面。

从茶史中探寻"全球"

经济大萧条对于英国主导的国际茶叶生产、销售网络是一个重要的挑战，但也促成了国际茶叶领域内的机构建设与知识生产。为了控制茶叶的产量，英国、荷兰主导建立了国际茶叶委员会。1935 年，长期主编《茶叶与咖啡》杂志的美国学者乌克斯出版了《茶叶全书》（*All About Tea*），对全球茶叶历史、产茶国和茶叶消费国进行了全面的梳理，这部巨著第一次系统阐述了全球茶叶历史演进的图景，产生了重要影响。中国现代茶学先驱吴觉农先生较早就开始组织团队将之翻译为百万字的汉文文字，并于 20世纪 40 年代至 50 年代陆续出版，使中文读者能够一睹美国学者的茶学百科全书著作。

20 世纪 50 年代，国际历史学界出现了新的变化。以英国历史学家巴勒克拉夫为代表的一批学者倡导"全球史观"，其在史学领域产生重要的影响，历史学知识生产与创作出现了"全球史的转向"。德国历史学家康拉德在《全球史导论》《什么是全球史？》中力图将全球史作为分析工具，将过往历史置于全球语境之中。全球史从理论和视野上强调空间的拓展与时间维度的更新，从方法论和可操作层面强调区域间的互动、联系和网络。还有一部分全球史著作以微观视角入史，从茶叶、鸦片、白银、棉花、可可、烟草等大规模种植、远距离贸易的商品切入，探讨全球微观史与物质文化的散布、流传与本土化过程，使得全球史的研究兼具理论高度、宏大视野与微观角度的可操作性。

茶叶作为起源中国，并逐渐演化为全球饮品，涉及全球政治、经济、环境、劳工和文化等各个层面的复杂历史，近代以来成为全球史学家们颇为青睐的切入领域。皮尔·弗里斯（Peer Vires）的《茶的政治空间：近代早期中英经济的历史》（奥地利维也纳，2009 年出版）、埃丽卡·拉帕波特（Erika Rappaport）的《茶叶与帝国：口味如何塑造现代世界》（美国新泽西州，2017 年出版）、仲伟民的《茶叶与鸦片：十九世纪经济全球化中的中国》（生活·读书·新知三联书店，2010 年出版）和刘仁威（Andrew B. Liu）的《茶业战争：中国与印度的一段资本主义史》（美国康涅狄格州，2020 年初版，2023 年东方出版中心翻译出版）等著作均以茶叶为核心，书写全球茶叶史。正是基于全球史的时空框架与历史写作新转向，2023 年初，福建师范大学区域与国别研究院决定出版一套反映国外学者撰写茶叶全球史的译丛。在院长王晓德教授、副院长孙建党教授的指导下，本人受委托承担了主编这套全球茶叶史译丛的工作。经过反复思考，我们首期遴选了如下五本颇具代表性的茶叶史专著。这五本书从地域与时间维度展现了茶叶史书写从民族国家向区域过渡，从不同视角体现全球茶叶贸易的演变与饮茶之风的传播。

福建与江西交界的武夷山脉是中国南方茶叶的核心产区，是近代茶叶贸易从中国行销全球的货源地。美国学者罗伯特·加德拉（Robert Gardella）的《摘山：福建茶叶如何走向世界，1757–1937》（University of California Press，1998 年出版，江振鹏主译），从全球史视角探讨了近代闽茶为代表的中国茶叶融入全球资本主义的兴衰历程及其影响。茶叶销售到欧美国家之后在很大程度上塑造了当地的饮食风尚与文化。在北美，早在独立革命之前，饮茶之风就已经十分流行，美国学者卡罗琳·弗兰克（Frank Caroline）所著《中国器物与美国镜像：早期美利坚流通的中国商品》（University of Chicago Press，2011 年出版，吴万库译）聚焦于瓷器、茶叶和中国风艺术的贸易与消费，展现了殖民地时期的英裔美利坚人如何把自己视为远超英国和欧洲的属于更广阔世界的一部分，重现早期殖民地市场中中国商品的广泛流通以及东印度群岛贸易对殖民地社会商业性质的影响，深入探讨了这一贸易在美国国家形成过程中所扮演的角色。

在泛北欧地区，作为中国茶叶行销欧洲的集散地和中国丝绸消费的中心市场，斯堪的纳维亚地区推动了中国风在欧洲的流行，在相当程度上形塑了当时北欧，乃至整个欧洲的贸易结构、消费主义观念与时尚。瑞典学者汉娜·霍达克斯（Hanna Hodacs）所著《丝与茶：18 世纪亚洲商品在斯堪的纳维亚》（Springer Press，2016 年出版，贺建涛主译）追溯了 18 世纪斯堪的纳维亚地区与中国丝绸、茶叶贸易的演变与发展，论述了重商主义作用下斯堪的纳维亚在仿制中国丝绸与茶叶方面所做出的尝试，阐释了亚洲贸易对斯堪的纳维亚博物学和政治经济学的影响。在兴盛时期的英帝国区域，喝茶更是成为英国臣民的身份象征。朱莉·E. 弗罗默（Julie E. Fromer）所著《英国的茶：维多利亚时代不可或缺的奢侈品》（Ohio University Press，2008 年出版，赵万武主译）对 19 世纪英国茶的实物和仪式在视觉以及文本层面上的呈现进行深入分析，研究了维多利亚时代英国茶的独具特色的历史和文化属性等问题。最后，在 19 世纪晚期，伴随着英国对中国茶叶植株与技术的窃取，英国打破了中国的茶叶贸易垄断，印度在英帝国茶叶贸易体系中的地位超越了中国。中文的"茶"拆开，有"人在草木间"之说法，英文中的"Tea"一词也是起源自中国的闽南方言，茶叶种植制作无疑广泛涉及人与自然之间密切互动关系。纽约州立大学阿尔纳布·戴伊（Arnab Dey）所著的《阿萨姆茶园：一部环境文化史》（Cambridge University Press，2011 年，王林亚译）从环境史的角度出发，综合考察法律、生态学和农学在英属印度东部茶叶种植园中的作用。作者将生物、病菌等"非人类因素"置于茶叶生产过程的核心位置，既阐释了人与自然在阿萨姆地区的协同演化进程，也是对帝国史和资本主义史的重新解读。

现如今原产中国的茶已成为全球饮品市场中的重要消费品，它自身含有的咖啡碱、茶多酚、儿茶素、氨基酸等有益元素给各国人民带来了低热量、健康和愉悦，联结人们的社会生活与情感追求，甚至于精神哲学的认同。革命先行者孙中山曾论及"中国人发明的茶叶，至今为世界一大之需要，文明各国皆争用之"，孙中山对 20 世纪初期"中国曾为以茶叶供给全世界之唯一国家，今则中国茶叶商业已为印度、日本所夺"的情况痛心疾首。孙中山在《建国方略》中擘画中国的振兴实业计划，提出要"改良丝茶及改良中国种子"的建议，茶务振兴成为其国家建构中重要的经济方略。经过近百年的赓续奋斗，中国的茶业重新回到国际茶叶市场的重要地位。2004 年，中国重新成为全球第一大茶叶生产国，2017 年成为全球最大的茶叶出口国，此后一直稳居前列，中国国内茶业的消费市场蓬勃发展，新式茶饮火爆年轻消费者群体，并且开始"出海"深耕国外市场，反映出人民生活水平的提升，茶叶作为商品和文化联通世界的作用在不断增强。

"国盛茶兴"，近代以来中国茶业盛极而衰又涅槃重生的道路是数代人持续奋斗的缩影，映照着中国政府和茶商、茶企、茶人的不懈努力。中国茶业现代化依靠的是产业、科技和文化的综合统筹，其背后的根基是知识的积累与科技创新。"一茶一世界"，从知识社会学的视角，将过往全球茶叶的历史书写进行译介，跨文化的沟通交流和仔细地研读以及对全球茶文化的深入省思，对中国文化走出去和古典学的研究当有所裨益。

福建师范大学区域与国别研究院教授　　江振鹏

2025 年 1 月谨识于茶港福州

中译本序

我很激动《丝与茶：18 世纪亚洲商品在斯堪的纳维亚》这本书翻译成中文出版。本书为 18 世纪欧亚贸易的宏大历史画卷增添了一块小拼图。说得更具体一点，它回溯了 18 世纪 30 年代到 60 年代丹麦和瑞典东印度公司的商业史，这一时期正是中欧直接贸易迅速扩张的时期。茶叶是首屈一指的商品，到了 18 世纪中叶，茶叶已超越南亚的棉纺织品，成为推动欧亚海上贸易的主要商品。不过，正如我在书中所示，瑞典公司尤其在绚丽的中国丝织品上投入了大量资金。

本书是我参与《欧亚贸易：欧洲的亚洲世纪（1600—1830）》研究项目的学术成果。该项目由欧洲研究组织资助，由马克辛·伯格（Maxine Berg）教授设计和主持，并由华威大学承办。项目组的其他成员撰写了另外两本专著。克里斯·尼尔斯特拉兹的《茶叶与纺织品贸易的竞争》（帕尔格雷夫·麦克米伦出版社，2015 年）对英国和荷兰之间一些重要商品的贸易给予了关注。[1] 费利西亚·戈特曼的《全球贸易、走私和经济自由主义的形成》（帕尔格雷夫·麦克米伦出版社，2016 年）介绍了法国亚洲纺织品的进口贸易，讨论它们如何对法国纺织业造成了威胁，以及如何对当时的经济争论产生了影响。[2] 此外，项目组于 2015 年编辑出版了一本文集《来自东方的商品（1600—1800）》（帕尔格雷夫·麦克米伦出版社）。

我对这一项目的突出贡献在于我关注的是小公司。我的研究显示，这些公司在亚洲开拓贸易时，采取了与法国人、荷兰人和英国人不同的策略。与后三者相比，瑞典公司在亚洲没有殖民地作为据点。丹麦公司在科

---

[1] Chris Nierstrasz, *Rivalry for Trade in Tea and Textiles* (Palgrave Macmillan, 2015).

[2] Felicia Gottmann, *Global Trade, Smuggling and the Making of Economic Liberalism*, Palgrave Macmillan, 2016.

罗曼德尔海岸经营了几个贸易站，① 但其与中国贸易的利润远高于同印度的贸易，且这两者之间的发展是相对平行的。部分地受到这些状况的影响，斯堪的纳维亚的贸易商品主要是能够更直接地满足欧洲消费者需求的商品，尤其是茶叶。

我所参与的上述项目完成后，许多变化接踵而至。例如，我使用的许多资源现在可以在网上获取了。丹麦国家档案馆已将与丹麦东印度公司（丹麦亚洲公司）有关的大量文件数字化，这其中包括贸易谈判日志（Negotiejournal）。这是一项非常丰富的资源，提供了观察广州日常贸易的窗口。另一个变化是商船商务总管（Supercargo）② 查尔斯·欧文（Charles Irvine，1693-1771）留下的档案。作为"瑞典东印度公司记录"（Swedish East India Company Records）的一部分，这些档案已由明尼苏达大学图书馆下属的詹姆斯·福特·贝尔图书馆（James Ford Bell Library）在线公开。最近我发表了一篇关于欧文及其大家族如何在近 40 年的时间里参与瑞典不同领域贸易的文章，其中欧文的信件是文章的核心材料（汉娜·霍达克斯：《家族传承：瑞典东印度公司与欧文家族（1731-1770）》，《世界历史杂志》第 31 卷，2020 年第 3 期）。③ 作为中国商品主要贸易商留存下来的规模较大的商人档案之一，它为历史学家提供了很多参考。迈克·冯·布雷修斯的专著《私营企业与中国贸易：欧洲的商人和市场（1700-1750）》（博睿学术出版社，2022 年，开放获取④）即为最近的例证。⑤ 冯·布雷修斯的这本书，缘起于她还是博士生时参与"欧亚贸易"项目所做的研究。在她的研究中，她关注了欧文以及与欧文合作的欧亚商人的关系网，包括

---

① 科罗曼德尔海岸属于印度德干半岛孟加拉湾海岸的一部分。北起克里希纳（Krishna）河口，南抵保克海峡北端的卡利米尔角（Point Calimere），长约 700 千米。（译者注）

② "Supercargo"来自西班牙语"Sobrecargo"，"Sobre"意为"监督"，"cargo"意为"货物"。"Supercargo"为 18-19 世纪欧洲商船的常设职位，代表船主或货主采购、押运、出售相关货物，并处理相关商务，其身份相当于职业经理人。中文语境多将其翻译为"大班、押运人、货物经管员"等。为方便理解，译者采取了意译的方法，将其译为"商船商务总管"。（译者注）

③ Hanna Hodacs, "Keeping it in the Family: The Swedish East India Company and the Irvine Family, 1731-1770", *Journal of World History*, Vol. 31, No. 3, 2020.

④ 开放获取（Open Access）指科研知识成果在互联网上公开发布，社会公众可免费阅读、下载、复制、传播。（译者注）

⑤ Meike von Brescius, *Monograph Private Enterprise and the China Trade*, *Merchants and Markets in Europe*, 1700-1750, Brill, 2022.

他们参与从拉美向中国输送白银的贸易活动。

　　冯·布雷修斯的研究成果为日益增多的新研究提供了素材，这些研究以不同的方式追踪商人、资本和货物，研究视野超越了东印度公司及其所在国家的特定范畴。2020 年，《世界历史杂志》出版了一期由费利西亚·戈特曼（Felicia Gottmann）和菲利普·斯特恩（Philip Stern）编辑的特刊，更深入地探讨了这些问题。这期杂志中有一篇利奥斯·米勒（Leos Müller）的文章，探讨了在 1760 年至 1787 年斯堪的纳维亚半岛与中国的贸易演变，我的书中没有详细介绍这段时期的贸易。更具体地说，它关注的是汇款业务，以及英属东印度公司的代表在印度半岛赚取的英国资本（"孟加拉财富"①）如何流转至广州，然后作为信贷被瑞典和丹麦公司所用。同期特刊中的其他文章，对近代早期贸易公司之间界限的渗透性提出了更多见解。利奥斯·米勒和克拉斯·罗恩贝克最近的一篇文章从商品链的视角，探讨了中国商品在瑞典的转口（《瑞典东印度贸易的增值分析（1730—1800）》，《斯堪的纳维亚经济史评论》第 70 卷第 1 期，2022 年）。② 他们的研究表明，大量货物的转口贸易，尤其是茶叶，对瑞典外贸平衡产生了显著影响。另一个研究案例同样借鉴了瑞典东印度公司的历史，但研究视角聚焦于作为广州和澳门跨国社群中一部分的公司员工，这便是丽莎·赫尔曼的著作《此屋非家：1730—1830 年欧洲人在广州与澳门的日常生活》（博睿学术出版社，2019 年）。③ 综上所述，这些例子表明了斯堪的纳维亚东印度公司的历史在很大程度上已经成为许多不同类型全球史的一部分。

　　在本书中，我还关注了斯堪的纳维亚公司从中国进口的两种重要商品——茶叶与丝织品的物质特性。在对后者的研究中，首先让我着迷的是配色方案，之后是品种繁多、丰富而复杂的命名法，以及欧洲日新月异的需求。我最初没意识到的是，终端消费者与批发商感受多样色彩的方式可能不同。批发商在哥德堡和哥本哈根的拍卖会上购买了数百件丝绸，他们需要一个非常具体的术语来区分诸多颜色在色调上的差异，而购买一两件

---

① 作者原文为 "Bengal Money"，意思为从孟加拉地区赚取的财富、收入。

② Leos Müller and Klas Rönnbäck, "Swedish East India trade in a value-added analysis, c. 1730-1800", *Scandinavian Economic History Review*, Vol. 70. No. 1, 2022.

③ Lisa Hellman: *This House Is Not a Home: European Everyday Life in Canton and Macao 1730-1830*, Brill, 2019.

中国丝绸成衣的消费者则倾向于使用更简单的术语，如红色或蓝色。在未来，我希望能进一步探索近代早期瑞典消费者与来自中国的彩色丝织品之间的关系，但我也很想了解更多关于丝绸商品链上中国供货端的情况。那时的蚕农、染工和织工是如何应对国外消费者不断变化的需求的，比方说，当一位欧洲统治者去世时，买得起正式丧服的精英阶层突然对黑色丝织品产生的巨大需求？

中国茶还有许多不为人知的故事，尽管在过去十年中，它成为了若干有趣的新研究的主题，例如韩洁西（Jessica Hanser）的《史密斯先生到中国》（耶鲁大学出版社，2019 年）。① 马克曼·埃利斯、理查德·库尔顿、马修·莫格的《茶叶帝国：征服世界的亚洲树叶》（瑞科图书出版社，2015 年）和埃丽卡·拉帕波特的《茶叶与帝国：口味如何塑造现代世界》（普林斯顿大学出版社，2017 年）。② 后两者将茶叶的生产和消费与大英帝国的建构联系在了一起。然而，中国茶在西方世界的持续存在往往被忽视，至少在像我这样不懂中文的人中所能接触到的研究是这样的。我对中国茶叶的质量一直抱有浓厚的兴趣，尤其是那些每年被装进成千上万个大箱子、运往欧洲的廉价茶。这种茶当时是很多人的日用品，现在对我们来说却如此难以捉摸。在我最近的研究课题中，我试图通过研究 18 世纪 40 年代瑞典医生收集的仿制茶配方，来了解武夷茶的物质特性。这些资料显示了近代早期北欧人如何看待来自中国的红茶，以及当他们试图仿制中国茶时，他们最看重的品质是什么。我了解到，茶的"叶子"在干燥和卷曲时的外观、在水中的舒展方式以及冲泡的颜色都很重要。视觉方面的观感可能比热饮时的口感效果更重要（汉娜·霍达克斯：《十八世纪的咖啡和茶叶替代品：影响全球的乡村和物质史》，《全球历史杂志》第 18 卷第 3 期，2023 年）。③《丝与茶：18 世纪亚洲商品在斯堪的纳维亚》为我近期的一些想法提供了源泉。

---

① 〔加拿大〕韩洁西：《史密斯先生到中国》，史可鉴译，广东人民出版社，2021。

② 〔英〕马克曼·埃利斯（Markman Ellis）、理查德·库尔顿（Richard Coulton）、马修·莫格（Matthew Mauger）：《茶叶帝国：征服世界的亚洲树叶》，中国友谊出版公司，高领亚、徐波译，2019；〔美〕埃丽卡·拉帕波特（Erika Rappaport）：《茶叶与帝国：口味如何塑造现代世界》，北京联合出版公司，宋世锋译，2022。

③ Hanna Hodacs, "Substituting Coffee and Tea in the Eighteenth Century: A Rural and Material History with Global Implications", *Journal of Global History*, Vol. 18, no. 3, 2023.

换言之，如你所见，探索 18 世纪中欧之间的贸易是如何演变的，生产者、公司、商人和消费者是如何联系在一起的，以及与不同商品相关的物质文化，还有很多工作要做。我真诚地希望这本书能够为那些和我一样对类似问题感兴趣的人提供一些帮助。

汉娜·霍达克斯

2024 年 10 月 24 日于瑞典乌普萨拉市

目　录

致　谢

我们对过去的发问反映了对当下的思考，有时也会反映我们个人的处境。随着我越来越频繁地横渡欧洲北海并最终在伯明翰定居，我对 18 世纪和 19 世纪英国与瑞典交流史的兴趣也与日俱增。从往返英国和瑞典的经历中，我越来越多地意识到跨国交流和全球化的进程影响了区域发展和个人生活的过去和现在。然而，正是在华威大学的全球历史与文化中心（Centre for Global History and Culture，CGHC）从事研究工作，让我在智识与职业上有了成为一名全球史专家的机遇。

本书是我在项目"欧亚贸易：欧洲的亚洲世纪（1600—1830）"中担任研究员时所完成的成果，该项目由欧洲研究理事会资助，由玛克辛·伯格（Maxine Berg）教授设计并领导。历史系和全球历史与文化中心为我营造了一个非常浓郁的学术氛围。虽然在大项目中工作很有挑战性，但也让我收获颇丰。如果没有玛克辛·伯格提供的知识框架，以及建议和鼓励，这本书就不会问世。首先，我要感谢玛克辛给了我这个机会，感谢她自始至终以各种方式支持我。

我有很多出色的同事一起从事这个项目。研究法国、荷兰和英国东印度贸易的费利西亚·戈特曼（Felicia Gottmann）和克里斯·尼尔斯特拉兹（Chris Nierstraz）是我的研究员同伴。我们就如何研究和教授近代早期全球史交流了许多想法。梅克·冯·布雷斯库斯（Meike von Bresicus）在"欧亚贸易：欧洲的亚洲世纪（1600—1830）"项目中攻读博士学位，她是我的另一位好伙伴，我与她一起查阅了明尼阿波利斯市（Minneapolis）和查尔斯·欧文（Charles Irvine）的大量档案。海伦·克利福德（Helen Clifford）是该项目的博物馆顾问，在多个方面发挥了非常重要的作用，在编辑本书书稿时也给予了很大帮助，与她的合作总是令人开心。我们的项目管理人员安娜·博纳姆（Anna Boneham）同样是一位令人愉快的合作伙伴，她巧妙地安排了大部分事务。安娜·古什卡（Anna Guszcza）、Jiao Liu 和谢拉格·霍姆斯（Sheilagh Holmes）提供了重要而可靠的行政和研究支持。谢谢你们！蒂姆·戴维斯（Tim Davies）也以不同的身份参与了该项目，在将近四年的时间里，这一项目在华威大学吸引了 11 个人参与。还有更多的人通过参加该项目的研讨会和工作坊对项目的研究工作做出了贡献，这些研讨会和工作坊包括："比较公司：历史学家的新问题"，华威大学，2012 年；"1600—1850 年东印度贸易的物质接触"，牛津，2012 年；"来自东方的货物：1600—1830 年的欧亚贸易"，威尼斯，2014 年。一些博物馆馆长、档案管理员和历史学家出席了以上会议和其他有关活动，并提出了意见和建议，没有他们的参与，本书的撰写将难上加难。

在撰写的过程中，我把笔记和想法写作成书，莱昂斯·米勒（Leos Müller）在其中扮演了非常重要的角色。他慷慨地与我分享了他的全球视野和其对 18 世纪斯堪的纳维亚贸易的深入了解，他还阅读并评论了本书草稿的许多章节。谢谢！我还要感谢其他几个人。丹麦国家档案馆（Rigsarkivet）的埃里克·戈贝尔（Erik Gøbel）围绕丹麦贸易的原始资料和文献提供了建议。位于明尼阿波利斯的詹姆斯·福特·贝尔图书馆（James Ford Bell Library）的工作人员玛格丽特·弗兰岑·博格（Margaret Franzen Borg）和玛格丽特·拉格诺（Margaret Ragnow）为我检索查尔斯·欧文的大量档案提供了很大的帮助。我还想感谢一下保罗·范岱克（Paul A. Van Dyke），他在许多场合慷慨地分享资料，并帮助回答有关 18 世纪广州贸易的问题。丽莎·赫尔曼（Lisa Hellman）阅读了整个手稿，就像被帕尔格雷夫出版社咨询的匿名外部读者一样，就如何组织文本提出了许多有见地的评论和宝贵的建议。马蒂亚斯·珀森（Mathias Person）、乔恩·斯托巴特（Jon Stobart）和玛丽·乌尔文（Marie Ulväng）阅读了不同章节的草稿，他们都帮助我解决了有关近代早期纺织品、茶和政治经济方面的不同问题。我还从伊娃·安德森（Eva Andersson）那里得到了关于纺织品和奢侈品立法的详细建议，她慷慨地与我分享了她的笔记。我非常感谢安·格伦哈玛（Ann Grönhammar）、韦伯·玛丽亚·马滕斯（Vibe Maria Martens）、托夫·恩格哈特·马蒂亚森（Tove Engelhardt Mathiassen）和安妮卡·温达尔·庞坦（Annika Windahl Ponten）针对相关原材料的建议和指导。我也感谢莱特斯泰茨卡·弗雷宁根（Letterstedtska Föreningen）为本书复制使用彩色图像提供资金。

我在许多会议、工作坊和研讨会上发表论文收到的评论，为本书中的论述提供了借鉴。这些论文包括：《全球色彩：全球历史中的理论、材料和着色剂》（华威大学，2012年4月）、《现代之前的创新：近代早期世界的布料和服装》（北欧博物馆，斯德哥尔摩，2012年10月）、"亚洲比较史研讨会"中的论文（历史研究所，伦敦，2012年11月）、《来自东方的货物》（威尼斯，2013年1月）、《关于颜色的全球视角》（伦敦皇家艺术学院，2013年2月）、《近代早期世界的政治经济学和帝国》（耶鲁大学，2013年5月）、《公司：连续性、过渡还是解体?》（耶鲁大学，2013年5月）、《亚洲商品和18世纪斯堪的纳维亚：贸易、物质文化和不断变化的消费模式》（国家海事博物馆，斯德哥尔摩，2014年5月）、《视觉差异：近代早期欧洲的对象、空间和实践》（北欧博物馆，斯德哥尔摩，2014年10月）。此外，还包括我在下列会议发表的论文：第24届科学、技术和医学史国际大会上关于茶、丝绸和拍卖的会议（曼彻斯特，2013年7月）；经济史学会会议（华威大学，2014年4月）；瑞典历史学家会议（斯德哥尔摩，2014年5月）；第14届18世纪研究国际大会（鹿特丹，2015年7月）。

在华威大学参与研究项目的同时，我还主持我自己的项目"1760—1810年的西方科学：关于社会流动性和科学流动性"，该项目由瑞典研究理事会（Vetenskapsrådet）资助，研究时限是2011年至2015年。华威大学再次为我提供了探究18世纪全球学术思想的绝佳机会，这些研究有一些已经渗透到本书的写作中。然而，与两份工作和两种税收制度打交道并不总是那么容易。我特别要感谢瑞典皇家科学院科学史中心的卡尔·格兰丁（Karl Grandin）教授，他对我的瑞典项目给予了极大的包容。

有时候，撰写这本书可以让我摆脱生活的波澜，友谊则帮助我应对了生活中各种复杂问题。我把这本书献给那些在我经过激流险滩时温柔地帮助我坚持下去的人：夏洛特（Charlotte）、克里斯蒂娜（Christina）、费利西亚（Felicia）、赫拉（Hera）、乔（Jo）、罗薇娜（Rowena）、莎齐亚（Shazia）、雪莱（Shelley）、西尼尔德（Signild）、西尔克（Silke）和索尼娅（Sonja）。

全球史、欧洲史、斯堪的纳维亚史与东印度贸易

第一节　跟随茶叶和丝绸抵达欧洲北部

近代早期欧洲所消费的茶叶几乎都来自中国，其中大部分是红茶。茶叶经过萎凋、揉捻、风干和焙火后，放进内有铅衬的箱子，然后装上东印度公司的商船运至欧洲。茶叶和纺织品是 18 世纪欧亚贸易中最重要的商品。在与中国的贸易中，绚丽多彩的丝绸在装到东印度班轮（East Indiamen①）上时，通常被叠放到茶叶货物之上。这些丝绸或是编织而成，或是刺绣而成，真正赋予丝绸货物鲜明特征的是其多样化的颜色——从天蓝到暗红色和珍珠灰等。

斯堪的纳维亚人与中国的贸易、几乎每年一次从广州（Canton）到哥德堡和哥本哈根的远航，是本书研究的重点。本书将分阶段追溯 18 世纪 30 年代到 60 年代的茶叶和丝绸贸易历史，这些历史有的与自然哲学和政治经济学相关。在有巨大规模和价值的茶叶贸易的刺激下，瑞典博物学家卡洛勒斯·林奈（Carolus Linnaeus，1707-1778）试图打破中国的贸易垄断。他想把茶叶的种植和生产移植到瑞典，这一计划包括从亚洲采购种子

---

① "Indiamen" 指与印度及东印度群岛进行贸易的商贸船。"East Indiamen" 也称 "东印度班轮"，是 17 世纪至 19 世纪欧洲主要贸易大国的东印度贸易公司租用或许可经营的帆船的总称，其中的哥德堡号（East Indiaman Gotheborg）是大航海时代瑞典著名的远洋商船，曾三次远航中国广州。（译者注）

和植株，并向欧洲的博物学家寻求如何培育它们的方法。[1] 瑞典的博物学家也在国内寻找植物制作染料，以期仿制那些光彩夺目的亚洲丝绸。为了不再进口靛蓝，有人还提议从蓝莓中提取蓝色。[2] 在近代早期欧洲国家普遍存在的古典政治经济学中，博物学家就这样把诸如此类的计划付诸行动，其核心目标就是在国内找到昂贵进口商品的替代品。

移植和替代计划显示了 18 世纪亚洲贸易扩张对欧洲的影响。然而，如果把林奈的计划解读为瑞典茶叶市场广阔的表现，那就错了。无论是在 18 世纪还是后来，茶叶在斯堪的纳维亚半岛，都没有被大量消费过。因为 18 世纪 30 年代以来，瑞典、丹麦对华茶叶贸易的异常增长并非由国内对茶叶需求增长造成。18 世纪的欧洲，茶叶是异国货市场中增长最快的贸易品之一。从 1718 年到 1784 年，欧洲从中国进口的茶叶数量从每年 160 万磅增加到每年 2000 万磅。在不到 70 年的时间里，茶叶贸易规模增长了近 12 倍，其增长速度超过了糖、咖啡和可可豆等其他受欢迎的热带商品贸易，在同一时期，最便宜的红茶价格下降了 90% 以上。[3] 18 世纪，欧洲从中国进口的茶叶多达 1/3 是由隶属于丹麦亚洲公司（Danish Asiatic Company）和瑞典东印度公司（Swedish East India Company）的船只运抵欧洲的。[4] 茶叶一旦在这些公司的拍卖会上被卖出，大部分就会被转口到其他国家。虽然这种茶叶也有很大一部分被送到了低地国家[5]的市场，但最终消费者大多还是英国人，还有一部分流入黑市。[6] 因为英国东印度公司（English East Indian Company）垄断了这一贸易，合法的英国茶叶贸易税收很高，

---

[1] Gustaf Drake, "Linnés försök till inhemsk teodling," *Svenska Linnésällskapets årskrift* 10 (1927): 68-83.

[2] Johan Linder, *Swenska färge-konst, med inländska örter, gräs, blomor, blad, löf, barkar, rötter, wäxter och mineralie*, 2nd ed. (Stockholm: printed by Lars Salvius, 1749), p. 62.

[3] Louis Dermigny, *La Chine et l'Occident: le commerce à Canton au 18e siècle 1719-1833*. 4 Vols. (Paris: 1964), Vol. 2, pp. 546-548 (from 6. 95 guilders per pound to 0. 66 guilders per pound).

[4] Dermigny, *La Chine*, Vol. 2, p. 539.

[5] 低地国家，是对欧洲西北沿海地区的荷兰、比利时、卢森堡三国的统称。（译者注）

[6] Heinz Sigrid Koplowitz Kent, *War and Trade in Northern Seas: Anglo-Scandinavian Economic Relations in the Mid-Eighteenth Century* (Cambridge: Cambridge University Press, 1973), p. 118; Hanna Hodacs and Leos Müller, "Chests, Tubs and Lots of Tea—The European Market for Chinese Tea and the Swedish East India Company, c. 1730-1760," in *Goods from the East, 1600-1800: Trading Eurasia*, ed. by Maxine Berg (Basingstoke and New York: Palgrave Macmillan, 2015), pp. 277-293.

所以走私的茶叶要便宜得多。然而，英国的大众茶叶市场非常复杂，这不仅是因为茶叶走私的存在，还因为有的"茶叶"是用国内灌木——比如黑刺李和接骨木花（Elder Flower）的芽叶——拼凑而成的。茶叶回收的市场也很大，这不仅反映了一些零售商存在欺诈行为，也反映了大部分英国茶叶消费者的经济能力有限。① 茶叶市场的多样化是探索斯堪的纳维亚人如何根据不同需求拼配和包装廉价红茶的背景的良好切入点。例如，有些人，如苏格兰人，对"哥德堡工夫茶"（Gothenburg Congo）抱有兴趣，而另一些人，如荷兰人，则更喜欢碎红茶，这种碎茶通常是由斯堪的纳维亚商人在广州装货时把茶箱装得太满挤压所致。②

本书在18世纪全球、跨国贸易以及不列颠茶叶消费增长的历史背景下探讨斯堪的纳维亚与中国的贸易史。本书将探讨北欧及局部地区对亚洲贸易的反应，这些地区通常与大规模消费外来商品无关。本书还将研究18世纪中叶抵达哥本哈根和哥德堡的中国丝绸货物情况。与茶叶相比，丝绸消费在北欧有着悠久的历史，丝绸不仅是法国时尚精英喜爱的消费品，也是一种家用产品。目前学界对另一种亚洲纺织品——印度棉布的研究较丰富，而对运往大西洋世界和欧洲的中国丝绸鲜有人研究。③ 通过绘制丹麦和瑞典丝绸货物的数量、质量、尺寸和颜色分类图，本书将勾勒出中国丝绸在北欧国家大规模消费的轮廓。借鉴颜色命名及其趋势变化，本书将探讨从中国进口的丝绸在多大程度上把斯堪的纳维亚人变成了一个五彩缤纷的"多色衣服"（Motley）民族，以及在多大程度上塑造了北欧的消费主

---

① *The Tea Purchaser's Guide, or, the Lady and Gentleman's Tea Table and Useful Companion, in the Knowledge and Choice of Teas* （London：Printed for G. Kearsley，1785）；*Advice to the Unwary: Or, an Abstract, of Certain Penal Laws Now in Force Against Smuggling in General, and the Adulteration of Tea: With Some Remarks Very Necessary to be Read by All Persons, that They May Not Run Themselves into Difficulties, or Incur Penalties Therefrom* （London：Printed by Lincoln's-lnn-Fields，1780）.

② Andrew Mackillop，"A North Europe World of Tea：Scotland and the Tea Trade，ca. 1690-ca. 1790," in *Goods from the East, 1600-1800: Trading Eurasia*，ed. by Maxine Berg （Basingstoke and New York：Palgrave Macmillan，2015），pp. 294-308.

③ For some exceptions see Christian J. A. Jörg， "Chinese Export Silks for the Dutch in the 18th Century," *Transactions of the Oriental Ceramic Society* 73 （2010）：1-23；Madelyn Shaw， " 'Shipped in Good Order' Rhode Island's China Trade Silks," in *Global Trade and Visual Arts in Federal New England*，eds. by Patricia Johnston and Caroline Frank （Lebanon：University of New Hampshire Press，2014），pp. 119-133.

义观念。

　　本书不仅将追溯茶叶和丝绸这些商品如何从中国传到斯堪的纳维亚半岛，乃至更远的地方，还将描绘斯堪的纳维亚人在替代和模仿这些受欢迎的亚洲商品方面所做的努力。在这方面，本书将追溯清新的茶和色彩鲜艳的纺织品等亚洲商品如何在理念上启发了欧洲最北部对自然和经济学（Oconomica）的探索。以色彩斑斓的中国丝绸进口贸易历史为背景，本书将考察在19世纪合成染料大规模问世之前，北欧各国国内的染料替代品和颜色命名法（Nomenclatures）演进之间的联系。本书把林奈的茶树移植和替代计划与18世纪晚期英国植物学的发展、印度茶园的建立联系起来考量的同时，也探究了第二英帝国的扩张。换句话说，将茶叶和丝绸作为研究对象有助于我们用"变焦"（zoom in and out）的方法进行研究，研究时间段上可长可短，研究地域上可大可小。

　　有关近代早期全球化、消费、生产和思想史的著作对欧亚贸易和从事茶叶与丝绸贸易的东印度公司——最突出的大概是英国东印度公司——进行了普遍的研究。这些著作可以帮助阐明斯堪的纳维亚的贸易史，反过来，斯堪的纳维亚贸易史研究的一些方面也可以为更广阔的欧洲、亚洲和全球史研究提供了新的视角。在对斯堪的纳维亚相关史料与档案交叉解读的基础上，经济史、科学史、政治经济学，构成了本书思路上的三个出发点。

第二节　全球史与斯堪的纳维亚的欧亚贸易

　　亚洲商品的长途贸易源远流长。罗马帝国时期就有丝绸抵达欧洲，一些来自中国，一些来自中东，这两地的养蚕技术发展得很早。[1] 瓷器是另一种四处传播的中国产品，它在9世纪传到中东后很快就传遍了地中海地

---

[1]　John Thorley, "The Silk Trade between China and the Roman Empire at Its Height, circa AD 90-130," *Greece and Rome* (Second Series) 18. 1 (1971): 71-80; Matthew P. Fitzpatrick, "Provincializing Rome: The Indian Ocean Trade Network and Roman Imperialism," *Journal of World History* 22. 1 (2011): 27-54; Valerie Hansen, *The Silk Road: A New History* (Oxford: Oxford University Press, 2012), pp. 19-20.

区。① 早在中国与欧洲的海上贸易开始之前，中国南海就见证了大量的中国瓷器的海洋贸易。② 考古发现也证明了印度印花棉布贸易的发展，相距遥远的埃及与印尼的苏拉威西均出土了相同或相近样式的丝织品碎片，最早可追溯到 14 世纪。③ 有历史记录显示，古吉拉特邦和斯瓦希里（Swahili）海岸之间有定期的海上贸易，促进了印度棉布向东非的扩散。④ 也有通过陆路运输货物的，19 世纪末才被欧洲探险家命名的丝绸之路就是亚洲和欧洲之间最著名的贸易路线。考古遗迹表明，这一条条错综复杂的道路，绵延数千公里，行程缓慢但稳定。从 17 世纪开始，更多的北方陆路把中国和俄罗斯连接了起来，为茶叶提供了运输通道。⑤ 1498 年，达·伽马抵达印度，标志着亚洲和欧洲，更确切地说是亚洲和葡萄牙之间直接海上贸易的开始。16 世纪 80 年代至 90 年代，荷兰和英国商人也通过好望角航线到达了亚洲。他们利用当时横跨印度洋和远东的贸易网络，继续与欧亚进行海上贸易，直到 19 世纪初，这些贸易网络仍在运行。⑥ 17 世纪初，欧洲特许公司进驻亚洲。从一开始，分别成立于 1602 年和 1600 年的荷兰东印度公司⑦（Vereenigde Oostindische Compagnie）和英国东印度公司就占据了主导地位。后来，丹麦亚洲公司和法国东印度公司也分别于 1616 年和 1664 年成立。丹麦和法国对亚洲的贸易经历了多次重建，直到 18 世纪初才实现实质性的扩张。大约同时期，也就是 1731 年，瑞典东印度公司也成

---

① Robert Finlay, *The Pilgrim Art: Cultures of Porcelain in World History* (Los Angles: University of California Press, 2010).

② Gang Deng, "The Foreign Staple Trade of China in the Pre-modern Era," *The International History Review* 19. 2 (1997): 253–285.

③ Giorgio Riello, *Cotton: The Fabric that Made the Modern World* (Cambridge: Cambridge University Press, 2013), pp. 17–19.

④ Pedro Machado, "Awash in a Sea of Cloth: Gujarat, Africa, and the Western Indian Ocean, 1300–1800," in *The Spinning World: A Global History of Cotton Textiles, 1200–1850*, eds. by Giorgio Riello and Prasannan Parthasarathi (Oxford: Oxford University Press, 2011), pp. 161–179.

⑤ Hansen, *The Silk*, p. 10; Martha Avery, *The Tea Road: China and Russia Meet across the Steppe* (Beijing: China Intercontinental Press, 2003).

⑥ Prasannan Parthasarathi and Giorgio Riello, "The Indian Ocean in the Long Eighteenth Century," *Eighteenth-Century Studies* 48. 1 (2014): 1–19.

⑦ 荷兰东印度公司，正名为荷兰联合东印度公司，是荷兰历史上为向亚洲扩张而成立的特许公司，成立于 1602 年 3 月 20 日，1799 年解散，是世界第一家跨国公司、股份有限公司，世界上第一间证券交易所也在阿姆斯特丹由荷兰东印度公司创立。（译者注）

立了。还有一些贸易公司在奥斯坦德①（Ostend）成立，虽然他们存在时间短，但对我们的研究而言很重要。此外，在埃姆登②（Emden）和里窝恩③（Leghorn）也有其他一些商贸实体公司成立。

在近代早期，欧洲国家及其特许公司之间的竞争使欧洲对亚洲政治影响力持续增长。18 世纪英国人在南亚与法国人的战争以及第二英帝国的崛起与 17 世纪 60 年代以来东印度公司在印度的影响力日益增长密切相关，这是考察东印度贸易如何转变为具有全球影响力的殖民运动的经典案例。

1757 年普拉西战役④（Battle of Plassey）的胜利赋予东印度公司在孟加拉地区征税和获取收益的权力，这也标志着殖民制度的转变，因为东印度公司从此在印度开始进行国家建构。⑤ 18 世纪，随着英国在南亚的行政和财政权力的增强，印度的商业潜能得到了开发，这助力了东印度公司的发展，并最终塑造了英国在之后全球政治舞台中的角色。与此同时，法国、荷兰和丹麦通过分散在马拉巴尔（Malabar）和科罗曼德尔（Coromandel）海岸的一系列贸易站与印度的贸易日趋衰落，这种态势不仅是由英国东印度公司崛起造成的，还与法国、荷兰和丹麦无法降低自身交易成本且无法降低运输和贸易管理相关的成本有关。⑥

欧亚贸易的形成也有赖于亚洲内部的发展，尤其是中国的发展。到 17 世纪后期，清统治下中国政治稳定对欧洲与远东贸易的兴起具有重要的作用。直到 19 世纪初，欧洲的殖民野心还没有对其与中国的贸易产生很大的影响，这是本书的重点。中国人想要白银，而一直到 18 世纪，欧洲人的主要目标是茶叶，而唯一能大量获得茶叶的地方就是中国。日本的茶叶生产几乎只面向其国内市场，南亚本土的茶树还没有引起欧洲人的注意。清政府对广州的中国人与欧洲人接触高度管控，这种管控方式被称为"广州体

---

① 奥斯坦德位于西佛兰德省，属于比利时的西北部城市。（译者注）
② 德国主要港口之一。（译者注）
③ 意大利城市。（译者注）
④ 发生于 1757 年 6 月，是英国东印度公司与印度的孟加拉王公的战争。（译者注）
⑤ Peter J. Cain and Anthony G. Hopkins, *British Imperialism, 1688–2000* (Harlow: Longman, 2002).
⑥ Jan de Vries, "The Limits of Globalization in the Early Modern World," *The Economic History Review* 63.3 (2010): 710–733.

制"① （Canton System）。随着时间的推移，所有与中国的海上贸易都集中在广州，也就是今天的"Guangzhou"。在欧洲公司于珠江三角洲停泊的半年左右的时间里，数量有限的中国十三行商人充当中间人，向欧洲公司供应其订购的商品。相对而言，"广州体制"意味着所有欧洲人来华贸易的条件相对一致。在很大程度上，公司的规模及在亚洲其他地区的影响力对其对华贸易没有任何影响。②

直到荷兰人（主要是英国人）将茶叶生产引入亚洲殖民地的不同地区，中国对茶叶的垄断才被打破。这种新的茶叶生产出现在印度阿萨姆邦和大吉岭、锡兰（今天的斯里兰卡），最终传到东非。直到 19 世纪末，英国殖民地的茶叶产量才超过了中国的产量。③ 在此之前，其他植物和作物也经过了长距离的移植。

9 世纪时，茶叶种植从中国传到日本。18 世纪时，咖啡生产范围扩大，先是从埃塞俄比亚传到爪哇和西印度群岛，后来又传到拉丁美洲。甘蔗是如何被带到西印度群岛的、它的种植又是如何成为奴隶种植园经济的基石，是另一个众所周知的例子。糖成为欧洲新型热饮消费品的主要添加物。④ 在非洲西海岸的奴隶贸易中，印度棉织品经常被当作货币来支付。换句话说，欧亚海上贸易、亚洲内部贸易与大西洋贸易联系在一起，推动了全球体系的建立。也许这个全球体系中最著名的联系早在 16 世纪早期就已经形成了，当时西班牙殖民当局统治下的拉丁美洲所提炼的白银成为支

---

① 关于广州体制，海内外著说颇丰。一般认为广州体制是清朝自乾隆年间在广州地区推行的一项针对外国人的体制。它起始的标志是乾隆二十二年（1757）乾隆帝所颁发的广州港口的贸易令。在这道贸易令里，清政府明确规定来中国从事贸易的外国人不得再前往除广州以外的城市进行贸易。要说明的是，这里所提到的外国人是指从中国东南沿海来华的外国人。（译者注）

② Paul A. Van Dyke, *The Canton Trade: Life and Enterprise on the China Coast, 1700-1845* (Hong Kong: Hong Kong University Press, 2005).

③ Christian Daniels and Nicholas K. Menzies, "Agro Industries: Sugarcane Technology, Agro-Industries and Forestry," in *Science and Civilisation in China* 6, ed. by Joseph Needham (Cambridge: Cambridge University Press, 1996), p. 478; C. R. Harler, *The Culture and Marketing of Tea* (London: Oxford University Press, 1933).

④ Sidney W. Mintz, *Sweetness and Power: The Place of Sugar in Modern History* (New York: Viking, 1985).

付工具，特别是在与中国日益增长的贸易中。[1] 在西班牙统治下提炼的白银也跨越了太平洋，从阿卡普尔科（Acapulco）港和新西班牙太平洋沿岸的其他港口装上马尼拉大帆船（Manila Galleons），运到今天的菲律宾兑换亚洲商品。[2]

近代早期斯堪的纳维亚人与亚洲及世界其他地区的长途贸易是如何融入全球历史的？首先，瑞典和丹麦与更广袤世界的互动代表了两种截然不同的历史，反映了它们不同的地缘政治立场和谈判结盟的能力。[3] 17 世纪，瑞典在欧洲以外的殖民地被限制在北美（现在的特拉华州）和非洲，并于1655 年结束。同一时期，瑞典对北部、挪威和芬兰的土著萨米人（Sami）的控制也有所加强。[4] 虽然一再努力，但是由于丹麦和荷兰的竞争，瑞典基本上没能染指有利可图的奴隶贸易。17 世纪中叶，丹麦人在几内亚海岸拥有奴隶贸易堡垒。[5] 奴隶贸易加强了丹麦与西印度群岛、圣托马斯岛（St. Thomas）、圣约翰岛（St. John）和圣克罗伊岛（St. Croix）的联系，这些岛屿上的制糖业成为丹麦的经济支柱。[6] 丹麦人在大西洋三角贸易中扮演了成功的角色，而瑞典人推迟良久才进入这一体系，这两者形成了对比。直到 1784 年，以在哥德堡的贸易权作为交换，瑞典才在西印度群岛获得了一个立足点——法国授予他们的圣巴泰勒米岛（Saint-Barthélemy）。不过，

---

[1] Dennis O. Flynn and Arturo Giraldez, "Path Dependence, Time Lags, and the Birth of Globalization: A Critique of O'Rourke and Williamson," *European Review of Economic History* 8. 1 (2004): 81-108; Dennis O. Flynn and Arturo Giraldez, "Born again: Globalization's Sixteenth-Century Origins (Asian/Global versus European Dynamics)," *Pacific Economic Review* 13. 3 (2008): 359-387; Ronald Findlay and Kevin H. O'Rourke, "Commodity Market Integration, 1500 – 2000," in *Globalization in Historical Perspective*, eds. by Michael D. Bordo, Alan M. Taylor, and Jeffrey G. Williamson (Chicago: University of Chicago Press, 2003), pp. 13–64.

[2] Arturo Giraldez, *The Age of Trade: The Manila Galleons and the Dawn of the Global Economy* (Lanham: Rowman & Littlefield, 2015).

[3] Patrik Winton, "Denmark and Sweden in the European Great Power System, 1720-1765," *Revue d' histoire nordique* 14 (2012): 39-62.

[4] Gunlög M. Fur, *Colonialism in the Margins: Cultural Encounters in New Sweden and Lapland* (Leiden: Brill Academic Publishers, 2006).

[5] Georg Nørregaard, Guldkysten. De danske etablissementer paa Guineakysten, in Vore gamle tropekolonier, ed. by Johannes Brønsted, 2nd ed., 8 Vols. (Copenhagen: Fremad, 1968), Vol. 8

[6] Erik Gøbel, "Danish Trade to the West Indies and Guinea, 1671-1754," *Scandinavian Economic History Review* 31. 1 (1983): 21-49.

瑞典的产品长期是大西洋贸易的一部分，瑞典中部铁厂生产的"航海铁"（Voyage Iron）经常被用作英国奴隶贸易的货币和打造种植园经济的农具。从瑞典西海岸运来的咸鲱鱼被送到大西洋种植园，成为劳作奴隶的果腹之物。①

欧洲与亚洲直接贸易建立较早，瑞典则属于较晚建立这种联系的国家。在整个 17 世纪，荷兰和其他公司有利可图的生意吸引了一些人，他们向瑞典政府提出了在亚洲和瑞典之间建立直接贸易的详细计划，但战争和资金短缺使其计划夭折。② 最终在 1731 年，瑞典东印度公司才得以成立，这在很大程度上是位于奥属荷兰的奥斯坦德印度总公司（General India Company）关闭的结果。③ 相比之下，丹麦很早就开始了与南亚的贸易。1618 年，丹麦第一支舰队沿非洲西岸南下，然后绕过好望角转向东方。然而，在最初的几十年之后，联系停止了，尽管与印度的联系在 1670 年重新恢复。直到 1732 年丹麦亚洲公司成立后，这种贸易才变得正常起来。18 世纪 30 年代也标志着中国和哥本哈根之间直接贸易的开始。

与瑞典的情况相比，近代早期丹麦的殖民和贸易活动与欧洲列强密切相关，但规模较小，发展方式也略有不同。丹麦在北大西洋的殖民地法罗群岛（Faroe Islands）和格陵兰岛至今仍在丹麦的领土内，而冰岛于 1944 年独立。瑞典与西印度群岛的联系直到 1916 年才结束，今日的维尔京群岛在当时被卖给了美国。而从 1916 年再向前推 40 年，圣巴泰勒米岛被瑞典还给了法国。④ 丹麦在印度和非洲的贸易站和殖民地于 1845 年和 1850 年卖给了英国，那时欧洲的第二波扩张和殖民浪潮还没有形成势头。当时全球贸易和工业化的发展使作为一种商业模式的垄断特许公司显得过时。

① Chris Evans, Owen Jackson and Göran Rydén, "Baltic Iron and the British Iron Industry in the Eighteenth Century," *The Economic History Review* 55.4（2002）：642–665；Leos Müller, *Consuls, Corsairs, and Commerce: The Swedish Consular Service and Long-distance Shipping, 1720–1815*（Uppsala：Acta Universitatis Upsaliensis, 2004），p.183.

② Sven T. Kjellberg, *Svenska ostindiska compagnierna 1731–1813: kryddor, te, porslin, siden*（Malmö：Allhem, 1975）.

③ 1722 年，神圣罗马帝国哈布斯堡王朝查理六世颁发贸易特许状，特许以南部尼德兰（荷兰）奥斯坦德为中心成立"印度总公司"，又称奥斯坦德公司或奥斯坦德印度总公司，10 年后该公司解散。（译者注）

④ 1493 年哥伦布在第二次远航美洲途中发现该岛，1648 年该岛被法国占领，1784 年法国将该岛卖给瑞典，1878 年瑞典又将该岛售给法国。（译者注）

在 19 世纪欧洲帝国主义在亚洲和非洲殖民进程中，北欧的退出有些断断续续，也许正是这一点，解释了为什么在近代全球史的文献中鲜有利用斯堪的纳维亚的材料而进行的研究。① 相反，全球史的主要著作是以英国、荷兰、法国以及越来越多的伊比利亚材料为基础的。欧亚贸易在很大程度上是根据特定公司的历史来理解的，因此最终也是从这些公司所在国家的历史角度来理解的，这一事实助长了这种倾向。例如，欧亚国际公司的历史主要被理解为英国殖民印度历史的一部分，是大英帝国历史的前奏。②

斯堪的纳维亚公司规模相对较小，因此自然被认为不那么重要。与荷兰相比，其他国家的公司相形见绌，在 17 世纪初到 1795 年，荷兰共派出了 4720 艘船。同一时期，英国派出 2676 艘船、法国派出 1485 艘船、葡萄牙派出 736 艘船驶往亚洲。从 1618 年到 1795 年，丹麦亚洲公司从哥本哈根出发，前往亚洲的船只总数为 380 艘，而在 1795 年底之前，从哥德堡出发的瑞典船只仅有 110 艘。③

然而，这里的问题关键不在于规模，正如本书将呈现的那样，而在于 18 世纪斯堪的纳维亚与亚洲的贸易是如何与整个欧亚贸易产生关联的，反之亦然。清晰理解这一点，需要结合更广大的全球背景。正如菲尔德贝克（Ole Feldbæk）的著作所表明的那样，18 世纪下半叶，丹麦与印度、中国的贸易在很大程度上取决于财富分配的变化，不仅取决于英国人与印度人之间的财富分配，还取决于为荷兰和法国东印度公司工作的其他欧洲人之

① For some exceptions see Leos Müller, Göran Rydén and Holger Weiss eds., *Global historia från periferin: Norden 1600-1850* (Lund: Studentlitteratur, 2010); Göran Rydén ed., *Sweden in the Eighteenth-Century World: Provincial Cosmopolitans* (Farnham: Ashgate, 2013); Klas Rönnbäck, *Commerce and Colonisation: Studies of Early Modern Merchant Capitalism in the Atlantic Economy* (Gothenburg: Doctoral Theses from University of Gothenburg, 2010).

② Philip J. Stern, "History and Historiography of the English East India Company: Past, Present, and Future!" *History Compass* 7.4 (2009): 1150.

③ Jan de Vries, "Connecting Europe and Asia: A Quantitative Analysis of the Cape-route Trade, 1497-1795," in *Global Connections and Monetary History, 1470-1800*, eds. by Dennis O. Flynn, Arturo Giraldez and Richard von Glahn (Aldershot: Ashgate, 2003), pp. 35-106. 简·德·弗里斯（Jan de Vries）没有将 1766 年之后瑞典东印度公司的交易考虑在内。从 1767 年到 1804 年，总共有 68 支远航队离开了哥德堡。有关瑞典东印度公司船舶的最新列表，参见 Bilaga 1, in Söderpalm, Kristina ed. *Ostindiska Compagniet: affärer och föremål*, 2nd ed. (Göteborg: Göteborgs stadsmuseum, 2003), pp. 256-259。

间的财富分配。在印度工作的欧洲人以可疑或非法的方式赚取了大量私人财富。孟加拉东印度公司日益加重的行政和财政职责可能为创造私人财富提供了最有利可图的手段。欧洲富豪们面临的问题是，如何将财富汇回国内，并避免触犯母公司禁令或遭受巨额罚款。答案是利用斯堪的纳维亚公司的基础部门，要么以信贷的形式在欧洲兑现，要么以换购亚洲商品的形式在欧洲市场上销售兑现。[①] 换句话说，斯堪的纳维亚东印度公司的茶叶和纺织品贸易是由其他欧洲公司的财富推动的，后来利用亚洲社会的产品和劳动力积累了巨额财富。

汇款贸易的存在是不同的东印度公司及其员工之间相互依赖的一个例证。虽然各公司作为独立部门运营，但它们也在为彼此创造或减少机会。从债权人和私人投资者的角度来看，斯堪的纳维亚公司还有一个更大的优势，那就是航行中它们打着中立的旗号。在欧洲列强之间频繁的冲突中，把货物和资本带回北欧成为一个有吸引力的选择。奥地利王位继承战争、七年战争、美国独立战争、法国革命战争和拿破仑战争的影响，都可以从漫长的 18 世纪斯堪的纳维亚贸易统计的数据起伏中推演出来。[①]

但是，斯堪的纳维亚人的贸易也受到了他们所在国家之外发生的其他事件的影响。对斯堪的纳维亚半岛和中国之间贸易的最大打击是 1784 年英国的财政改革与《减税法案》[②]（Commutation Act）的出台。该法案将中国茶叶的进口税从 119% 降至 12.5%，以期终结自 18 世纪发展起来的大规模走私茶叶的贸易。所涉及的茶叶贸易规模之大反映了 18 世纪茶叶消费量的

---

① Ole Feldbæk, *India Trade under the Danish Fag, 1772-1808: European Enterprise and Anglo-Indian Remittance and Trade* (Lund: Studentlitteratur, 1969). See also the work of Javier Cuenca-Esteban, "India's Contribution to the British Balance of Payments, 1757-1812," *Explorations in Economic History* 44.1 (2007): 154-176. For work on remittance in the China trade see also Kåre Lauring, "Kinahandelen-et spørsmål om finansiering," in *Søfart, politik, identitet, tilegnet Ole Feldbæk*, ed. by Hans Jeppesen (Copenhagen: Falcon, 1996), pp. 215-226; Leos Müller, "The Swedish East India Company: Strategies and Functions of an Interloper," in *Small is Beautiful? Interlopers and Smaller Trading Nations in the Pre-industrial Period*, eds. by Markus A. Denzel, Jan de Vries and Philipp Robinson Rössner (Stuttgart: Franz Steiner Verlag, 2011), pp. 73-93.

① Ole Feldbæk, "The Danish Asia Trade, 1620-1807: Value and Volume," *Scandinavian Economic History Review* 39.1 (1991): 3-27.

② 《减税法案》也有翻译为《减税法令》或《抵代法案》，为方便理解，采用《减税法案》的译法。（译者注）

指数型增长，尤其是英国茶叶消费量的增长。然而，进口关税和消费税经常使茶叶的零售价翻倍。[①] 正是基于上述有关斯堪的纳维亚东印度公司的历史考察，本书的第一个研究出发点需要考虑到欧洲政治、冲突、经济政策和财政利益这些较为宏大的历史背景，这些因素加上亚洲当地的环境，如"广州体制"，以及竞争和信贷流动，塑造了欧亚贸易。只有从整体上来看，我们才能够理解斯堪的纳维亚人当时能利用的机遇，以及他们在更广泛的意义上所扮演的角色。这些观点以前也有人提出过，但从未成为对瑞典和丹麦贸易研究的基础。

关于欧洲人，特别是英国人对茶叶的喜好与斯堪的纳维亚贸易形成是否有关这一历史问题也基本上没有被研究过。欧洲消费的 1/3 的茶叶是斯堪的纳维亚人进口的，可以断言，斯堪的纳维亚公司对 18 世纪欧洲人的口味的形成产生了巨大的影响，尤其影响了英国人对茶的口味的喜好。为了理解这一过程以及其他过程，我们需要把欧洲消费模式的变化考虑在内。

第三节　近代早期欧洲与斯堪的纳维亚的消费

激发欧亚之间商品流动的动力在很大程度上是由欧洲消费的变化决定的。在近代早期，对亚洲商品的渴望并非欧洲人专有。印度纺织品在非洲市场的情况表明，直到 18 世纪末，当地的时尚和品味都对印度棉布的贸易发挥着至关重要的作用。[②] 自 16 世纪后期亚洲瓷器和纺织品抵达太平洋彼岸后，在拉丁美洲形成了销售这些产品的悠久传统。[③] 然而，到了 18 世

[①] Hoh-cheung Mui and Lorna H. Mui, "Smuggling and the British Tea Trade Before 1784," *The American Historical Review* 74: 1 (1968): 44–73. See also William J. Ashworth, *Customs and Excise: Trade, Production and Consumption in England, 1640–1845* (Oxford: Oxford University Press, 2003), pp. 176–179.

[②] Machado, "Awash", pp. 170–175.

[③] José L. Gasch-Tomás, "Globalisation, Market Formation and Commodification in the Spanish Empire. Consumer Demand for Asian Goods in Mexico City and Seville, c. 1571–1630," *Revista de Historia Económica/Journal of Iberian and Latin American Economic History* (New Series) 32. 1 (2014): 189–221.

纪，亚洲商品最大的出口市场在欧洲，特别是在欧洲的西北角——大不列颠、低地国家和法国，以及北美大西洋沿岸地区。①

传统上，18 世纪亚洲商品的进口是被放在近代早期欧洲消费革命的背景下来理解的。英国消费观产生于 18 世纪下半叶，消费观在饮食、服装和家具等不同方面产生了广泛的影响。在 20 世纪 80 年代，英国消费观发生了重大而迅速的变化。历史学家研究了近代早期英国的零售和购物，根据货品清单和遗嘱认证记录描绘了当时商品所有权状况，并将这些结果与社会形态联系起来。② 但近代早期消费革命的概念也引发了激烈的讨论。对当代消费的研究表明，消费者消费模式的多样和消费原因的复杂，因此，人们对我们可以在多大程度上谈论一场消费革命提出了疑问。仅仅以有限的交易、个体、社会群体和货物种类统计为基础，通过笼统地考察整个社会和长时间段来谈论消费是否有意义？③

研究东印度商品在欧洲销售的试验和失败案例，有助于凸显近代早期贸易的复杂性以及向消费者推广新商品的复杂性。17 世纪 80 年代和 90 年代，英国东印度公司试图在伦敦市场推广印度制造的成品棉衣但未能成功，就是一个例子。虽然有一个针对低端市场的商业计划，但失败了。这种失败的原因之一与亚麻在内衣织造中的既定作用有关：亚麻比纯棉的更耐用、更耐洗。④ 以建议书（Advice Literature）的形式对消费者进行教育，介绍用以制作被子、床帷和窗帘的各种质量和类型的纺织品，是解决这个问题的方法之一。此外，家庭内部和家庭之间的非正式信息交流促进了欧

---

① Jan de Vries, *The Industrious Revolution: Consumer Behavior and the Household Economy, 1650 to the Present* (Cambridge: Cambridge University Press, 2008), pp. 158-163.

② Lorna Weatherill, *Consumer Behaviour and Material Culture in Britain, 1660-1760* (London: Routledge, 1996); Hoh-cheung Mui and Lorna H. Mui, *Shops and Shopkeeping in Eighteenth-Century England* (London: Routledge, 1989); Carole Shammas, *The Pre-industrial Consumer in England and America* (Oxford: Clarendon, 1990). On the historiography and differences between French and British consumer history, see Cissie Fairchilds, "Consumption in Early Modern Europe. A Review Article," *Comparative Studies in Society and History* 35. 4 (1993): 850-858.

③ John Brewer, "The Error of Our Ways: Historians and the Birth of Consumer Society," Cultures of Consumption (ESRC-AHRB) Working Paper 12 (2004), http://www.consume.bbk.ac.uk/publications.html.

④ John Styles, "Product Innovation in Early Modern London," *Past & Present* 168. 1 (2000): 124-169.

洲消费者接纳印度的棉织品。① 新材料与旧材料、亚洲材料与欧洲材料之间不一定总是存在竞争关系。还有人认为，亚麻有助于印度棉织品的普及：随着印度棉织品的大规模到来，欧洲亚麻织品或亚麻与棉材质的混合纺织品的消费量增加了。棉花具有"变色龙"般的功能，能够替代亚麻以及羊毛和丝绸，这也有助于解释欧洲消费者为何愿意接受纯棉织品。② 棉花是一种用途广泛的纤维，一旦被人们接受，它就可以制成浅色和白色的衬里和内衣，或床和窗户周围的厚帘子。同样重要的是，它可以印染上鲜艳的颜色而不易褪色。换句话说，这种材料的外观可以很容易被迅速调整，以适应不断变化的消费趋势和差异化的市场。③ 换句话说，物质和文化从多个层面为人们消费的变化提供了重要的阐释。

此外，还有一种评论指出，关于近代欧洲消费的研究主要是围绕英格兰的发展态势展开的。消费革命在很多方面取代了工业革命，解释了西方的崛起，但对发展理论和"西方优越论"的假说并未进行批判性的讨论。④ 虽然研究焦点已从棉花生产转移到棉布消费，但仍以英格兰为中心。正如柯律格·克鲁纳斯（Craig Clunas）所主张的，对包括中国在内的地理区域史展开更多的比较研究，加深了对上述趋向的怀疑。⑤ 对欧洲其他地区进行更大规模的比较研究，也有助于揭示诸如印度棉布等亚洲商品是如何在欧洲零售和消费的。⑥

长期以来，消费的增长不但被视为一场革命，更是被视为广泛意义上社会和经济转型的一部分，特别是在欧洲西北部。简·德·弗里斯提出的

---

① Beverly Lemire, "An Education in Comfort," in *Selling Textiles in the Long Eighteenth Century: Comparative Perspectives from Western Europe*, eds. by Jon Stobart and Bruno Blondé (Basingstoke: Palgrave Macmillan, 2014), pp. 13-29.

② Beverly Lemire, *Cotton* (Oxford: Berg, 2011), pp. 40, 66-72.

③ Riello, *Cotton*, pp. 130-132.

④ 新航路开辟后，欧洲殖民列强以欧洲中心主义为基础，大肆宣扬"西方优越论"，将被殖民地地区视为野蛮落后的"他者"。（译者注）

⑤ Craig Clunas, "Modernity Global and Local: Consumption and the Rise of the West," *The American Historical Review* 104.5 (1999): 1497-1511. 柯律格·克鲁纳斯为英国牛津大学艺术史系教授，是西方研究中国物质文化史的著名学者，提倡运用比较研究的方法揭示不同区域的相似性与差异性。（译者注）

⑥ *Selling Textiles in the Long Eighteenth Century: Comparative Perspectives from Western Europe*, eds. by Jon Stobart and Bruno Blondé (Basingstoke: Palgrave Macmillan, 2014).

"勤勉革命"①（Industrious Revolution）概念，表明 17 世纪和 18 世纪的欧洲人为获得更多的商品而更加努力地工作。因此，近代早期家庭的合作工作和其消费的能力成为研究焦点之一。城市网络的存在、市场制度的盛行与"勤勉革命"为工业革命的发生提供了条件。这两种革命相互作用，展现了 18 世纪末技术进步之前的经济增长，特别是经济需求方面的增长呈现的另一种时代变迁。作为历史解释的一部分，"消费革命"理念，即"商品购买的爆炸式增长会促进生产的增长"已经过时了。② 相反，根据简·德·弗里斯的说法，消费反映了家庭内部协商的变化，也反映了家庭与更广阔的外部世界互动的变化。

在英国与荷兰的贫困阶层中，热衷于饮茶代表着一种勤勉精神的变化，反映了文化与社会影响下消费观的变化与跨洋远途贸易的增长。研究英国、北美和低地国家平民家庭的茶具支出与消费账目，以及廉价红茶进口量的增长，有助于勾勒以上变化发展的轮廓；同样的，欧洲西北部人们从麦芽酒和啤酒饮品转向含咖啡因和糖的饮料的总体趋势也反映了上述变化。③ 正如我们将在本书中探讨的那样，要想搞清楚大西洋世界渴求中国茶叶的意义，我们首先需要审视斯堪的纳维亚公司所扮演的角色。但是，对斯堪的纳维亚与中国贸易的研究能够在多大程度上加深我们对北欧消费模式的理解呢？

对 18 世纪斯堪的纳维亚地区茶叶消费的已有调查显示，除了丹麦本土以外，几乎没有证据显示该地区有强劲的茶叶需求。根据丹麦报纸的报道，茶、咖啡和巧克力是在 17 世纪 60 年代传到哥本哈根的。1689 年，一家公共茶馆开始在哥本哈根营业。从 18 世纪 20 年代丹麦戏剧作家路德维格·霍尔伯格（Ludvig Holberg）的戏剧来看，武夷茶（Bohea Tea，一种廉价红茶）和咖啡是当时哥本哈根常见的商品。在整个 18 世纪，也有大

---

① 有观点认为，"勤勉革命"最初由日本学者速水融在 1968 年提出，他认为，日本农民通过长时间的高强度劳动，形成了以勤劳为美德的观念，促进了日本的工业化。随后，美国学者德费里斯进一步发展了这一理论，指出 17—18 世纪蔗糖、茶叶之类的新消费品在西欧、西北欧的流行刺激了民众的消费欲望，使得劳动者努力工作增加自身收入，从而推动了工业革命的产生。（译者注）

② de Vries, *The Industrious Revolution*, p. 122.

③ de Vries, *The Industrious Revolution*, pp. 151-153, 156, 160, 165.

量有关茶和咖啡被消费的轶事作为证据流传，特别是在城市环境中。[①] 正如克拉斯·朗巴克（Klas Rönnbäck）所论述的那样，到 18 世纪中期，糖通常被用来增加含咖啡因饮料的甜度，丹麦人对糖的消费量也高于欧洲平均水平。到 18 世纪末，英国每年每人平均消费 9 千克糖，丹麦人对糖的消费量几乎与此持平。丹麦人当然可以从他们在西印度群岛的殖民地获得糖，但更重要的可能是，在丹麦，非专业技工的实际工资相对欧洲更高一些，这让他们可以购买更广泛流行的"新奢侈品"，包括糖。在这方面，18 世纪上半叶，丹麦本土的工资水平比欧洲其他国家高，更接近于荷兰和英国。朗巴克还讨论了丹麦本身相对较高的城市化程度。到 18 世纪末，21% 的丹麦人口生活在城市中。在瑞典，事态的发展看起来截然不同。18 世纪上半叶，瑞典的人均糖消费量为每年 0.25 千克，到 18 世纪 80 年代则增长到每年 1 千克。到 18 世纪末，瑞典生活在城市的人口占总人口的 10%。[②] 其他研究也表明，波罗的海世界的城市化水平与进口百货消费的水平有差异，存在着南北分化的情形。

拉格希尔德·哈奇森（Ragnhild Hutchison）已经证明，18 世纪的挪威经济在很大程度上带有相对较明显的自给自足特征。当时以土地为生的家庭，有成员跑到渔业或林业等出口部门工作，其主要动机不外乎想降低过度依赖单一经济产业的风险。在这方面，18 世纪的挪威没有"勤勉革命"。对于大多数人来说，生存才是他们的主要目标而非奢侈品消费。[③] 哈奇森描绘了对异国食品杂货消费的情况，针对 18—19 世纪瑞典茶和咖啡的消费

①　Rikke Kristensen Søndergaard, "Made in China: Import, Distribution and Consumption of Chinese Porcelain in Copenhagen c. 1600–1760," *Post-Medieval Archaeology* 48.1 (2014): 151–181. See also Mikkel Venborg Pedersen, Luksus, forbrug og kolonier i Danmark i det 18. Århundrede (Copenhagen: Museum Tusculanum, 2013), and Ragnhild Hutchison, "Exotiska varor som förändrat vardagen. Kaffe och te i Norden, 1750–1850," in *Global Historia från periferin: Norden 1600–1850*, eds. by Leos Müller, Göran Rydén and Holger Weiss (Lund: Studentlitteratur, 2010), pp. 117–135, for some general remarks on the Danish consumption.

②　Klas Rönnbäck, "An Early Modern Consumer Revolution in the Baltic?" *Scandinavian Journal of History* 35.2 (2010): 177–197. For a general discussion of Scandinavian differences see also Jonas Ljungberg and Lennart Schön, "Domestic Markets and International Integration: Paths to Industrialisation in the Nordic Countries," *Scandinavian Economic History Review* 61.2 (2013): 101–121.

③　Ragnhild Hutchison, *In the Doorway to Development: An Enquiry into Market Oriented Structural Changes in Norway ca. 1750–1830* (Leiden: Brill, 2012).

情况，他的结论与其他学者的研究结果一致。例如，除了部分地区，特别是靠近哥德堡的瑞典西海岸，整个斯堪的纳维亚半岛北部茶叶的消费量很小，来自中国的大量茶叶被转运到欧洲贸易航线的往来船只上。除此之外，喝茶在挪威和瑞典仅限于社会精英阶层。[1] 咖啡的消费比茶更普遍，但在18世纪仍然可以忽略不计。丹麦和挪威的禁奢侈法令的颁布表明，在18世纪最后的20年里，两国咖啡和茶叶的消费有所增加。从公布禁奢法令的频率来看，瑞典的消费水平可能更高，但两国直到19世纪早期才出现真正的消费繁荣。[2] 这种消费态势的转变契合了既定的理解，即瑞典国内对消费品的需求从19世纪20年代以后才开始加速增长。[3]

但是从中国运来的其他货物呢？除了茶叶，丹麦在瓷器和丝绸上也有大量投资。在这方面，克里斯滕森（Rikke Søndergaard Kristensen）最近的研究有助于解释哥本哈根为何对中国瓷器抱有强烈的偏爱。在一个城市垃圾场出土的文物中，每一块彩陶碎片几乎对应一块中国瓷器碎片。90%的中国瓷器来自哥本哈根与广州之间直接贸易的时期。[4] 由于丹麦社会的消费模式与荷兰、英国有些相似，哥本哈根的中国瓷器消费水平之高并不令人诧异。瓷器、茶、咖啡、巧克力和糖形成了消费"套餐"，当这些东西放一起"享用"而不是单独"享用"时，会形成不同的风味。[5] 茶叶和瓷器在运输时是一并装货的。在欧洲和中国之间的海上贸易中，装有瓷器的货箱放在船底，茶叶置于其上，这样做可以避免茶叶受潮或被其他气味污染，而且瓷器货箱很重，非常适合放在东印度公司的大帆船上压舱底。

斯堪的纳维亚公司在为国外市场进口大量茶叶的同时，也像其他欧洲

---

[1] Hutchison, *In the Doorway*, p. 200; Christer Ahlberger, *Konsumtions revolutionen. 1, Om det moderna konsumtionssamhällets framväxt 1750–1900* (Göteborg: Humanistiska fakulteten, Univ., 1996), pp. 99–103.

[2] Hutchison, *In the Doorway*, pp. 199–201; Ahlberger, *Konsumtions Revolutionen*, p. 97.

[3] Ahlberger, *Konsumtions Revolutionen*; Lennart Schön, *Från hantverk till fabriksindustri: svensk textiltillverkning 1820–1870* (Lund: Arkiv för studier i arbetarrörelsens historia, 1979); Klas Nyberg, "Staten, manufakturerna och hemmamarknadens framväxt," in *Industrialismens tid: ekonomisk-historiska perspektiv på svensk industriell omvandling under 200 år*, eds. by Maths Isacson and Mats Morell (Stockholm: SNS förlag, 2002), pp. 59–80.

[4] Kristensen Søndergaard, "Made in".

[5] de Vries, *The Industrious Revolution*, p. 31.

公司一样进口了大量瓷器。① 在欧洲，茶叶和瓷器的市场动态是不同的。茶叶库存需要定期补充，以满足日益增长的需求。茶叶作为易腐商品，不可能储存太久而不变质，这就需要定期从中国补货。相比之下，瓷器的寿命则截然不同。杯子、茶托、盘子、壶和锅都很精致，但很少会留下岁月痕迹，如果小心使用，它们可以被几代人使用而不坏，甚至可以用几个世纪。此外，在茶叶贸易中，只有中国才能向欧洲市场提供含咖啡因的茶叶，与之形成鲜明对比，来自欧洲陶瓷制造商的竞争却非常激烈。

　　毫无疑问，斯堪的纳维亚进口瓷器转出口并不总是有利可图的。虽然低地国家的茶叶批发商想要瑞典进口的武夷茶，但他们有时不想要瓷器。例如，1748年，总部位于阿姆斯特丹的批发商派伊·克鲁克香克公司（Pye and Cruikshank）在为一位与瑞典人合伙进口中国商品的苏格兰商人提供投资建议时写道："过去几年，瓷器每天都在下降［原文如此］，每年带回的数量大大超过了需求。"② 同样值得注意的是，到了18世纪中期，法国白兰地作为另一种常见的违禁品，至少已经部分地取代了瓷器，成为欧洲内部走私贸易船只的压舱物。这些白兰地从法国被带到哥本哈根和哥德堡，然后被藏到满载非法茶叶船只的底舱运往英国市场。③

　　瑞典进口的瓷器到哪里去了？哥德堡的考古工作表明，青花瓷的消费在社会上很普遍。④ 对欧洲公司的货物清单的研究还表明，与1750年至1850年瑞典的其他地区相比，哥德堡较低阶层社会群体的瓷器拥有率很高。⑤ 然而，瑞典东印度公司在18世纪进口的瓷器总计有3000万至5000万件，单靠哥德堡这个18世纪中期约1万人口的城镇，并不能吸纳。⑥ 在咖啡因摄入量相对较低的瑞典，中国瓷器是否流行更广和被更多消费还需要进一步研究，但研究成果可以反映丹麦国内消费者偏好，也可以反映贸

---

① Geoffrey A. Godden, *Oriental Export Market Porcelain and Its Influence on European Wares* (London: Granada, 1979); Christian J. A. Jörg, *Porcelain and the Dutch China Trade* (The Hague: M. Nijhoff, 1982).

② Pye and Cruikshank to C. Irvine, 4/5/1748, IC, JFB Library, MUL.

③ Kent, *War*, pp. 114-115, 125-126. See p. 119 n. 2 for anecdotal evidence that tea and porcelain were shipped out of Gothenburg together in 1754. See also Ashworth, *Customs*, p. 176.

④ Nilsson-Schönborg, *Göran. Kinesiskt importporslin i Göteborg sett ur ett arkeologisk perspektiv, Urbaniseringsprocesser i Västsverige* (Göteborg: Dept. of Archaeology, 2001).

⑤ Ahlberger, *Konsumtions Revolutionen*, pp. 84-88.

⑥ Nilsson-Schönborg, *Kinesiskt*, p. 16.

易公司在海上贸易长途运输上的挑战。还有一类商品的情况与上文论述不同：北欧除了进口瓷器和茶叶外，还进口了大量的中国丝绸。

与来自中国的茶叶相比，进口纺织品在斯堪的纳维亚半岛有着悠久的历史。历史学家丽丽-安妮·阿尔德曼（Lili-Annè Aldman）指出，瑞典的纺织品市场大体上与 17 世纪和 18 世纪欧洲其他市场的发展脉络一致。直到 18 世纪中叶，瑞典进口纺织品的种类持续在增加，此后瑞典更严格的进口规定为国内纺织品生产提供了发展动力。[①] 对近代早期丹麦和挪威纺织品贸易的研究表明，丹麦联合王国[②]（Composite Danish State）的臣民可以获得各种各样的纺织品。卡米拉·路易斯·达尔（Camilla Luise Dahl）和皮亚·轮皮亚宁（Piia Lempiäinen）对 17 世纪丹麦和挪威城市零售商的遗嘱记录和货物清单进行了研究，研究结果展示了贸易商的关系网以及他们所服务顾客的特性。社会地位越高的顾客拥有的异国商品就越多。似乎每个人都渴望拥有棉织品。到 17 世纪末，棉织品已成为经常交易的商品，其中大多数贴上了"东印度"的标签。另一个显著的变化是成衣数量的增加，包括"红白相间的东印度印花棉布（Chintz）长袍和儿童棉质夹克"。[③]哥本哈根的市民们当然是亚洲纺织品贸易的主要顾客，在当地报纸上刊登的广告向公众叫卖丹麦亚洲公司进口的印度和中国纺织品。对丹麦和挪威纺织品广告和消费的研究也表明，当时商品流通的范围广，尽管其中很少

---

① Lili-AnnèAldman, "Customers and Markets for 'New' Textiles in Seventeenth- and Eighteenth-Century Sweden," in *Selling Textiles in the Long Eighteenth Century: Comparative Perspectives from Western Europe*, eds. by Jon Stobart and Bruno Blondé (Basingstoke: Palgrave Macmillan, 2014), pp. 46–66. Probate records from seventeenth century Stockholm also pay witness to the large amount of imported textiles, including not only luxury goods but also more common, coarser wool fabrics. Eva I. Andersson, "Foreign Seductions: Sumptuary Laws, Consumption and National Identity in Early Modern Sweden," in *Fashionable Encounters: Perspectives and Trends in Textile and Dress in the Early Modern Nordic World*, eds. by Tove Engelhardt Mathiassen and others (Oxford: Oxbow Books, 2014), pp. 15–29.

② 泛指 16 世纪 30 年代至 19 世纪初（1533—1814）这一段时间的丹麦，这段时间丹麦与挪威是联盟共主关系，并且由丹麦主导，所以也叫丹麦-挪威联合王国。1814 年，丹麦和挪威签订条约，在拿破仑战争中战败的丹麦国王把挪威割让给瑞典国王。（译者注）

③ Camilla Luise Dahl and Piia Lempiäinen, "The World of Foreign Goods and Imported Luxuries: Merchant and Shop Inventories in Late 17th-century Denmark-Norway," in *Fashionable Encounters: Perspectives and Trends in Textile and Dress in the Early Modern Nordic World*, eds. by Tove Engelhardt Mathiassen and others (Oxford: Oxbow Books, 2014), pp. 1–14.

有对实际消费的程度进行量化研究的成果。① 总之，不同的商品和其来源提示我们，它们的消费故事是不同的，也并不总是一致的。斯堪的纳维亚殖民地食品杂货消费的历史具有南北分化的特色。如简·德·弗里斯所说的，18 世纪的丹麦的经济发展程度几乎堪称"北海地区的中心"（North Sea Epicentre）。② 斯堪的纳维亚北部以咖啡因和加糖饮料为主要消费品也表明，根本的变化到 19 世纪早期才发生，这个时间点与人们对国内消费品需求加速增长的普遍理解相吻合。北方的纺织品贸易和消费是一段更复杂的历史，跨越的时段也更长。在 17—18 世纪，纺织品无论是进口的还是国产的，都有很大的变化。正是在这种情况下，我们应该把注意力转到斯堪的纳维亚半岛的中国丝绸进口上来。

本书的第二个研究出发点是，与茶叶，可能还有瓷器相比，中国丝绸是最有研究前景的商品，对其研究有助于阐明 18 世纪斯堪的纳维亚半岛的消费情况。在传统的叙事中，亚洲棉织品色彩的变化显示了欧洲消费模式和生产线的变化，而对中国的丝绸的关注则意味着传统叙事发生了突破。

有学者声称，1790 年以后，棉织品在瑞典的流行有一个可见的"大众化"过程，这种变化也可以从单词"多色衣服"含义的变化中感受到。早期，这个词是指贵族所消费的多种颜色的丝绸。到了 18 世纪和 19 世纪之交，它让人联想到的是行为的逾规和社会失序。③ 进口的中国丝绸是如何融入颜色的历史和社会变迁的呢？从瑞典东印度公司和丹麦亚洲公司带回国的丝绸货物数量、质量和颜色构成加以研究，有助于我们追溯北欧当地的市场、时尚趋势和需求。

本书还讲述了亚洲商品、欧洲时尚和国内生产之间相互作用的历史，

---

① Vibe Maria Martens, "The Theft of Fashion: Circulation of Fashionable Textiles and Garments in 18th-century Copenhagen," in *Fashionable Encounters: Perspectives and Trends in Textile and Dress in the Early Modern Nordic World*, eds. by Tove Engelhardt Mathiassen and others (Oxford: Oxbow Books, 2014), pp. 157-171; Stein Tveite, "The Norwegian Textile Market in the 18th Century," *Scandinavian Economic History Review* 17. 1 (1969): 161-178; Anne Kjellberg, "English 18th-century Silks in Norway," in *Seidengewebe des 18. Jahrhunderts: Die Industrien in England und in Nordeuropa = 18th-century Silks: The Industries in England and Northern Europe*, ed. by Regula Schorta (Riggisberg: AbeggStiftung Riggisberg, 2000), pp. 135-145.

② de Vries, *The Industrious Revolution*, p. 161.

③ Leif Runefelt, *Att hasta mot undergången: anspråk, fl yktighet, förställning i debatten om konsumtion i Sverige 1730-1830* (Lund: Nordic Academic Press, 2015), pp. 227-239.

围绕亚洲商品在欧洲扮演了何种角色，将我们带入另一场辩论的核心，解释了不同的时空背景下历史的变迁。

第四节　与亚洲贸易相关的实用知识、物质文化与变革

在谈论全球历史演变问题时，欧洲的贸易、消费和生产是绕不过去的。历史学家肯尼斯·彭慕兰（Kenneth Pomeranz）提出了影响最近的很多争论的"大分流"（The Great Divergence）概念，讨论了为什么亚洲和欧洲从18世纪后期开始走上不同发展道路。[①] 学术界已经对与此有关的不同问题进行了广泛的研究，技术、学术和技能的作用，以及什么决定了"实用知识"的传播和发展的学术问题，一直受到学术界特别的关注。[②]

玛克辛·伯格以欧亚贸易和物质文化为出发点，对全球规模的历史变迁的学术讨论做出了贡献。她将近代早期的亚洲商品，如瓷器和印度棉布，与欧洲商品相提并论，从而为理解欧洲新消费习惯的产生和生产体系的演化提供了一个研究框架。近代早期亚洲的纺织和陶瓷商品种类繁多，早已适应了大型海外出口市场对相应商品的需求。在这方面，欧洲消费者只不过是另一个需要被迎合的群体罢了。然而，欧洲消费者却被来自亚洲的商品，包括它们具有异国情调的设计、材料和陌生的制造方法迷住了。这些商品所激起的兴趣并不局限于消费者。欧洲的制造商和学者也忙于研究和仿制、替代这些亚洲商品。在18世纪的欧洲，模仿美学被认为是创造力的标志，这涉及不同于亚洲工匠的对新原材料的使用。模仿和替代是一些机构的核心业务，比如位于伦敦的英国皇家学会工艺院[③]（Royal Society

---

① Kenneth Pomeranz, *The Great Divergence: China, Europe, and the Making of the Modern World E-conomy* (Princeton: Princeton University Press, 2000).

② Maarten Praak and Jan Luiten van Zanden, "Introduction: Technology, Skills and the Pre-modern Economy in the East and the West," in *Technology, Skills and the Pre-modern Economy in the East and the West*, eds. by Maarten Prak and Jan Luiten van Zanden (Brill, E-Books Online Collection, 2013), pp. 1–22.

③ 又称皇家人文、制造与商务促进会，成立于1754年，总部位于伦敦，是一个覆盖自然科学、人文艺术、工业制造等众多领域的皇家学术机构。（译者注）

for the Encouragement of Arts, Manufactures and Commerce），以及非正式的机构伯明翰月球社①（Birmingham-based Lunar Society）。②

模仿和借鉴的传统是更悠久的欧亚交流史的一部分。在 9 世纪的中东地区，欧亚贸易使技工们接触到了中国瓷器，使欧洲在陶器上使用氧化锡制作软纹白釉的技术得以发展。这一技术传播到全欧洲，为南部的马爵利卡（Maiolica）陶器和北部的代尔夫特（Delftware）陶器生产奠定了基础。在 18 世纪的头十年里，矿产丰富的萨克森州的梅森③（Meissen），在欧洲首次成功生产出质量与中国硬质瓷器相似的瓷器。瓷器制造业在整个欧洲大陆不断发展，特别是在德语地区，这与那里诸公国的大公们给予制造商赞助有关。作为回报，他们从制造商那里得到瓷器，以此装饰他们的宫殿。然而，欧洲陶瓷业最具活力的市场是英国，在那里，硬质陶瓷的生产变得并不那么突出。英国市场及其关联市场是使用一系列替代材料和方法制造新产品来替代中国进口。这些产品由韦奇伍德等中部地区制造商设计和生产。随着这些英国商品在市场上销售范围的扩大，来自中国的青花瓷在市场中开始失势。不仅在英国，在大西洋和欧洲市场也是如此。④

棉布生产从亚洲向欧洲转移的历史也与此类似。棉花对欧洲人来说并不是一种陌生的材料：棉花和亚麻混纺，长期被用于制造纬绒布纺织品（Fustian Textile）。南亚的纺织品的新颖之处在于，有些商品完全由棉花制成。此外，有些纺织品的颜色和图案可以被水洗而不会失去光泽和鲜艳度。棉布的日益普及并没有逃过那些使用传统材料生产纺织品的人的眼

---

① 1756 年前后成立于英国伯明翰，代表性的成员有：博尔顿（蒸汽机的天使投资人）、达尔文（提出进化论）、瓦特（蒸汽机的发明者）、韦奇伍德（工业革命领袖、英国陶瓷之父、高温计发明人）、普里斯特利（化学家）、本杰明·富兰克林（美国独立革命领导人之一）。（译者注）

② Maxine Berg, *Luxury and Pleasure in Eighteenth-Century Britain* (Oxford: Oxford University Press, 2005).

③ 梅森瓷厂是欧洲最早的硬瓷厂，由德国萨克森州选举人奥古斯特二世资助，建立于 1709 年。（译者注）

④ Jenny S. Uglow, *The Lunar Men: The Friends who Made the Future 1730-1810* (London: Faber, 2002); H. Young, "Manufacturing Outside the Capital: The British Porcelain Factories, Their Sales Networks and Their Artists, 1745-1795," *Journal of Design History* 12. 3 (1999): 257-269; Neil McKendrick, "Josiah Wedgwood and the Commercialization of the Potteries," in *The Birth of a Consumer Society: The Commercialization of Eighteenth-Century England*, eds. by Neil McKendrick, John Brewer and John Harold Plumb (London: Hutchinson, 1982), pp. 100-145.

睛。印花和彩绘棉布的消费热潮在欧洲引起了不同的反应。在法国，所有纺织品上的印花都被禁止使用，这为国内生产和进口印花平布①（Calicoes）或印度布创造了一个巨大的"地下"市场。②英国允许消费带有印花的国内普通纯棉织品。长期在图书印刷行业中使用的铜板印刷，作为新技术被用于将图案转印到织物上。新的媒染剂和染料被开发出来。其中一些技术是本土发明的，而另一些则是通过长期从事棉织品生产和出口的亚美尼亚（Armenia）贸易网络的奥斯曼帝国传到欧洲的。棉花产业还利用现有的全球贸易网络，将来自拉丁美洲的染料木和来自全球的靛蓝原料带到欧洲。欧洲国与国之间的竞争，加上旨在促进国内生产而限制进口的立法，促使棉花工业在整个欧洲发展起来。③然而，最大的进步发生在英国。在英格兰西北部建造的以蒸汽为原动力的棉纺厂，成为工业时代的开始、第二英帝国的崛起和新形式的大众消费的标志性形象。

　　与 18 世纪英国和法国的进展相比，斯堪的纳维亚人尝试模仿亚洲产品的规模很小，有些微不足道。④18 世纪的纺织品和陶器制造与 19 世纪的斯堪的纳维亚工业化之间没有直接联系。18 世纪的斯堪的纳维亚也没有像塑造了国际时尚趋势的英国中产阶级消费者那样，对"新奢侈品"抱有需求。⑤与英国相比，斯堪的纳维亚生产和消费的物质史图景略逊一筹，没有那么丰富。不过，思想史和政治经济学史提供了另一种探究变化的途

---

①　本色白的厚棉布。（译者注）

②　Felicia Gottmann, *Global Trade, Smuggling, and the Making of Economic Liberalism: Asian Textiles in France 1680-1760* (Basingstoke and New York: Palgrave Macmillan, 2016).

③　Riello, *Cotton*, pp. 160-184.

④　Kai Uldall, *Gammel dansk fajence: fra fabrikker i kongeriget og hertugdømmerne*, 3rd ed. (Copenhagen: Forum, 1982), pp. 9-16; Helena Dahlbäck Lutteman, *Svenskt porslin: fajans, porslin och flintgods 1700-1900* (Västerås: Ica bokförl., 1980); Bredo L. Grandjean, *Kongelig dansk porcelain: servisgods 1775-1975* (Malmö: Malmö Museum, 1975); Erik. Oxenbøll, "Manufakturer og fabrikker. Staten og industrien i det 18. Århundrede," in *Studier i dansk mer-kantilisme: omkring tekster af Otto Thott*, ed. and written by Kristof Glamann and Erik Oxenbøll (Copenhagen: Akad. forl., 1983), pp. 79-136 (123-125); J. B. Jørgensen, Bro. *Industriens historie i Danmark. 2, Tiden 1730-1820* (Copenhagen: Selskabet for udgivelse af kilder til dansk historie, 1975), pp. 187-188; Ingegerd Henschen, *Kattuntryck: svenskt tygtryck 1720-1850* (Stockholm: Nordiska museet, 1992).

⑤　Although as art and craft historians have shown, this does not mean design and material aspects were unimportant to eighteenth-century Scandinavians, see for example Cecilia. Engellau-Gullander, "Jean Eric Rehn och nyttokonsten på 1700-talet. En historiografisk studie," *Konsthistorisk tidskrift* 70.1 (2001): 171-188.

径。瑞典对近代早期政治经济学的研究有着特别深厚的传统，历史环境包括更高程度的言论自由，引发了比丹麦更多的学术争论。① 这门学科在瑞典特别受欢迎的另一个原因是它与以博物学家卡洛勒斯·林奈为中心的学术界佼佼者存在联系。林奈是瑞典皇家科学院的创始人之一，他和他的许多学生主导了学院的工作，经常就国内模仿和替代计划接受咨询。② 最近，莉斯贝丝·克尔纳（Lisbeth Koerner）从政治经济学维度对林奈的著述进行了更详细的讨论，她以其官房学派③（Cameralism）的背景为出发点，研究了林奈对自然和经济学的理解。④ 官房学派，是一个由欧洲内陆国家发展经验演变而来的政治经济学派，它阐释了进口替代思想是如何发展起来的。

由于几乎已无法获得海外殖民地，16 世纪的瑞典开始对在国内探索自然财富、寻找异国商品的国内替代品产生兴趣。博物学，包括矿物学、动物学和植物学，是官房学派涉及的重点领域。它促进了人们对大陆地貌、地质、栖息地和生物群落以及如何开发它们的探索。⑤ 安德烈·韦克菲尔

---

① For a discussion of Danish developments, including the absence of Danish eighteenth-century printed discussions on political economy see Kristof Glamann, "Et kameralistisk programskrift: Uforgribelige tanker om kommerciens tilstand og opkomst," in *Studier i dansk merkantilisme: omkring tekster af Otto Thott*, ed. and written by Kristof Glamann and Erik Oxenbøll (Copenhagen: Akademisk forlag, 1983), pp. 11–77 (13–14). See also Per Boje, "Danish Economic History-towards a New Millennium," *Scandinavian Economic History Review* 50. 3 (2002): 13–34; Niels Kærgård, Bo Sandelin and Arild Sæther, "Scandinavia, Economics," in *The New Palgrave Dictionary of Economics*, eds. by Steven N. Durlauf and Lawrence E. Blume (The New Palgrave Dictionary of Economics Online: Palgrave Macmillan, 2008), http://www. dictionaryo feconomics. com/article? id=pde2008_S000520>doi: 10. 1057/9780230226203. 1479. For an overview of the Swedish discussion see Lars Magnusson, "Merkantilismens teori och praktik: utrikeshandel och manufakturpolitik i sitt idéhistoriska sammanhang," in *Till salu: Stockholms textila handel och manufaktur 1722–1846*, ed. by Klas Nyberg (Stockholm: Stads-och kommunhistoriska institutet, 2010), pp. 27–45.

② Sten. Kungl. Lindroth, *Svenska vetenskapsakademiens historia 1739–1818*. Part I: Vol. I, Tiden intill Wargentins död (1783) (Stockholm: Kungl. Vetenskapsakademien, 1967).

③ 官房学派产生于 17—18 世纪，当时德国有一批学者被国王选为财政金融顾问，作为国王的"智囊团"，他们经常参加在王室私人议事室召开的会议，讨论有关国家的财政金融事务，这些学者被称为官房学者，其学派被称为官房学派，强调重商主义和加强财政建设，认为增加国家的货币财富能增强国家的经济力量。（译者注）

④ Lisbeth Koerner, *Linnaeus: Nature and Nation* (Cambridge, MA: Harvard University Press, 1999).

⑤ Alix Cooper, *Inventing the Indigenous: Local Knowledge and Natural History in Early Modern Europe* (Cambridge: Cambridge University Press, 2007).

德（Andre Wakefield）以 18 世纪德国政治经济学为背景，提出官房学派应该被理解为一个创造合法话语的学派。官房学派利用当地博物学的知识，编写了阐述国家所有的资源以及如何开发这些资源的指南。这样，使政府、国家及其统治者合法化的学派类型就产生了。[①] 与韦克菲尔德类似，科尔纳也对林奈的讨论给予了批判解读。科尔纳的重点并不是将林奈视为科学命名法（Scientific Nomenclature）的伟大改革者，而是以研究林奈的经济计划为出发点，探索他如何看待未来。在科尔纳看来，林奈的经济计划愿景在于尽量减少跨国贸易并尽量实现自给自足。在科尔纳看来，除了试图改变气候和生物有机体之间的关系（他坚持试图驯服后者来适应前者），林奈并没有提出改变什么的观点。在科尔纳的作品中，林奈被描绘成一个有点孤僻、无法感知自己或自然极限的人。

最近德国和瑞典对博物学和官房学派的研究，以及对英国境内仿制技术发展的讨论，围绕物质和精神环境产生变革动力的说法给出了两种截然不同的解释。[②] 德国和瑞典研究的重点是官房学派计划的失败，认为官房学派代表了内陆国家的历史经验，带有内向型的特征，因为它使国家权力和国家开发国内资源的任务变得合法化。相反，其对英国发展的论述侧重于企业家和全球商人所掌握的知识，以及获得殖民地和发展全球贸易后给英国所带来的资源和机遇，指向的是 19 世纪英国崛起为工业强国的历史。在以上叙述中被遗漏的是，这两种"知识传统"在多大程度上依据共同的根源，即欧洲的学术传统，以及以博物学为核心特征的"学者共和国"（Republic of Letters）[③]。

本书的第三个研究出发点是共享的学术文化，特别是关于博物学的文化，它在上述讨论之外，为我们提供了另一种关于物质替代编年史和地理学的方法。正如瑞典博物学家搜寻国内动植物以求找到材料来模仿和替代亚洲商品的味道和外观的例子所表明的那样，博物学可以提供一个研究框

---

① Andre Wakefield, *The Disordered Police State: German Cameralism as Science and Practice* (Chicago: University of Chicago Press, 2009).

② For a discussion of these differences see also Andre Wakefield, "Butterfield's Nightmare: The History of Science as Disney History," *History and Technology* 30.3 (2014): 232–251.

③ "学者共和国"为 17~18 世纪欧洲启蒙运动时期由作家、哲学家、博物学家、科学家等组成的跨国知识分子网络。他们通过书信、期刊及著作进行交流，提倡自由、理性及知识分享，核心成员有伏尔泰、卢梭、莱布尼茨等，重要出版物有《百科全书》等。（译者注）

架。通过这个框架，我们可以探索当地文化和全球物质文化之间的交流。此外，采用更广泛意义的地理学和时代划分方法，也可以将北欧的学术发展与另一个变化点联系起来，即第二次科学革命和 19 世纪欧洲殖民影响的扩大。后者涉及考量茶叶从中国被移植到印度过程中学者所扮演的角色，以及 18 世纪的天然染料与 19 世纪的合成染料之间的联系。

本书大纲

如上所述，今天丹麦和瑞典的版图与近代早期只有部分相似。18 世纪的瑞典不仅包括今天瑞典本身，还包括今天的芬兰，以及波罗的海南岸的波美拉尼亚。18 世纪的丹麦是一个更加复杂的王国，其疆域包括丹麦本土、挪威、石勒苏益格-荷尔斯泰因、冰岛、格陵兰岛和北大西洋的法罗群岛（Faroe Islands），以及位于今天西印度群岛的维尔京群岛、印度科罗曼德尔海岸和非洲西海岸（今几内亚）的若干小型贸易站和地区。除了特别说明，书中提到瑞典和丹麦时，指的是以上区域的北欧部分，也就是今天的四个国家：丹麦、瑞典、挪威和芬兰。虽然 18 世纪的丹麦和瑞典与现在相比是非常不同的地理实体，彼此之间也不同，但它们确实有很多共同之处。在第一章中，我们将探讨这些相似之处，以便能写出一部斯堪的纳维亚与中国贸易的历史。我的重点是斯堪的纳维亚贸易是如何在亚洲组织起来的、斯堪的纳维亚从亚洲进口的商品有多少转口到欧洲的其他市场，以及当地与中立性和长距离贸易有关的问题。第一章还将介绍 18 世纪 30 年代早期斯堪的纳维亚半岛和中国之间开放直接贸易的历史背景，不仅包括欧洲北部的发展，还包括更广泛的欧洲背景，最重要的是论述了奥斯坦德公司倒闭的历史。本书还展示了关于斯堪的纳维亚公司的文献综述和本书使用的资料来源。

英国是 18 世纪欧洲最大的茶叶市场。它的茶叶来源于英国东印度公司、茶叶走私者、二手茶和假茶的经销商。第二章是探讨非常多样化和充满活力的英国茶叶市场与斯堪的纳维亚贸易之间的关系。该章的前半部分讨论了欧洲人在广州竞购廉价红茶和斯堪的纳维亚人购买、拼配和包装茶叶的策略。在欧洲内部竞争也很普遍，从广东回来后，各东印度公司的茶叶都会拿到市场上出售。该章的第二部分讨论了茶叶批发市场和低地国家商人的作用，并涉及丹麦和瑞典以及荷兰和法国的茶叶进口情况。正是这些低地国家为英国的茶叶黑市发展提供了便利，而英国大众市场对茶叶的品味的偏好也正是在 18 世纪中叶得以形成。

北欧公司向国外的消费者提供产品，瑞典东印度公司和丹麦亚洲公司进口中国丝绸的案例则讲述了一个不同的故事。第三章首先仔细考察了北欧进口的丝绸种类，得出的结论是，到达斯堪的纳维亚的纺织品的一半以上是用于服装的低成本丝绸。根据当时关于奢侈品立法的辩论和实施细则，接下来的两节讨论了从中国进口的丝绸在斯堪的纳维亚的消费程度，以及如何看待中国丝绸的大量涌入。随后的内容将中国丝绸贸易置于欧洲时尚和斯堪的纳维亚人偏好的历史背景下，对丝绸颜色命名法和颜色分类进一步研究。综合这一章的研究结果可知，斯堪的纳维亚人的衣着早在棉织品大规模出现之前就已经变得"多姿多彩"了。

第四章追溯了亚洲贸易对 18 世纪斯堪的纳维亚自然哲学和政治经济学的影响，以及欧洲学术、殖民扩张和消费增长等更广泛的历史背景。该章第一个主题是林奈在瑞典种植茶树和用国内药草代替中国茶叶的尝试。通过追溯林奈的尝试过程、18 世纪晚期英国植物学的发展与印度茶园的建立之间的联系，我们发现北欧对茶叶的替代品和茶树移植的研究可向前追溯到 19 世纪上半叶。斯堪的纳维亚地区以国内原料替代进口染料来制造类似鲜艳色彩的纺织品，从而替代从欧洲其他地区和亚洲进口的纺织品是该章关注的第二个主题。通过研究颜色命名法，这一章不仅考察了近代早期染料与颜色之间联系的变化，而且考察了在 19 世纪中叶大规模合成染料出现之前，更具时尚意识的公众群体的崛起。

在结语①中，我们将回到上文中所讨论的不同的历史背景。对未来有关中国茶叶和丝绸的生产出口与欧洲最北部的亚洲纺织品消费关系的研究以及有关消费、生产、开发、利用之间联系的研究，本书会有一些涉及。这一点，我们在该部分会加以讨论。

---

① 原著中篇章标题采用了"第五章　结语"的方式，本书把标题"第五章　结语"改为"结语"，去掉了"第五章"三个字。（译者注）

│第一章│
斯堪的纳维亚与中国的贸易

第一节　令人激动的东印度贸易及其传闻

18 世纪 30 年代早期，东印度贸易的世界里充满着激动与兴奋，各种传闻不断。虽然 1727 年以来，欧洲南部低地国家关闭与亚洲的贸易路线就已提上日程，但直到 1730 年，奥斯坦德公司的商船商务总管才结束了该公司在广州的最后一个货运季。这并不是因为它不盈利，恰恰相反，奥斯坦德家族和英国人一起，在日益扩大的欧洲茶叶市场中成功地掌控了 80% 的份额。[1] 奥斯坦德家族正是由于主要依赖同中国做生意，才得以保持低成本的运营。与荷兰人和英国人不同，他们不需要在亚洲建立庞大的工厂和堡垒体系。此外，在奥斯坦德公司专注于茶叶贸易的时候，欧洲人对含咖啡因饮料的渴望似乎是无止境的。改变游戏规则的是外交压力：荷兰和英国要求 1713 年《乌得勒支和约》以来一直统治南部低地国家的哈布斯堡皇帝查理六世关闭其印度总公司。作为回报，他们同意承认他的女儿玛丽亚·特蕾莎[2]为哈布斯堡王位的合法继承人。[3]

---

[1] Karel Degryse, "The Origins of the Growth of the West-European Tea Trade in the 18th Century," in *Maritime Food Transport*, ed. by Klaus Friedland (Köln: Böhlau, 1994), pp. 483 – 519 (486).

[2] 1740 年查理六世去世后，玛丽亚·特蕾莎依照《国本诏书》规定即位，成为奥地利首位女大公，其即位遭普鲁士、法国等反对，引发奥地利王位继承战争。（译者注）

[3] Jan Parmentier, *Tea Time in Flanders: The Maritime Trade Between the Southern Netherlands and China in the 18th Century* (Gent: Ludion Press, 1996).

31

在外交领域之外，最大的问题是以前在奥斯坦德交易中投资的人现在会转向哪里。除了被释出的大量资本之外，许多懂得如何与中国进行直接贸易的水手也在寻找新的职位。丹麦作家奥托·托特（Otto Thott，1703—1785）在其备忘录《关于贸易起源及其状况最恭敬的和最谦卑的想法》草稿中，推测了奥斯坦德公司的资金和人力被吸引到欧洲北方哥本哈根的可能性。托特意识到奥斯坦德人和瑞典人之间已经建立的联系。瑞典东印度公司成立于 1731 年，但它只是以某种方式涉及奥斯坦德技术和资本的几个不同项目之一。1730 年，在丹麦东印度公司（Danish East India Company）于 1732 年以新名称丹麦亚洲公司获得重生之前，奥斯坦德·彼得·范·赫尔克（Ostender Pieter van Hurck）曾在丹麦首次直航到中国的远航中担任商船商务总管。此外，丹麦亚洲公司和奥斯坦德的资本家还计划着把丹麦阿尔托纳（Altona）和汉堡变成北欧亚洲商品的新市场。与此同时，奥斯坦德家族还曾试图打着外国旗号进行秘密远航探险。①

当然，现实政治也举足轻重。荷兰人在巽他海峡（Straits of Sunda）与瑞典东印度公司第一艘从广东回来的商船相遭遇的时候，开火警告，引起了瑞典和荷兰之间的外交争端。瑞典的第二次远航在荷兰引起了更大的骚动。英法在波尔图-诺沃港（Porto-Novo）和科罗曼德尔海岸对瑞典首支远航探险船队进行了联合军事打击，这对瑞典和英国的关系产生了深远影响。瑞典表示强烈抗议，要求赔偿财产损失。法国很快就答应了，但英国却犹豫不决。在瑞典远航中投资和出海的英国人的数量之多引起了英国的不满。并且，此举也打破了英国东印度公司的垄断地位。直到 1740 年，瑞典东印度公司才同意，除了业已在瑞典东印度公司服务的英国人之外，不

---

① Kristof Glamann, "Et kameralistisk programskrift: Uforgribelige tanker om kommerciens tilstand og opkomst," in *Studier i dansk merkantilisme: omkring tekster af Otto Thott*, ed. and written by Kristof Glamann and Erik Oxenbøll (Copenhagen: Akademisk forlag, 1983), pp. 11—77 (69-70); Kristof Glamann, *Dutch-Asiatic Trade 1620—1740* (Copenhagen: Danish Science Press, 1958), p. 227. The sections not published are included in the endnotes to the first printed version of Thott's work, published in Kristof Glamann, *Otto Thott's uforgribelige tanker om kommerciens tilstand: et nationaløkonomisk programskrift fra 1735* (Copenhagen: Festskrift udgivet af Københavns Universitet, 1966), pp. 137—138; Degryse Karel and Jan Parmantier, "Maritime Aspects of the Ostend Trade to Mocha, India and China (1715—1732)," in *Ships, Sailors and Spices: East India Companies and Their Shipping in the 16th, 17th and 18th Centuries*, eds. by Jaap R. Bruijn and Femme S. Gaastra (Amsterdam: NEHA, 1993), pp. 137—175 (146).

再新雇用任何英国臣民为其服务，英国和瑞典才就"波尔图-诺沃事件"妥协。①

以上事件有助于解释 17 世纪 30 年代东印度贸易的开放性，这在托特的评论中有所反映。最重要的是，与中国的直接贸易从此开启，茶叶很快成为与中国贸易中最重要的商品。从 17 世纪 90 年代末开始，法国和英国船只抵达中国港口，如厦门、舟山和广州。1715 年，奥斯坦德家族加入与中国的贸易中，并成为与华贸易的典范。荷兰联合东印度公司（Vereenigde Oost-Indische Compagnie）的贸易战略是处事低调，即鼓励中国与巴达维亚之间所谓的"中国帆船贸易"（Junk Trade）。巴达维亚是荷兰联合东印度公司在印度尼西亚的亚洲贸易中心。长期以来，来自广州和其他港口的帆船将包括茶叶在内的货物运往巴达维亚，然后用这些货物交换来自印度的胡椒和其他中国需要的商品。这条贸易路线减少了对作为支付手段的白银的需求，而白银恰恰是荷兰人极度缺乏的东西。然而，在 18 世纪第一个十年末期，荷兰人与中国商人在茶叶价格上发生分歧，双方贸易一度中断，这意味着当茶叶消费在欧洲兴起时，荷兰人被他们的主要竞争对手甩在了后面。② 尽管如此，荷兰后来在欧洲与中国之间进行了直接贸易的尝试。1728 年，荷兰首次雇佣奥斯坦德公司的商务总管管理船队，从荷兰远航至中国。但在 1734 年，贸易再次重组，在由巴达维亚向广州派出的船只中，一些开始直接前往欧洲，而另一些则驶回巴达维亚。③

由于法国的贸易也很不正常，因此也许并不奇怪，在 18 世纪初，英国公司和奥斯坦德公司主导了欧洲茶叶的供应。④ 其他欧洲国家也试图与中国进行直接贸易。1704 年，丹麦"威廉王子"（Wilhelm）号航船带着向中国出售货物的授权书抵达特兰奎巴（Tranquebar）。没有支付手段，也没有合适的贸易商品，这些计划从未实现。大北方战争⑤打断了进一步的尝试，

① Conrad Gill, "The Affair of Porto Novo: An Incident in Anglo-Swedish Relations," *The English Historical Review* 73 (1958): 47-65.

② Glamann, *Dutch-Asiatic*, pp. 215-222. Jonathan I. Israel, *Dutch Primacy in World Trade 1585-1740* (Oxford: Clarendon, 1989), pp. 338-339.

③ Glamann, *Dutch-Asiatic*, pp. 220, 230, 240.

④ Glamann, *Dutch-Asiatic*, p. 225.

⑤ 大北方战争（1700 年 2 月 22 日—1721 年 9 月 10 日），又称第三次北方战争，是俄罗斯帝国为了夺取波罗的海的出海口及与瑞典王国争霸的战争。战争的结果是俄罗斯帝国从此称霸波罗的海，而瑞典则自此衰落，从欧洲列强的名单上消失。（译者注）

尽管英国租用丹麦船只并将其用于与中国的贸易。① 我们不知道在马达加斯加周围活动的海盗是否想专门从事茶叶贸易。在18世纪第二个十年，他们中的一群人找到了瑞典国王查理十二世（1682—1718）寻求保护，愿意用50万英镑和25艘武装船只作为对国王的回报。此举没有得到瑞典国王的及时回应，马达加斯加海盗转而前往丹麦去碰运气，结果在1718年返回瑞典。他们向瑞典提出，愿意以哥德堡为基地，代表瑞典经营一家东印度公司。不巧，当时瑞典国王去世，再加上战争结束后的普遍不确定性，以及其他因素的影响，他们提出的计划泡汤了。②

在18世纪的头几十年里，与中国进行新的贸易，特别是茶叶贸易，引起了普遍的关注，各式各样与中国贸易的建议和方法被讨论和试验。特许公司作为贸易的主要方式持续存在，近代早期欧洲国家则为商业稳定性和合法性提供了制度上的保证。然而，奥斯坦德公司的倒闭表明，两家公司之间的竞争可能会蔓延到外交领域。为换得其他目标的实现，特许公司可能会被牺牲。欧洲列强之间、列强的东印度公司之间的竞争在整个欧亚大陆持续展开。在18世纪20年代初期，英国的商船商务总管们接到指令，如果他们在奥斯坦德公司之前到达广州，就应尽可能多地购买茶叶："我们必须不惜一切代价让这些闯入者（Interlopers）厌倦他们的茶叶之旅。"他们甚至被指示去买"不太好"的茶叶。③ 荷兰公司也采用了类似的策略，以图把他们的邻居从茶叶贸易中驱逐出去。"荷兰的座右铭是尽可能最大限度地购买，以让奥斯坦德公司的利益蒙受损失。"④ 奥斯坦德公司用类似的策略进行报复：1720年，中国商人告诉东印度公司的职员，这些低地国家的商人买了太多的茶叶，以至于他们没法都带回国了。⑤

在1721年，英国人采取了另一种竞争策略——降低国内茶叶价格，这种手段旨在遏制大量走私茶进入英国。⑥ 英国市场的漏洞表明，授予不同

---

① Kay Larsen, *Den danske Kinafart* (Copenhagen: Gad, 1932), pp. 8-9.

② Eskil Olán, *Ostindiska compagniets saga: historien om Sveriges märkligaste handelsföretagg*, 2nd ed. (Göteborg: Wettergren & Kerber, 1923), pp. 12-14.

③ Hosea Ballou Morse, *The Chronicles of the East India Company Trading to China, 1635-1834* (London: Routledge, 2000), p. 162.

④ Glamann, *Dutch-Asiatic*, p. 220.

⑤ Morse, *The Chronicles*, p. 163.

⑥ Glamann, *Dutch-Asiatic*, p. 224.

东印度公司垄断权的做法是失败的。海岸警卫队和其他控制机构无法阻止货物跨境流动，以及在不同公司之间的交易，也无法阻止批发商和零售商通过合法、受监管、自由的贸易，以及走私贸易的方式，把茶叶卖给消费者。① 不同的进口关税为货物流动提供了经济依据。1784 年之前，英国对茶叶征收的税很高："很少低于原始成本的 80%，而且经常超过原始成本的 100%。"② 丹麦的关税税率为 1%，如果茶叶运到丹麦国内消费则征收 2.5% 的关税，通过再出口和走私这些商品获得的利润可能非常高。③ 然而，英国或欧洲大陆税收和茶叶价格的突然波动很容易扰乱贸易或改变既定的秘密路线。1728 年，茶叶价格的升高让奥斯坦德公司忧心忡忡，因为这有可能让英国公司占据其国内市场，而截至那时，其国内茶叶市场的供应主要来自欧洲大陆。④

其他事件造成的动荡也对 18 世纪初的欧亚贸易产生了影响。18 世纪 20 年代初，荷兰东印度公司的利润之低，与英国的南海泡沫⑤、法国的密西西比泡沫⑥和荷兰西印度公司的问题⑦不无关系，此时荷兰接不到国外的订单。⑧ 科林·坎贝尔（Colin Campbell，1686-1757）为了逃避在南海泡沫中产生的债务以及可能被判入狱的刑罚，离开伦敦前往奥斯坦德，在那里当了 7 年的商船商务总管，之后他又搬到哥德堡，协助成立了瑞典东印度公司。坎贝尔来自苏格兰，以从事奥斯坦德和瑞典贸易为业。有些人，

① Heinz Sigrid Koplowitz Kent，*War and Trade in Northern Seas: Anglo-Scandinavian Economic Relations in the Mid-Eighteenth Century*（Cambridge：Cambridge University Press，1973），pp. 113-114；William J. Ashworth，*Customs and Excise: Trade, Production and Consumption in England, 1640-1845*（Oxford：Oxford University Press 2003），pp. 176-183.

② Hoh-cheung Mui and Lorna H. Mui，"Smuggling and the British Tea Trade Before 1784," *The American Historical Review* 74：1（1968）：44-73.

③ Kristof Glamann，"The Danish Asiatic Company，1732-1772," *Scandinavian Economic History Review* 8.2（1960）：109-149（p. 141）.

④ Glamann，*Dutch-Asiatic*，pp. 226-227.

⑤ 南海泡沫是经济学上的专有名词，指的是在 1720 年春天到秋天，对南海公司脱离实际的投资狂潮引发的股价暴涨和暴跌，以及之后的大混乱。南海公司为 1711 年英国成立的、对南海（即南美洲）垄断贸易的公司。（译者注）

⑥ 密西西比泡沫是指 1719 年至 1720 年，法国由货币政策的错误和金融投机活动引发的经济泡沫。（译者注）

⑦ 指的是荷兰郁金香泡沫。17 世纪 30 年代，郁金香成为荷兰奢侈的时尚商品，30 年代后期郁金香价格暴跌，引发经济动荡。（译者注）

⑧ Glamann，*Dutch-Asiatic*，pp. 222-223.

比如坎贝尔的好朋友查尔斯·欧文（Charles Irvine，1693-1771），和支持斯图亚特王朝的詹姆斯二世党人（Jacobite circles）相勾连，后者认为斯图亚特王朝是英格兰王位合法的觊觎者。欧文在 18 世纪第一个十年里离开苏格兰前往法国，当时他正着手从事法属东印度贸易。之后，他离开法国去了哥德堡与坎贝尔会合，他们还数次在前往亚洲的远航中担任商船商务总管。①

正如以下章节详述的那样，从 1733 年开始，坎贝尔和欧文还深度参与了从亚洲运抵哥德堡的货物的转口贸易。众所周知，苏格兰的商业网络遍及亚洲和大西洋世界，所涉及的地区没有局限于英国的势力范围，也包括英国势力范围外的一些地区。② 在欧亚贸易世界中，这并不是一个独特的现象，100 多年前，荷兰商人在建立和经营丹麦东印度贸易方面就发挥了重要作用。③ 也有其他方向的人员流动，荷兰东印度公司的船员中有的是斯堪的纳维亚人，其中绝大多数是丹麦王室的臣民。④

第二节　斯堪的纳维亚东印度公司的历史

在斯堪的纳维亚东印度公司的记录中，有关 18 世纪早期更广泛的背景、早期与中国贸易的探索、投资和专有技术的流动、欧洲市场的疲弱以及欧亚总体的经济和政治形势，有时并没有在相关研究中被揭示，得到呈现。⑤ 一个值得注意的例外是克里斯托夫·格拉曼（Kristof Glamann）对 1620 年至 1740 年荷兰亚洲贸易的研究。他广泛引用各类史料，将荷兰东

---

① Kristina Söderpalm， "SOIC-ett skotskt företag?" in *Ostindiska Compagniet: affärer och föremål*，2nd ed. （Göteborg：Göteborgs stadsmuseum，2003），pp. 37-61.

② David Dickson，Jan Parmentier and Jane Ohlmeyer，eds.，*Irish and Scottish Mercantile Networks in Europe and Overseas in the Seventeenth and Eighteenth Centuries* （Gent：Academia Press，2007）.

③ Stephan Diller，*Die Dänen in Indien, Südostasien und China* （1620-1845）（Wiesbaden：Harrassowitz，1999），pp. 22-28.

④ Erik Gøbel， "Danes in the Service of the Dutch East India Company in the Seventeenth Century," *International Journal of Maritime History* 16.1 （2004）：77-94.

⑤ Louis Dermigny，*La Chine et l'Occident: le commerce à Canton au 18e siècle 1719-1833*，4 Vols. （Paris：1964）.

印度公司的业务置于更宏大的背景中。在这方面，格拉曼继承了路易·德米尼（Louis Dermigny）的衣钵——后者关于欧洲对华贸易的经典研究为这一领域奠定了基础。基于对欧洲各地（包括哥本哈根和斯德哥尔摩）的档案进行类似广泛的解读，保罗·范岱克等人对广州贸易进行了研究。[1] 在专门研究斯堪的纳维亚公司的学者的著作中，奥勒·菲尔德贝克的成果尤为突出。特别是他的专著《丹麦国旗下的印度贸易》（*India Trade under the Danish Flag*），阐明了在 18 世纪晚期英国人与印度人，以及英国人与其他在印度发家的欧洲人之间的汇款贸易中，丹麦亚洲公司扮演的角色。[2] 莱奥斯·穆勒（Leos Müller）对同一时期瑞典东印度公司的运营情况进行类似的描述，尽管篇幅比前者短一些。[3] 正如简·德·弗里斯计算东印度贸易总额那样，这些著作与更大规模的元研究[4]（Meta-studies）一样，有助于对这一问题做出更为宏大的阐述，尽管简·德·弗里斯只研究了一半规模的瑞典人对亚洲的探险活动。[5]

然而，在其他研究中，有许多学者主要关注了国家背景下欧洲公司的态势，以及其内部组织和法规的变化。当然，这种方法也有很多优点。通过展现公司的概况和年表，这些研究有助于从内部以及国家与公司之间不断变化的关系来阐明公司组织的变革。瑞典东印度公司的历史通常被划分

---

[1] Glamann, *Dutch-Asiatic*; Louis Dermigny, *La Chine et l'Occidet*; Paul A. Van Dyke, *The Canton Trade: Life and Enterprise on the China Coast, 1700-1845* (Hong Kong: Hong Kong University Press, 2005); Paul A. Van Dyke, *Merchants of Canton and Macao: Politics and Strategies in Eighteenth-Century Chinese Trade* (Hong Kong: Hong Kong University Press, 2011).

[2] Ole Feldbæk, *India Trade under the Danish Flag, 1772-1808: European Enterprise and Anglo-Indian Remittance and Trade* (Lund: Studentlitteratur, 1969).

[3] Leos Müller, "The Swedish East India Trade and International Markets: Re-exports of Teas, 1731-1813," *Scandinavian Economic History Review* 51. 3 (2003): 28-44.

[4] "元研究"，简单来说就是关于研究的研究。如教育学元研究是"以教育学自身为研究对象，对教育学发展过程中的一些基本问题，从理论和历史结合的维度，作批判性反思和建设性探索"，见侯怀银、时益之《我国教育学元研究的探索：历程、进展和趋势》，《中国教育学刊》2019 年第 12 期。（译者注）

[5] Jaap R. Bruijn and Femme S. Gaastra, eds., *Ships, Sailors and Spices: East India Companies and Their Shipping in the 16th, 17th and 18th Centuries* (Amsterdam: NEHA, 1993); Maxine Berg, ed., *Goods from the East: Trading Eurasia* (Basingstoke and New York: Palgrave Macmillan, 2015); Jan de Vries, "Connecting Europe and Asia: A Quantitative Analysis of the Cape-route Trade, 1497-1795," in *Global Connections and Monetary History, 1470-1800*, eds. by Dennis O. Flynn, Arturo Giraldez, and Richard von Glahn (Aldershot: Ashgate, 2003), pp. 35-106.

为与管理该公司的皇家特许状相对应的时期。其中，前三个特许状时期最为重要，即 1731 年至 1746 年、1746 年至 1766 年和 1766 年至 1786 年，这三个时期公司分别派出了 25 支、35 支、38 支远航队。[①] 在 1786 年至 1806 年和 1806 年至 1821 年的第四个和第五个特许状时期，远航次数有所下降。此外，从哥德堡出发的还有 31 次远航，但都是在 1804 年之后。[②] 除了特许经营权，公司历史上的另一个重要转变发生在 1753 年，这一年公司设立了常设基金，这意味着公司转变为一家股份可转让的股份制公司。在此之前，每一次航行的努力都属于独资公司行为。[③]

瑞典人对瑞典东印度公司的整个历史是有一些研究的，其中，斯文·凯尔伯格（Sven T. Kjellberg）进行了大量研究，成果最为突出。[④] 在相关英文学术研究成果中，最深入的莫过于克里斯蒂安·科宁克斯（Christian Koninckx）的著述，他的研究几乎完全集中在第一个和第二个特许状时期的瑞典东印度公司。他的研究广泛考察了该公司引人瞩目的很多方面，不仅涉及公司的经济背景，还从社会和海洋维度对该公司进行考察。[⑤] 穆勒最近作品的主要关注点在 18 世纪下半叶。[⑥]

---

① During the first charter four ships capsized, Suesia and Göteborg (departing 1739 and 1743) and Drottningen af Swerige and Stockholm (both departing 1745). The second charter saw one ship go missing (Prins Friederic Adolph, departing 1761) while all the expeditions sent in the third charter made it back to Gothenburg [Bilaga 1, Söderpalm, Kristina, ed. *Ostindiska Compagniet: affärer och föremål*, 2nd ed. (Göteborg: Göteborgs stadsmuseum, 2003), pp. 256-258].

② Two ships did not return, Drottning Sophia Magdalena and Drottningen (departing 1800 and 1803), Bilaga 1, Söderpalm, *Ostindiska Compagniet*, p. 259.

③ Christian Koninckx, *The First and Second Charters of the Swedish East India Company (1731-1766): A Contribution to the Maritime, Economic and Social Hisstory of North-Western Europe in Its Relationships with the Far East* (Kortrijk: Van Ghemmert, 1980), pp. 63-64.

④ Sven T. Kjellberg, *Svenska ostindiska compagnierna, 1731-1813: Kryddor, te, porslin, siden.* 2nd ed. (Malmö: Allhem, 1974). See also Olán's work, which like Kjellberg's includes few references.

⑤ Koninckx, *The First*.

⑥ Müller, "The Swedish East India Trade"; "The Swedish East India Company: Strategies and Functions of an Interloper," in *Small is Beautiful? Interlopers and Smaller Trading Nations in the Pre-industrial Period*, eds. by Markus A. Denzel, Jan de Vries, and Philipp Robinson Rössner (Stuttgart: Franz Steiner Verlag, 2011), pp. 73-93; "'Merchants' and 'Gentlemen' in Early-modern Sweden: The World of Jean Abraham Grill, 1736-1792," in *The Self-perception of Early Modern Capitalists*, eds. by Margaret C. Jacob and Catherine Secretan (New York: Palgrave Macmillan, 2008), pp. 126-146.

对丹麦东印度贸易的专门研究始于 1616 年，即第一份特许状颁行的第一年，也可以说始于 1620 年，即科罗曼德尔海岸的贸易站特兰奎巴被收购的那一年。1618 年至 1639 年，18 艘船从哥本哈根出发，其中一些打算从事亚洲港口与丹麦之间的货物运输工作。然而，从亚洲运回的货物很少，1637 年底前只有 7 艘船返回。从那以后，印度的贸易站就没有什么消息传来了。由于贸易的衰退，该公司于 1650 年被正式解散，但在 1670 年又获得了新的特许状。从那时到 1727 年，大约有 45 艘船的亚洲货物在哥本哈根被售出。丹麦贸易史上的下一个重要年份是 1732 年，这一年丹麦亚洲公司成立，并正式开始与中国进行直接贸易。丹麦亚洲公司第一份特许状的有效期一直持续到 1772 年，这一时期共有 98 艘船往返哥本哈根。1772 年是标志性的一年，这一年新特许状开始生效，正是在这一年，丹麦亚洲公司失去了对印度（不是中国）贸易的垄断权，新特许状促进了对亚洲贸易的繁荣。1777 年是另一个重要的年份，因为丹麦政府在这一年接管了印度贸易站的管理权。1732 年之后，与亚洲进行贸易取得的利润显著增加，但在 1807 年之前的 30 年里增长更快，这一时期在传统上被称为繁荣时期。1772 年至 1807 年，丹麦亚洲公司将共计 124 艘船的印度和中国货物运到了欧洲。如果我们把 1772 年之后与印度的私人贸易，以及与爪哇和毛里求斯的其他贸易计算在内，1772 年至 1807 年，装载着亚洲货物抵达哥本哈根的商船累计有 350 艘。[①]

就像对瑞典东印度公司的研究一样，涵盖丹麦与亚洲贸易整体历史的研究只是少数而已。菲尔德贝克于 1991 年发表了一份简短而全面的文章，报告描述了 1620 年至 1807 年在亚洲经营的不同特许公司的贸易情况。[②] 该文总结了 19 世纪 90 年代初之前大部分关于该公司的研究。从那以后，针对丹麦与亚洲的贸易的研究就少得多了。其中，最重要的特例是迪勒的专著，研究的范围涵盖了 1616 年到 1845 年这一时间段，这一时间段与菲尔德贝克大致相同，他对关于丹麦人在亚洲活动历史的许多前人著作进行了系统整理和总结。[③] 格拉曼（Glamann）、埃里克·戈贝尔（Erik Gøbel,）、

---

① Ole Feldbæk, "The Danish Asia Trade, 1620–1807: Value and Volume," *Scandinavian Economic History Review* 39.1 (1991): 3–27.

② Feldbæk, "The Danish Asia".

③ Diller, *Die Dänen*.

奥格·拉什（Aage Rasch）、波尔·斯维斯特鲁普（Poul Sveistrup）的论述则集中于丹麦贸易历史中较短时段的记录。① 拉什、卡玛·斯特鲁（Kamma Struwe）和古纳·奥尔森（Gunnar Olsen）也各自撰写了一本关于丹麦在印度活动历史的书，他们的著述是丹麦殖民历史丛书的一部分。②

斯堪的纳维亚公司的历史是贸易史、殖民史之外许多其他历史的组成部分。正如序言所指出的，虽然斯堪的纳维亚公司和欧洲大众消费之间的联系尚未被探讨，但有一些研究对精英消费，特别是北方的中国风做了论述。在托芙·克莱门斯（Tove Clemmensen）和莫根斯·麦克斯普朗（Mogens B. Mackesprang）的研究中，丹麦与欧亚的贸易的故事构成了研究中国工艺品及其在丹麦的影响的叙事背景。③ 同样，在有关瑞典王室中的中国风的叙事中，瑞典东印度公司也获得了极大的关注。④ 在其他方面，克里斯蒂娜·索德帕姆（Kristina Söderpalm）所主编的著作，对瑞典东印度公司遗存的其他实物材料的研究走在了学术界的前列，其中对哥德堡公司拍卖历史的研究尤具价值。⑤ 思想史和科学史是讨论斯堪的纳维亚公司历史的另一个维度。瑞典东印度公司在海外探索自然过程中所发挥的基础性作用，以及在瑞典本土的中国形象形成过程中所起的作用，也在一些研

① Glamann, "The Danish Asiatic"; Erik Gøbel, "Danish Companies' Shipping to Asia, 1616–1807," in *Ships, Sailors and Spices: East India Companies and Their Shipping in the 16th, 17th and 18th Centuries*, eds. by Jaap R. Bruijn and Femme S. Gaastra（Amsterdam: NEHA, 1993）, pp. 99–120; Erik Gøbel, "The Danish Asiatic Company's Voyages to China, 1732–1833," *Scandinavian Economic History Review* 27. 1（1979）: 22–46; Aage Rasch and Poul Sveistrup, *Asiatisk Kompagni i den florissante periode 1772–1792*（Copenhagen: Nordisk Forlag, 1948）.

② Gunnar Olsen, "Dansk Ostindien 1616–1732. De ostindiske kompagniers handel på Indien," in *Vore gamle tropekolonier*, ed. by Johannes Brønsted, 2nd ed., 8 Vols.（Copenhagen: Fremad, 1967）, Vol. 5; Kamma Struwe, "Dansk Ostindien 1732–1776. Tranquebar under kompagnistyre," in *Vore gamle tropekolonier*, ed. by Johannes Brønsted, 2nd ed., 8 Vols.（Copenhagen: Fremad, 1967）Vol. 6; Aage Rasch, "Dansk Ostindien 1777–1845," in *Vore gamle tropekolonier*, ed. by Johannes Brønsted, 2nd. ed., 8 Vols.（Copenhagen: Fremad, 1967）, Vol. 7.

③ Tove Clemmensen and Mogens B. Mackesprang, *Kina og Danmark, 1600–1950: Kinafart og Kinamode*（Copenhagen: Nationalmuseet, 1980）. See also Bredo L. Grandjean, *Dansk ostindisk porcelaen: importen fra Kanton ca. 1700–1822*（Copenhagen, Thaning & Appels, 1965）.

④ Kristina Söderpalm, "Svenska Ost-Indiska Compagniet och den kinesiska vågen," in *Kina slott*, ed. by Göran Alm（Stockholm: Byggförlaget/Kultur, 2002）, pp. 264–284.

⑤ Kristina Söderpalm, ed., *Ostindiska Compagniet: affärer och föremål*, 2nd ed.（Göteborg: Göteborgs stadsmuseum, 2003）. See also Lars Sjöberg and Ursula Sjöberg, *Ostindiskt: kinesiskt porslin och Kinaintresset i Sverige under 1700-talet*（Stockholm: Norstedt, 2011）.

究中得到了体现。① 在丹麦亚洲公司的案例中，对近代早期学术感兴趣的历史学家还对特兰奎巴地区丹麦传教士的历史进行了研究。②

第三节　斯堪的纳维亚国家对亚洲贸易的异同

前文和序言中列出的许多著述都为本书的构思和写作提供了关键的参考。但本书标志着一个新的方向，即采用双焦点方法，将丹麦亚洲公司和瑞典东印度公司的历史综合起来进行比较，从而就全球背景下斯堪的纳维亚贸易、欧洲背景下的消费以及北方对欧亚贸易的反应得出结论。

本书在范围上的两个界定使我们能够撰写丹麦和瑞典的东印度贸易史。首先，本书只关注对华贸易。正如前文所述，18 世纪初，泛欧各国都对与中国建立直接海上贸易联系的前景感到十分兴奋。对中国贸易一直是奥斯坦德贸易中最繁荣的部分。毫不奇怪，它成了新成立的瑞典东印度公司的主要焦点。瑞典东印度公司派出的 60 支远航队中，只有 6 支在前两个特许状时期（1731—1766）到达了印度。③ 同样，在丹麦亚洲公司成立之前，开辟与中国直接贸易路线的前景也为丹麦的贸易注入了活力。这是理所当然的，因为 1732 年至 1771 年，丹麦亚洲公司有 75% 的利润来自与中国的贸易。④ 丹麦与亚洲贸易的组织结构使我们有可能将中国贸易从其他业务中分离出来。在 1732 年到 1772 年，68 艘开往广州的丹麦商船中只有

① Kungl Lindroth, Tore Frängsmyr, *Ostindiska kompaniet: människorna, äventyret och den ekonomiska drömmen* (Höganäs: Bra böcker, 1976); Kenneth Nyberg, *Bilder av Mittens rike: kontinuitet och förändring i svenska resenärers Kinaskildringar 1749 - 1912* (Göteborg: Historiska institutionen, Univ., 2001), pp. 35-54; Kenneth Nyberg, "Linnaeus' Apostles, Scientific Travel and the East India Trade," *Zoologica Scripta* 38. 1 (2009): 7-16.

② Birgitte Hoppe, "Kulturaustausch zwischen Europa und Indien auf wissenschaftlicher Grundlage im frühen pietistischen Missionswerk," in *Der Bologna-Prozess und Beiträge aus seinem Umfeld*, ed. by Dagmar Hülsenberg (Roßdorf: TZ-Verlag, 2009), pp. 133-173; Niklas Thode Jensen, "Making it in Tranquebar: Science, Medicine and the Circulation of Knowledge in the Danish-Halle Mission, c. 1732 - 1744," in *Beyond Tranquebar: Grappling Across Cultural Borders in South India*, eds. by Esther Fihl and A. R. Venkatachalapathy (Delhi: Orient Blackswan, 2014), pp. 325-351.

③ Söderpalm Bilagal, *Ostindiska Compagniet*, pp. 256-259.

④ Feldbæk, "The Danish Asia," p. 6.

7 艘在南亚停泊。因此，丹麦人在印度长期存在，控制科罗曼德尔海岸和孟加拉工厂，与丹麦和中国贸易相比，其重要性是有限的，它与中国的贸易更有利可图。[①]

其次，从 18 世纪 30 年代到 60 年代，这为期 40 年的贸易是研究的重点所在。18 世纪下半叶，私人贸易的开放和汇款贸易的增长影响了与中国和印度的大部分贸易，尤其是对丹麦亚洲公司而言。因此，关注这些影响，以及关注欧洲公司向中国走私鸦片的增长及其对欧洲势力转移的影响，也是与本书相关联的，并没有偏离本书主旨。[②]

需要强调的是，本书不是一项比较研究。本书会强调丹麦和瑞典历史之间的差异，但主要目的并不在于此。相反，本书的出发点是对这些公司进行联合研究，这有助于在更大的背景下阐明斯堪的纳维亚贸易的重要意义，以及北欧的独特性。斯堪的纳维亚公司具体的情况使这种双焦点方法成为可能。其中最重要的是，丹麦亚洲公司与瑞典东印度公司之间的共同之处比与从事欧亚贸易的其他公司的共同之处更多。与主要的欧洲竞争对手相比，瑞典东印度公司和丹麦亚洲公司是小公司。更重要的是，瑞典和丹麦在影响 18 世纪欧洲和世界其他地区的许多冲突中都保持中立。这使斯堪的纳维亚公司能够在这一时期的许多战争中不间断地进行贸易，也使它们能够利用这一优势减轻在亚洲和欧洲市场上的竞争压力。[③]

此外，斯堪的纳维亚与亚洲的贸易主要是转口。虽然序言中的讨论表明，南斯堪的纳维亚半岛和丹麦本土的消费水平与勤劳程度可能比更北部的地区更接近荷兰和英国，但丹麦亚洲公司仍然将绝大部分商品带到哥本哈根转口：1734 年至 1752 年为 77%，1753 年至 1770 年高达 81%。[④] 从 18

---

① John Andersen-Juul, "Asiatisk Kompagnis Kinahandel 1732–1772," unpublished essay (special history), Department of History, University of Copenhagen, 1978, pp. 54–55.

② Lin Man Houng, "World Recession, Indian Opium, and China's Opium War," in *Mariners, Merchants and Oceans: Studies in Maritime History*, ed. by K. S. Mathew (New Delhi: Manohar, 1995), pp. 385–417.

③ Ole Feldbæk, "Eighteenth-Century Danish Neutrality: Its Diplomacy, Economics and Law," *Scandinavian Journal of History* 8.1 (1983): 3–21; Patrik Winton, "Denmark and Sweden in the European Great Power System, 1720–1765," *Revue d'histoire nordique* 14 (2012): 39–62.

④ Glamann, "The Danish Asiatic," pp. 141–142.

世纪 50 年代中期开始，瑞典的这一比例为 90%或更高。[1] 在茶叶贸易繁荣时，如 1782 年，瑞典东印度公司货物的转口价值相当于瑞典出口总额的 77%，即 530 万瑞郎中的约 410 万瑞郎。这比 18 世纪 30 年代后期再出口总额的 20%—30%有所上升。[2] 1782 年在哥本哈根出售的亚洲货物总价值为 580 万利克斯银元（Rix-dollars[3]）。直到 1800 年以后，丹麦的公共收入总额才超过了这个数字。[4] 哥德堡和哥本哈根，这两个拥有巨大的进口和转口业务规模的城市，彼此迥异，在瑞典和丹麦的政治、行政和经济空间中分别扮演着不同的角色。丹麦商贸绵延至北大西洋、西印度群岛、非洲西海岸和亚洲，哥本哈根是丹麦这个企业集团式国家的中心。1769 年，它的人口为 8.3 万人，是当时丹麦最大的城市，在波罗的海也位居前列，只有迅速扩张的圣彼得堡比它大，尽管拥有 6.9 万人口的斯德哥尔摩并不比它小多少。[5] 哥本哈根不仅是一个首都，还是一个行政中心，在北大西洋、非洲和西印度群岛从事长途贸易的丹麦特许公司都把总部设在这里。殖民地的货物必须先运到哥本哈根，然后才能运往挪威或诸公国。自给自足理念对企业集团式国家的商品流通具有指导意义。例如，从 1735 年起，挪威只允许从丹麦境内进口粮食，这意味着从丹麦本土、石勒苏益格-荷尔斯泰因进口粮食，但这些地方的粮食并不总是有盈余。[6] 哥本哈根也被定位为一个为欧洲其他地区提供异国商品的市场，亚洲贸易的历史证明了这一点。从一开始，哥本哈根的重点就是建立与东方的常规贸易。虽然随着时间的推移，不同的航运模式在演变，例如，悬挂丹麦国旗的远航队从奥斯坦德向东出发，也有的从孟加拉返航，但有一个条件是不可协商的：根据官方政策，对由悬挂丹麦国旗的船只运送而来的亚洲商品而言，哥本哈根

---

[1] Johan Fredrik Nyström, *De svenska ostindiska kompanierna: historisk-statistisk framställning* (Göteborg: D. F. Bonniers boktryckeri, 1883), table 3, p. 131, and table 4 (n. p.).

[2] Müller, "The Swedish East India trade," pp. 35-37.

[3] "Rix-dollars" 为德国、荷兰或斯堪的纳维亚半岛使用的银币，此处也可译为"瑞典银元"。（译者注）

[4] Feldbæk, "The Danish Asia," pp. 24-26.

[5] Aksel Lassen, "The Population of Denmark, 1660-1960," *Scandinavian Economic History Review* 14. 2 (1966): 134-157.

[6] Ole Feldbæk, "Storhandelens tid: 1720-1814," in *Dansk søfarts historie*, 7 Vols. (Copenhagen: Gyldendal, 1997), Vol. 3, pp. 14-16.

仍是其在欧洲的唯一集散地。①

虽然哥德堡是一个基督教区中心和西海岸的主要港口，但与哥本哈根相比，哥德堡只是一个小城市，到 18 世纪中叶，它的人口只有 1 万人。瑞典的铁、木材和焦油是从哥德堡运出的传统出口货物。从 18 世纪中叶开始，鲱鱼和鱼肝油的出口增加了。返航的船只从地中海和南欧带来盐、葡萄酒和其他货物；谷物和纺织品则来自北欧和英格兰。然而，就价值而言，从 18 世纪 30 年代起，东印度公司的商品主导了哥德堡贸易。② 在第一个特许状时期，哥德堡商人和奥斯坦德商人是瑞典东印度公司成立和运营的核心。然而，从第二个特许状时期开始，斯德哥尔摩商人的影响力越来越大，人们不应该过分强调这种分化，因为通过家庭关系和个人关系网，许多瑞典商人在这两个城市都有代表。瑞典东印度公司从一开始就备受争议，18 世纪 50 年代中期之前，大量进口中国丝绸在纺织品经销商和制造商中引起了轩然大波，这些商人中许多人在首都斯德哥尔摩经营。公司在首都开设办事处，并在第三个特许状时期接受了政府更多的审查，这标志着斯德哥尔摩的影响力越来越大。③ 在大北方战争严重削弱瑞典在波罗的海地区的影响力前，波罗的海地区一直被视为一个应自给自足的区域。作为贸易和交通的中心，斯德哥尔摩所扮演的角色与上文所述的哥本哈根类似。18 世纪，斯德哥尔摩依然重要。例如，所有从首都北部地区出口的货物，先是被集中在主要城镇，然后都会被运往斯德哥尔摩。④ 位于斯德哥尔摩南部的哥德堡，也被获准进行进出口贸易。然而，哥德堡作为瑞典东印度公司首个总部所在地，在 18 世纪瑞典的政治地理中，地位并不突出。

哥德堡和斯德哥尔摩围绕发展国内经济方面的竞争，是瑞典东印度公司形成时地理位置选择的参照点，但位于西南地域的国家也很重要。在

---

① Feldbæk, "Storhandelens," pp. 11-13; *India Trade*, p. 148. On the competition from Ostend Emden, Lisbon and l'Orient, see pp. 123-124, 142.

② Ivan Lind, *Göteborgs handel och sjöfart 1637-1920: historisk-statistisk översikt* (Göteborg: Skrifter utgivna till Göteborgs stads trehundraårsjubileum, 1923), pp. 21-27.

③ Koninckx, *The First*, pp. 60-61; Kristina Söderpalm, "Svenska ostindiska kompaniet 1731-1813. En översikt," in *Ostindiska Compagniet: affärer och föremål*, 2nd ed. (Göteborg: Göteborgs stadsmuseum, 2003), pp. 9-29. Note that Koninckx is quite alone in playing down the role of the Ostenders in the Swedish Company (see *The first*, p. 51).

④ Staffan Högberg, *Utrikeshandel och sjöfart på 1700-talet: stapelvaror i svensk export och import 1738-1808* (Stockholm: Bonnier, 1969), p. 34.

瑞典东印度公司及其股份中和在公司带回的货物中，外国投资者扮演了举足轻重的角色。瑞典东印度公司的投资人身份是保密的，但遗存的零散信息表明，来自外国的投资规模很大。从 1745 年开始，在瑞典及斯德哥尔摩女王（Drottningen af Swerige and Stockholm）所需的资金中，有 40% 源自低地国家，其中大部分来自荷兰南部。[1] 关于茶叶贸易的研究表明，直至 18 世纪下半叶，荷兰和奥地利-尼德兰[2]的贸易商一直存在密切的联系。[3] 然而，第三份特许状中的股东名单实际上表明，所有权已经开始发生转移。斯德哥尔摩和哥德堡的一小群商人和商馆所持有的股份达到了 77%。[4]

丹麦的发展情况与瑞典相反，在一个世纪的时间里，丹麦亚洲公司中来自国外的股份比重呈增长趋势。当丹麦亚洲公司于 1732 年成立时，绝大多数股东属于富有的丹麦本土精英，王室、朝臣、贵族和公务员都投资了这家企业。15 年后，投资者中有 7%（13 人）是非丹麦臣民，他们持有的股份不到 5%。到 1773 年，这个群体的人数和影响力均有所增加，在丹麦亚洲公司中所占股份达到了 30%。许多投资者来自荷兰，一些人也持有瑞典东印度公司的股份。[5]

丹麦商人主导了哥本哈根的亚洲商品批发贸易，因为只有他们被允许在东印度公司的货物拍卖会上竞标。然而，他们的贸易行情在很大程度上取决于他们在欧洲各地的商业伙伴向他们下的订单多寡。[6] 显然，丹麦亚洲公司的销售目录是以德语和丹麦语双语印刷的。[7] 瑞典东印度公司现存

---

[1]　Koninckx, *The first*, pp. 287-290.

[2]　奥地利-尼德兰是奥地利的一个省和神圣罗马帝国的一个州，由比利时西部和大卢森堡组成，1714 年至 1797 年存在于低地国家，首都为布鲁塞尔。奥地利在西班牙王位继承战争结束时从西班牙手中获得了该地区，西属尼德兰被割让给哈布斯堡王朝。（译者注）

[3]　Müller, "The Swedish East India Trade," pp. 40-42; Hanna Hodacs and Leos Müller, "Chests, Tubs and Lots of Tea—the European Market for Chinese Tea and the Swedish East India Company, c. 1730-1760," in *Goods from the East, 1600-1800: Trading Eurasia*, ed. by Maxine Berg (Basingstoke and New York: Palgrave Macmillan, 2015), pp. 277-293.

[4]　Söderpalm, "Svenska ostindiska kompaniet 1731-1813," p. 11.

[5]　Philip Kelsall, "The Danish Monopoly Trading Companies and Their Shareholders, 1730-1774," *Scandinavian Economic History Review* 47.3 (1999): 5-25.

[6]　Kent, *War*, p. 122.

[7]　For German versions see 89, 90, 91, 95, 96, for Danish versions see 84, 88, 93, 97 in Vol. 232, *Den Esmarckske arkivaflevering, 1727-1757*, A. G. Moltkes protocol, solgte ladninger i Asiatiske Kompagni, DCK, RAC.

最早的销售目录是 1747 年的，之前的销售目录也以德语印刷。与丹麦的公开拍卖不同，瑞典的拍卖对所有人开放。为吸引买家，印有哥德堡出售商品概况的传单被散发到北欧各地。在拍卖中标后，来自国外的贸易商也会被返还 0.5% 的折扣，以充当他们的旅费。[①]

1733 年瑞典东印度公司的第一次拍卖创纪录地吸引了 115 名买家，后续的拍卖吸引的人数较少，如 1760 年还不到 40 人。[②] 最初，拍卖会由少数商人主导。1733 年，有一半的待售商品被四名商人买走，尽管他们可能只是众多买家的代表。绝大多数瑞典东印度公司的货物被少数商人买走的模式仍在继续，尽管尚未达到极端的程度。1756 年，在 56 位买家中，有 18 位买走了 81% 的茶叶货物。[③] 东印度公司的商品在哥本哈根的公开销售同样由少数商人主导。首个从中国返回的远航队的货物被卖了 54.4 万利克斯银元；参与这场销售的贸易商有 230 名，但其中的 43 名提供了多达 3/4 的资金。在 18 世纪 50 年代，不到 1/4 的买家购买了近 3/4 的茶叶。[④]

因此，虽然哥德堡和哥本哈根地理位置不同，两者在全球和国内贸易网络以及国家政治中的地位迥异，但恰好作为亚洲商品的转运港（Entrepôt），尤其是亚洲商品向欧洲其他地区的中转地，两地也存在很多相似之处，这一点我们将在第三章给予阐述。此外，交错的贸易与投资网络主导着斯堪的纳维亚对亚洲商品的批发贸易。在拍卖会上大量出售具有异国风情的商品当然不是哥德堡和哥本哈根独有的现象。公开销售是易腐货物常见的交易方式，这有助于降低交易成本，并确保货物在储存过程中不会变质。通常情况下，拍卖有助于提高市场的透明度，因为这种形式不仅让不同商品的价格为参与拍卖的人所知，也为更广泛的公众所知，这些人一直在追踪不同城市公开拍卖会上价格的起伏。但是，拍卖会的商品信息也可能被经

---

① Kristina Söderpalm, "Auktionen på den första lasten från Kina," in *Ostindiska Compagniet: affärer och föremål*, 2nd ed. （Göteborg：Göteborgs stadsmuseum，2003），pp. 88–105.

② 1748 年 8 月，在两船货的拍卖销售中，有 68 位买家参加。1750 年 9 月，拍卖会有 52 位买家参加，而 1760 年的两次拍卖会分别吸引了 37 位和 30 位买家（Söderpalm，"Auktionen，" pp. 91，104）。

③ Söderpalm，"Auktionen，" p. 91；Hodacs and Müller，"Chests，" p. 286.

④ Glamann，"The Danish Asiatic，" pp. 138，141.

纪人和待售商品质量评估人滥用，这损害了各地批发市场的声誉。①

在接下来的章节中，我们将讨论上述现象对欧洲茶和丝绸品位的形成所造成的影响。目前最重要的结论是，这些相似之处，再加上18世纪中叶与广州贸易的情况，以及更广泛的斯堪的纳维亚的中立贸易，使我们对斯堪的纳维亚与中国的贸易加以研究成为可能。

第四节　多重的史料基础

丹麦和瑞典的对华贸易存在诸多共同点，这使我们能够书写斯堪的纳维亚的对华贸易史。这种研究路径的优点在于，可以使我们尽情对两家公司进行言之有据的论述，尽管有时只能基于单国公司的原始资料。涉及贸易不同方面的原始资料的分布不均决定了这种研究路径的必要性。虽然反映亚洲贸易的档案材料，如丹麦东印度公司的记录保存得很好，但涉及货物运到达哥本哈根后再转口的相关资料鲜有留存。而在涉及瑞典的实例中，情况则正好相反：反映亚洲贸易的公司记录几乎没有遗存，反映进口至哥德堡的亚洲商品批发市场情况的一系列资料却保存完好。

丹麦在广州的贸易谈判协议是本书最重要的资料来源之一。丹麦国家档案馆近乎收藏了所有协议，涵盖18世纪30年代及之后的时期。协议中包含丹麦亚洲公司董事会对商船商务总管的指令，或多或少包括与贸易行为有关的一般订单，还包括丹麦亚洲公司总部要求商船商务总管购买的货物概要，以及关于质量和数量方面的附录。在广州，谈判协议起到了日记的作用，商船商务总管记录了交易与选购的决策信息。与荷兰的材料相比，丹麦这种类型的记录是规范的。②

---

① Anne Wegener Sleeswijk, "Hearing, Seeing, Tasting and Bidding: Information at the Dutch Auction of Commodities in the Eighteenth Century," in *Information flows: New Approaches in the Historical Study of Business Information*, eds. by Leos Müller and Jari Ojala (Helsinki: Finnish Literature Society, 2007), pp. 169-192.

② See *The Canton-Macao Dagregisters 1762-1764*, edited, annotated and revised by Paul A. Van Dyke and Cynthia Viallé (Macao: Instituto Cultural do Governo da R. A. E. de Macau, 2006, 2008, 2009). One known negotiation protocol has survived for the SEIC (Rådplägningsbok for skeppet *Götha Leijon*, 1750-1753), this document is however concerned with trade in Surat (http://www.ub.gu.se/samlingar/handskrift/ostindie/dokument/document.xml? id=40accessed 27 May 2015).

一旦远航核算完成和特许状期限终结，瑞典东印度公司就会销毁其相关的大部分资料，这是该公司特权机制中的预防措施，其宗旨在于确保涉足交易和融资的人匿名。然而，在幸存下来为数不多的公司记录中，有一份销售目录引人注目，上面列出了哥德堡在 1733 年至 1759 年出售的商品，虽然不完整，但是独一无二，其他东印度公司的销售目录则少有被保存下来。丹麦亚洲公司的第一个特许状时期以来，只有一些 18 世纪 50 年代的销售目录得以留存。① 虽然实物副本只保存在瑞典国家档案馆（Riksarkivet），但公众可以从华威大学的华威数字收藏馆（Warwick Digital Collection）获得扫描版。②

相较于丹麦，瑞典从事贸易的商人的记录被保存得更为完好。③ 本书大量引用了苏格兰货运公司商船商务总管查尔斯·欧文的信件，欧文是当时中国与哥德堡之间商品贸易的参与者。他的信件存于明尼阿波利斯的詹姆斯·福特·贝尔图书馆，在很大程度上为既往关于瑞典东印度公司的研究所忽视。这批信件资料和其他资料一样，常被引用到亚洲与斯堪的纳维亚以及斯堪的纳维亚与欧洲之间贸易的论述中。本书后面的章节也会运用到该资料。

谈判协议与欧文的信件是第二章主要的资料来源，这一章将重点探讨茶叶贸易。第三章主要依靠瑞典的销售目录展开，但也使用了前述史料。相比之下，第四章大量利用了与瑞典进口替代品及博物学相关的史料，然而，这一章所探讨的历史并非瑞典独有，作为学术研究的一种形式，它与北欧的学术传统和波罗的海地区普遍存在的生物类型密切相关。

---

① No. 82-97, Vol. 232, Den Esmarckske arkivaflevering, 1727-1757, A. G. Moltkes protocol, solgte ladninger i Asiatiske Kompagni, DCK, RAC. Note however that nr. 82, 83, 85, 86, 87, 92, and 94 are handwritten.

② See Enskilda arkiv inom Kommerskollegium, Ostindiska kompaniet, Försäljningskataloger, 1–21 Vols. RAS. These catalogues are also available to the general public via the Warwick University Library, Warwick Digital Collection, http://contentdm. warwick. ac. uk/cdm/landingpage/collection/swedish.

③ Glamann, "The Danish Asiatic," p. 143.

| 第二章 |

来自欧洲北部的预制拼配茶

第一节　斯堪的纳维亚走私品与英国茶叶市场

　　"哥德堡工夫茶"是苏格兰茶商在黑市茶叶交易中使用的一个商品名。[①] 正如安德鲁·麦基洛普（Andrew Mackillop）讨论的那样，中国茶叶在苏格兰消费的增长说明了贸易路线和商人网络在解释新消费习惯传播方面的重要性。麦基洛普概述了"北欧茶叶世界"的轮廓，在这个世界里，饮茶习惯的演变摆脱了英国东印度公司和伦敦等国际大都会中心的官方垄断。哥德堡是瑞典东印度公司卸载亚洲货物的地方，18世纪苏格兰的茶叶消费是由其靠近哥德堡的地理位置以及大规模参与瑞典东印度贸易决定的。麦基洛普认为，这些联系不仅让苏格兰消费者有机会买到更便宜的茶叶（尽管这些茶叶有的是走私的），还影响了苏格兰人饮用精致红茶的口味，比如"哥德堡工夫茶"。[②] 另一种品质较差的红茶——武夷茶，则是欧洲茶叶中最常见的，也是东印度公司船只在广州贸易中主要采购的货物。

　　借助大陆地缘关系和异国情调来销售商品并非特例，英国的店主就经常出售"西班牙烟草和葡萄牙鼻烟"。[③] 正如乔恩·斯托巴特（Jon Stobart）

[①] Andrew Mackillop, "A North Europe World of Tea: Scotland and the Tea Trade, ca. 1690-ca. 1790," in *Goods from the East, 1600-1800: Trading Eurasia*, ed. by Maxine Berg (Basingstoke and New York: Palgrave Macmillan, 2015), pp. 294-308.

[②] Mackillop, "A North," p. 295.

[③] Jon Stobart, *Sugar and Spice: Grocers and Groceries in Provincial England, 1650-1830* (Oxford: Oxford University Press, 2012), p. 60.

所言，这些名字反映了消费者对异域商品如何"与欧洲加工中心相联系"的理解，或者在"哥德堡工夫茶"的例子中，将异域商品与大量茶叶的中转地联系在一起。① 哥德堡和哥本哈根是大规模茶叶贸易的中转地。如果把 1754 年进口到斯堪的纳维亚半岛的所有武夷茶其 10339 个茶叶箱堆叠起来，那么几乎有 7000 米高，当年进口的茶叶总量接近 2000 吨。②

欧洲的茶叶贸易是全球商品和资本流动的一部分，而中国茶叶在欧洲的消费却集中在特定的地区。低地国家是欧洲茶叶消费的核心地区之一，但有关估算表明，1772 年到 1782 年，在欧洲进口的茶叶中，英国消费了将近 3/4。③ 英国走私茶盛行，反映了英国对茶叶征税之高。1784 年前，税率很少低于 80%，有时甚至超过 100%；随着市场需求的增长，茶叶税对消费者的日常生活成本上升以及英国政府的财政收入产生了巨大影响。④ 众所周知，走私当然是一种难以追踪的现象，但根据 1745 年的一份报告，英国走私茶叶的消费量是合法销售茶叶的三倍，两者分别为 300 万磅和 100 万磅。⑤ 18 世纪 70 年代末和 80 年代初，据说有 750 万磅茶叶被走私到英国。⑥

至于欧洲大陆的公司，包括那些斯堪的纳维亚公司，它们进口的茶叶如何被走私到英国，存在各种各样的分析。梅可锵（Hoh-cheung Mui）和梅丽娜（Lorna H. Mui）提出七年战争是一个分水岭。走私在战前很猖獗，但走私茶叶主要供应当地和在地理上购茶受限的市场。战争结束后，茶叶

---

① Stobart, *Sugar*, pp. 60–63.

② Hanna Hodacs and Leos Müller, "Chests, Tubs and Lots of Tea—The European Market for Chinese Tea and the Swedish East India Company, c. 1730–1760," in *Goods from the East, 1600–1800: Trading Eurasia*, ed. by Maxine Berg（Basingstoke and New York：Palgrave Macmillan：Palgrave, 2015）, pp. 277–293.

③ William Alan Cole, "Trends in Eighteenth Century Smuggling," *The Economic History Review* 10. 3（1958）：395–410；Anne McCants, "Exotic Goods, Popular Consumption, and the Standard of Living：Thinking about Globalization in the Early Modern World," *Journal of World History* 18. 4（2007）：433–462.

④ Hoh-cheung Mui and Lorna H. Mui, "Smuggling and the British Tea Trade Before 1784," *The American Historical Review* 74：1（1968）：44–73.

⑤ Cole, "Trends," p. 397.

⑥ Numbers presented by the deputy accountant-general of the EIC, quoted from Hoh-cheung Mui and Lorna H. Mui, "Trends in Eighteenth-Century Smuggling Reconsidered," *The Economic History Review* 28（1975）：28–43.

贸易规模扩大，在地理范围上进一步扩张："在很大程度上，当地规模较小的走私者被英国富商取代了。"[1] 走私贸易已开始对合法贸易构成严重威胁。[2] 另一些人则对早期贸易的规模之小心存怀疑，并强调整个 18 世纪参与其中的本地人的数量，认为他们的投资为走私者提供了支持和保护，使走私者的生意能够持续。[3] 18 世纪下半叶，哥德堡与苏格兰之间的走私贸易日益频繁，斯堪的纳维亚的茶叶也行销低地国家。走私在英国各地泛滥，走私之物除了茶叶，还有形形色色的违禁品。[4]

斯堪的纳维亚公司进口的茶叶畅销英国反映了一个简单的事实，那就是走私茶更便宜。然而，我们也需要更全面地了解英国的茶叶市场。正如苏格兰的例子所展现的那样，更深入地研究贸易网络和可获知的商品类型可以为我们理解消费的演化提供线索。我们还需要更仔细地考虑茶本身的物质性。

在 18 世纪的英国，茶叶掺假现象十分普遍，人们用过的干茶叶经常被重新包装后出售。灰树叶、黑刺李叶、接骨木叶、甘草叶（Liquorish Leaves）、麦麸和接骨木芽也被用来制作假茶。[5] 茶叶在阳光下晒干后，经过烘烤和压缩，再与铜精、糖、糖浆、黏土、苏木、羊粪和棕儿茶[6]（Terra Ja-

---

[1]　Mui and Mui, "Smuggling," p. 45.

[2]　Mui and Mui, "Smuggling," p. 45.

[3]　Paul Muskett, "English Smuggling in the Eighteenth Century," (unpublished doctoral thesis, Open University, 1996), pp. 232, 250-251. See also Huw V. Bowen, "So Alarming an Evil: Smuggling, Pilfering and the English East India Company, 1750-1810," *International Journal of Maritime History* 14. 1 (2002): 1-31.

[4]　Heinz Sigrid Koplowitz Kent, *War and Trade in Northern Seas: Anglo-Scandinavian Economic Relations in the Mid-Eighteenth Century* (Cambridge: Cambridge University Press, 1973), p. 121; Leos Müller, "The Swedish East India Trade and International Markets: Re-exports of Teas, 1731-1813," *Scandinavian Economic History Review* 51. 3 (2003): 28-44, and Mackillop, "A North".

[5]　*The Tea Purchaser's Guide, or, the Lady and Gentleman's Tea Table and Useful Companion, in the Knowledge and Choice of Teas* (London: Printed for G. Kearsley, 1785), p. 35; *Advice to the Unwary: Or, an Abstract, of Certain Penal Laws Now in Force Against Smuggling in General, and the Adulteration of Tea: With Some Remarks Very Necessary to be Read by All Persons, that They May Not Run Themselves into Difficulties, or Incur Penalties Therefrom* (London: Printed by Lincoln's-Inn-Fields, 1780), p. 18.

[6]　棕儿茶，也称槟榔膏，为茜草科植物儿茶钩藤带叶嫩枝煎汁浓缩而成的干浸膏。（译者注）

ponica）等物质混合。① 理查德·川宁（Richard Twining）的祖父②曾从事零售业。1706 年，他的祖父开始向伦敦人销售茶叶和咖啡，据理查德·川宁所言，当时伦敦附近一个不知名的村庄每年生产 20 吨假茶。③ 有估算显示，在 1773 年至 1782 年英国和爱尔兰每年消耗的 1800 万磅茶叶中，有"数百万"磅是"英国制造的假茶"，另外还有 200 万磅至 300 万磅的假茶是从海外走私过来的。④

英国通过一系列立法活动禁止假茶的生产。1777 年，任何人被抓到持有超过 6 磅的绿叶、干叶或人造茶叶，必须在 24 小时内给令人满意的解释，否则将被罚款。⑤ 虽然《购茶者指南》等向消费者提供了如何选购茶叶的建议，但真茶和假茶着实难以分辨。⑥ 当把热水倒在伪造的茶叶上时，茶叶往往看起来像中国产品，液体呈淡绿色、琥珀色或深褐色。国内植物的黑色、绿色和灰色碎叶在外观上也与从中国进口的绿茶和红茶相似。

所有中国茶都是用"中国茶树"⑦（Camellia Sinensis）的叶子制成的。要想制绿茶，采摘茶叶后需要随即焙火；制作红茶，首先要将茶叶氧化，然后再焙火。⑧ 选择要采摘的茶树、选择采摘茶树上哪些树叶、在什么季节或哪一天采摘，对制茶都有进一步的影响。小种茶（Souchong）是 18 世纪欧洲消费的最佳红茶之一。该茶取自长势最好的茶株，在晴日当空的一天的至热之时采摘。茶叶焙火和揉捻次数不同，制成的茶叶类型也不同，就像根据叶子老嫩程度的不同，萎凋和焙火的茶叶也分成不同品次一样。

---

① Richard Twining, *Observations on the Tea and Window Act, and on the Tea Trade* （London：Printed for T. Cadell, 1785），pp. 39, 42; *Advice to the Unwary*, p. 18. See also William J. Ashworth, *Customs and Excise: Trade, Production and Consumption in England, 1640-1845*（Oxford：Oxford University Press, 2003），p. 231.

② 1706 年，托马斯·川宁将茶叶引入伦敦，在伦敦开设的咖啡馆里供应茶。1718 年，川宁成为英国王室御用供茶商。（译者注）

③ Twining, *Observations*, p. 42.

④ Numbers presented by the deputy accountant-general of the EIC, quoted in Mui and Mui, "Trends," p. 29.

⑤ *Advice to the Unwary*, p. 19.

⑥ *The Tea Purchaser's Guide*, pp. 36-38.

⑦ 茶树的拉丁学名。（译者注）

⑧ Christian Daniels, and Nicholas K. Menzies, "Agro Industries：Sugarcane Technology, Agro-Industries and Forestry," in *Science and Civilisation in China* 6, ed. by Joseph Needham（Cambridge, Cambridge University Press, 1996），p. 28.

未分选而焙火的绿茶叶子可以用来生产珠茶（Gunpowder Tea），或者如下几种熙春茶（Hyson）："眉正"（Superior Hyson）、"眉熙"（Finest Hyson）、"雨前熙春"（Young Hyson）以及被视为"中等熙春"（Middling Hyson）和"小熙春"（Small Hyson）的熙春皮茶（Hyson Skin）。[1] 熙春茶的名称取自一位东印度公司商人的名字，[2] 是欧洲进口的最昂贵的茶叶之一。不仅高品质的茶叶被分为不同的类别，连武夷茶这样最便宜的茶，也可以被分为几个子类。[3]

到 19 世纪初，英国东印度公司进口的武夷茶可分为四种："低质"（Low，广州）、"优质"（Superior，福建）、"特级"（Best，武夷）和"工夫级茶"（Congou Kind of Leaf）。[4] 虽然随着时间的推移，进口的茶各有不同，但广东最初使用的绿茶名称，如松萝茶（Singlo）、熙春皮茶，以及武夷茶、工夫茶、雀舌茶（Zion Ziong[5]）、小种茶和白毫茶（Pekoe）等红茶名，随着茶货漂洋过海，为欧洲批发市场和零售商所使用。

在英国，茶成为与麦酒媲美的国饮，其受欢迎程度在 18 世纪呈指数级增长。这种茶最初为经常光顾咖啡馆的那些人所青睐，在 1689 年之前，茶叶是按加仑征税的，为了节省开支，茶叶都是提前冲泡好，冷藏后再加热供应给顾客。[6] 供家庭饮用的干散茶很快进入了各种商店，"裁缝店、瓷器店、书商，甚至窗帘店"都出售茶叶。[7] 在家里泡茶很方便，家庭环境赋予了茶与家庭和女性消费相关的特殊地位。茶具也随之出现。茶杯、茶匙、茶壶、糖盆、泔水盆、滤网、茶罐、茶瓮和茶箱，是中产阶级和精英家庭茶叶消费的标配。穷人也没有被排除在饮茶的行列外，茶的种类和价

---

① Hoh-cheung Mui and Lorna H. Mui, *The Management of Monopoly: A Study of the English East India Company's Conduct of Its Tea Trade, 1784-1833* (Vancouver: University of British Columbia Press, 1984), pp. 5-8.

② 熙春茶，源自"熙春"（hei1 cên1），也称贡熙茶，是徽州屯绿茶的一个品种；英语"hyson"由 hei-ch'un（熙春）而来，寓"明媚的春天"之意。（译者注）

③ *The Tea Purchaser's Guide*, p. 27.

④ Mui and Mui, *The Management*, Appendix 6, p. 156, see also pp. 109-111 on more varieties of Bohea.

⑤ Zion Ziong, 参见 Paul A. Van Dyke, *Merchants of Canton and Macao: Politics and Strategies in Eighteenth-Century Chinese Trade* (Hong Kong: Hong Kong University Press, 2011), p. 540。（译者注）

⑥ Ashworth, *Customs*, p. 232.

⑦ Stobart, *Sugar*, p. 50.

格的多样性使许多社会群体养成喝茶的习惯，尽管有些人用的是破破烂烂的茶壶和茶杯。[①]

与此同时，茶叶贸易成了大生意。从 18 世纪中期开始，专门的茶叶店大规模地出现。当时的商业广告卡[②]（Trade Card）显示，茶商想利用理想化和刻板化的中国商人形象，来显示产品的真实性及其漂洋过海之难。广告卡通常以装茶的茶桶、木板条箱及大货箱为背景，上面的商人身着"苦力帽"、传统中式服装、宽松长裤和长袍，留着细长的胡子和辫子。[③] 各种非专卖店的店主在英国各地出售 1 盎司和 1/4 盎司为一包的茶叶。价格下跌可能是越来越多的零售商将茶叶入库的主要动力。到 1765 年，大约 32000 家商店，相当于英格兰和威尔士商店的 30%，获得了销售茶叶的许可证；到 19 世纪 30 年代，有执照的茶商超过 9 万名。另一个刺激增长的因素是伦敦市场上大茶商之间日益激烈的竞争。首都的茶叶经销商和东印度公司公开的价目表，造就了一个透明的和竞争的市场。[④]

传统上，许多省级的小茶商通常依靠大茶商，很多时候依靠伦敦的大茶商，来评估哪些类别的茶叶可以得手，然后根据顾客的口味和购买力改成小包装出售。喝拼配茶的习惯与早期的精英消费有关，当时商店将茶叶从"敞开的箱子"中取出，在顾客面前拼配和冲泡，直至找到适合特定购买者口味的组合。[⑤] 随着茶叶消费的扩大，这种销售茶叶的方式消失了，但茶商针对不同顾客，继续提供统一化的拼配茶，来提升他们的业务量。[⑥] 正如理查德·川宁所解释的那样，茶商把不同茶箱里的茶拼配在一起，可以确保"茶叶喝起来差不多"。

---

① Stobart, *Sugar*, pp. 50, 220, 236-238, 243-249.

② 这是一种正方形或长方形的名片，尺寸较小，上有图文，可以放在男士的口袋里或女士的钱包里，是企业分发给客户和潜在客户的商业名片，最早于 17 世纪末在巴黎、里昂和伦敦流行起来，主要功能是广告和地图，引导公众到商人的商店。（译者注）

③ Elizabeth Ki, "Race Sells: Racialized Trade Cards in 18th-century Britain," *Journal of Material Culture* 7.2（2002）：137-165；Stobart, *Sugar*, pp. 172-176.

④ Stobart, *Sugar*, pp. 50-52, 87-88, 162, 179-180.

⑤ Twining, *Observations*, p. 38. 18 世纪晚期以前，高端茶商一直为他们的顾客提供座位和试茶的机会（Stobart, *Sugar*, p. 143）。

⑥ Hoh-cheung Mui and Lorna H. Mui, *Shops and Shopkeeping in Eighteenth-Century England*（London：Routledge, 1989），pp. 254-255；*The Management*, pp. 19-20.

凡懂茶者，打扫好房屋，把茶叶拿出来，例如二十箱熙春茶，分别细心品尝，就会发现，有些茶味太浓，因而粗劣，有些茶味太淡，因而无味；而另一些人——也许就像那些要喝茶的人一样——会有某些小小的怪味，但只要适当地把茶混起来喝，怪味就会完全消除。把这些茶拼配在一起是明智的，喝起来比单独喝任何一个箱子的茶都要好。①

随着时间的推移，经销商利用公众对产品掺假的恐惧，设计了自己的包装，如密封和贴牌的茶罐，以此来促销、保护他们的品牌和各种类的拼配茶。②

当进行大宗茶叶贸易时，知识和经验是必不可少的。在东印度公司于伦敦举行的茶叶拍卖会上，那些批发购买茶叶者或茶叶经纪人，通常具有多年的业务经验。此外，他们有资金来购买大量的茶叶，并将其拼配、重新包装，出售给全国各地的商人。③ 英国东印度公司的职员也越来越精通茶叶贸易。18 世纪末，伦敦的仓库里储存了大量的茶叶，公司致信要求前去广州的职员在去前，必须先在伦敦的茶叶仓库花一年时间了解茶叶的种类。为确保垄断地位，英国东印度公司不得不保有足够一年销售的库存量，因为英国政府依赖不断扩大的茶叶贸易提升财政收入。

如果英国东印度公司的茶叶耗尽，那么英国政府的财政收入就会受到威胁。到了 18 世纪晚期，英国东印度公司还派遣专门的茶叶质检员到广州检测茶叶，并就英国公众的茶叶口味向商船商务总管提出建议。④ 中国茶中也可能含有其他灌木的叶子。《购茶者指南》的作者称，骗子用绿矾将受损的红茶染色，将其作为绿茶出售；同样，绿茶可以与"日本土"（Japan Earth）拼配，使其看起来像武夷茶。⑤ 关于在中国茶叶贸易中存在欺诈现象的认知在 19 世纪愈加盛行，这反映出，对中国人形象的认知普遍向"肮脏和欺骗"转变。⑥

在国内，合法的茶叶贸易也并不总能受到高度重视。《购茶者指南》

---

① Twining, *Observations*, p. 39.

② Stobart, *Sugar*, pp. 180-181, 186-187, 188.

③ Mui and Mui, *Shops*, p. 255; *The Management*, p. 15.

④ Mui and Mui, *The Management*, pp. 33, 38-39.

⑤ *The Tea Purchaser's Guide*, pp. 34-35.

⑥ Stobart, *Sugar*, p. 49.

的匿名作者，自称"公众之友"，曾在英国东印度公司的茶叶部门工作多年，该人说大量劣质茶叶的销售得到了政府的纵容。这些茶叶被当作战利品，是英国海军或英国国家私掠船没收货物的一部分，"比土好不到哪里去"。经过"熏蒸、灰化、干燥"，茶叶的卖相可以得到恢复，然而，通过揉搓、鼻闻和品尝等进一步检查，就会发现它品质极差，只适合与劣质红茶拼配。① 有关茶叶走私的记录表明，走私者对走私物处理往往很粗暴。这种秘密贸易用油皮袋装货，用敞口船装运，货物沿海岸线堆放。② 英国东印度公司的代表们是既得利益者，他们贬低走私茶叶。他们声称，走私茶叶由于使用油皮袋并"放在潮湿的地方"，"味道和气味较差"。③ 换言之，茶叶质量好坏被认为与贸易的实际组织者密切相关，而与是否走私贸易无关。

　　换句话说，18 世纪英国茶叶市场不仅规模庞大、发展迅速，还非常复杂。茶叶可能是中国产的，也可能是假冒的、损坏的和改良而来的，甚至可能是违禁品。有鉴于此，我们将回到斯堪的纳维亚贸易这个问题上，探索丹麦和瑞典在广州的茶叶贸易，以及 18 世纪 30 年代从中国到哥德堡和哥本哈根的茶箱运动（Movement of Tea Chests）。英国茶叶市场的复杂性、茶叶混掺在批发和零售层面的作用，以及假冒、损坏和改良的茶叶商品贸易都对我们如何探索斯堪的纳维亚茶叶贸易有着启发意义。但是，对茶叶质量、口味、包装的关注，以及对茶叶质量和种类的评价，会帮助我们增进对斯堪的纳维亚贸易的理解吗？反过来说，对斯堪的纳维亚贸易更全面的了解，能为我们理解英国茶叶消费增添什么吗？本章的第一部分与广州的中国茶叶市场相关，并对不同东印度公司之间竞争的情势给予了关注。茶叶的拼配和包装是本章第二部分和第三部分的重点。在最后两部分中，我们将从中国转向欧洲，讨论茶叶批发市场并追溯低地国家茶叶口味泛欧化的过程。

第二节　白银推动的快速交易

　　18 世纪，正是在茶叶的吸引下，越来越多的欧洲船只抵达广州。茶叶

---

① *The Tea Purchaser's Guide*, pp. 30-34.

② Muskett, "English," pp. 77, 147, 168, 212, 301.

③ Newspaper cutting dated 20 January 1785, pasted into British Library copy of *Advice to the Unwary*, see also http://www.bl.uk/learning/langlit/texts/ship/advice/newspaper/cuttingp25.html.

是中国的第四大作物，在中国多个地区种植。[1] 茶商或独立经营，或作为茶叶批发商的中间人，在村庄之间收茶叶。批发商将茶叶拼配、混合，然后包装并出售。供应欧洲市场的红茶主要产自中国东南沿海的福建省，从那里出售给与广州有联系的商人。大多数茶叶在到达广州之前都经过了很长的路程，穿越河流、翻山越岭才能运到广州。[2]

随着交易季节的到来，东印度公司在广州的竞争异常激烈。如图2.1所示，武夷茶是斯堪的纳维亚茶叶货物中最重要的组成部分。丹麦亚洲公司和瑞典东印度公司在这方面并非独一无二：所有欧洲公司都大量收购这种低质量的红茶。它在欧洲拥有庞大的市场，而且武夷茶畸重的税收，使向英国走私茶在18世纪上半叶成为有利可图的生意。[3] 毫无悬念，商船商务总管的主要注意力因之集中于武夷茶的价格走势。丹麦相关文献资料中有一个反复出现的主题，那就是讨论抵达的东印度公司商船、参与国家贸易的其他船只与武夷茶价格波动之间的相互关系。丹麦人在相关贸易协议中仔细记录了商船抵达或即将抵达的消息，还记录了从广州顺流而下抵达黄埔锚地的商船船号和人员名单。哥本哈根的指示凸显了这种观察资料的重要性。[4]

普遍的认识是，随着季节的变化，供货规模会缩小，价格则会上涨，船只抵达得越早越有利。[5] 但并不总是如此。1754年12月，在为丹麦远航队撰写指令时，丹麦亚洲公司董事朱莉安娜·玛丽亚（Juliana Maria）称，有充分的理由相信，当年冬天开往广州的船只比往常少。因此，他们指示商船商务总管等待他们的武夷茶订单，预估一旦中国商人多起来，广州的茶叶价格就将跌至每担白银13两或12两。[6] 一担相当于60.5千克，两和钱被用来度量支付的白银。欧洲人带来的银币纯度不同，货币的兑换率也

---

① Ramon H. Myers and Yeh-chien Wang, "Economic Developments, 1644–1800," in *The Cambridge History of China*, ed. by Willard J. Peterson（Cambridge：Cambridge University Press, 2002），pp. 563–646.

② Yong Liu, *The Dutch East India Company's Tea Trade with China, 1757–1781*（Leiden：Brill, 2007），p. 71.

③ Muskett，"English," p. 77.

④ §15：3（Instructions），signed 20 Dec. 1754, Copibog, Vol. 187, AKA, RAC.

⑤ 26 Jul.，20 Aug.，29 Sep. 1752, Neg. prot. Vol. 1131, AKA, RAC.

⑥ §16（Instructions），signed 20 Dec. 1754, Copibog, Vol. 187, AKA, RAC.

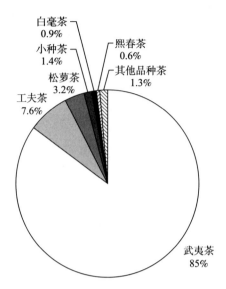

白毫茶
0.9%

熙春茶
0.6%

小种茶
1.4%

其他品种茶
1.3%

松萝茶
3.2%

工夫茶
7.6%

武夷茶
85%

图 2.1　特定年份丹麦亚洲公司和瑞典东印度公司进口的茶叶类型、比重

注：小种茶的译法较多，如前文中的"Souchong"，此处原文用的"Soatchou"疑为荷兰语拼法。范岱克在其专著中，将小种茶称为"Soutchion"或"Souchon"，参见 Paul A. Van Dyke, *Merchants of Canton and Macao: Politics and Strategies in Eighteenth-Century Chinese Trade*（Hong Kong：Hong Kong University Press, 2011），p. 540。（译者注）

图片来源：附录 1，1740 年、1743 年、1745 年、1748—1754 年、1757—1759 年、1762—1765 年，其他品种茶包括饼茶（Bing①）、熙春皮茶、屯溪茶、雀舌茶等。

有所不同。丹麦人通常用一比索（Piaster）兑换 0.72 两白银或 7.2 钱白银。②

1755 年 8 月中旬到达中国时，丹麦人发现已经有 12 艘船停泊在珠江上，另有 11 艘船即将抵达。此外，武夷茶的价格已经很高，8 月 14 日为每担 18.5 两。③ 三天后，价格下降了，英国商人获得的合同价为 16.5 两至 17.5 两，英国人所购买的只是"中等"商品。④ 虽然丹麦的商船货物经

① 此处指饼茶（Bing Tea），即压制成饼状方便储运的紧压茶。保罗·范岱克将其译为"坪茶"（Paul A. Van Dyke, "The Danish Asiatic Company and the Chinese Hong Merchants 1734–1833"，载上海中国航海博物馆《国家航海》（第十八辑），上海古籍出版社，2017，第 64 页）。（译者注）

② Paul A. Van Dyke, *Merchants of Canton and Macao: Politics and Strategies in Eighteenth-Century Chinese Trade*（Hong Kong：Hong Kong University Press, 2011），p. 43.

③ 14 Aug. 1755, Neg. prot. Vol. 1135, AKA, RAC.

④ 17 Aug. 1755, Neg. prot. Vol. 1135, AKA, RAC.

管员仍然服从公司董事们的命令，但他们越来越担心会继续拖延，急于想和中国商人达成交易。8月28日另外三艘船抵达后，他们开始讨论是否要签订购买足够的武夷茶的合同，以便预留一层船舱来装茶箱，他们已经做好准备，要将茶箱放在瓷器货物的上面。因为价格没有下降的迹象，且大合同或至11月才能履行，所以这一令人气馁的前景让丹麦人心生烦恼。他们不但要为劣质茶叶付更多的钱，而且可能无法在12月末满载货物起航。① 最终，9月23日，停泊在黄埔锚地驶往欧洲的船只达到20艘，而武夷茶的价格没有变化，品质最佳的武夷茶售价17.5两，丹麦的商船商务总管随即决定在第二天签订500箱武夷茶的合同。②

第一位商船商务总管雅各布·林德伯格（Jacob Lindberg）仔细地解释他在谈判协议时为何不遵守丹麦亚洲公司董事们的明确命令。根据此前的经验，林德伯格声称只记得有一次在季节末购买大量茶叶的尝试取得成功：1751年，两位瑞典商船商务总管设法订购了几百箱武夷茶。他们之所以能成功，是因为预期到的两艘大型欧洲船只未能出现。然而，因为他们收到的茶叶质量很差，所以回报不佳。③ 很难说林德伯格的说法是对还是错。我们知道的是，茶叶贸易增长迅速，增长最快的时期出现在18世纪40年代，增长了78%。与此同时，与欧洲的交通非常不顺畅；1745年，预期抵达的14艘欧洲商船中只有9艘到达广州。④ 换言之，虽然丹麦人认为最佳的茶叶交易可以在当季尽早达成，但没有什么是确定的。⑤

丹麦与中国的贸易组织方式，反映了近代早期长途贸易的挑战。由于对当季的茶叶价格与规模缺乏了解，因此哥本哈根关于购买何种茶叶的指令极少符合实际。这些指令包含购买商品的清单，但这是根据至少两年前的信息计算的。订单是依据多次计算而生成的，例如，在1751年冬天，丹麦的商船商务总管被告知，如果价格不超过武夷茶价格的30%—40%，则

---

① 28 Aug. 1755, Neg. prot. Vol. 1135, AKA, RAC.

② 23 Sep. 1755, Neg. prot. Vol. 1135, AKA, RAC, see also contract signed on the 24 Sep. 1755, Neg. prot. Vol. 1135, AKA, RAC.

③ 23 Sep. 1755, Neg. prot. Vol. 1135, AKA, RAC.

④ Van Dyke, *Merchants*, p. 50.

⑤ 丹麦亚洲公司的员工也记录了"价格下跌"的趋势。相关个案参见15 Sep. 1751, Neg. prot. Vol. 1131, AKA, RAC。更多关于茶叶价格的记录参见20 Nov. 1751, Neg. prot. Vol. 1131, AKA, RAC。

购买更多的工夫茶。①

　　不仅长途跋涉带来挑战，广东茶叶贸易本身也是一项非常复杂的业务。乍一看，武夷茶的价格表表明交易相当简单。通常情况下，当季价格会有所波动，每担售价偶尔会增加或减少 2—4 两。② 然而，正如保罗·范岱克所指出的那样，价格统计数据中未反映出一系列因素的复杂性，这些因素决定了商船商务总管支付的每担茶叶的价格。例如，大量的茶叶订单通常是在 1 月至 3 月的淡季下达。那时，装满茶叶的诸多东印度公司商船不是业已离开就是准备回欧洲。在下一个季节来临前，欧洲人开始给十三行商人交预付款，十三行商人利用这笔资金从内地生产商那里拿货。淡季垫付的预付款数，包括承诺在明年考察后再缴纳的分期付款，将在淡季商定合同的价格中有所反映。较高的预付款和大额度的分期付款，意味着每担武夷茶的价格较低，这种关联在澳门高度发达的信贷市场上也有所反映。

　　18 世纪，越来越多的亚美尼亚人、波斯人（Parsees③）、犹太人、葡萄牙人、西班牙人、英国人、法国人、苏格兰人、荷兰人、丹麦人、挪威人、瑞典人、佛兰芒人④（Flemings）、奥地利人、意大利人和其他有资本与人脉的人来到澳门。⑤ 他们投资利润丰厚的信贷市场，这一市场向从事亚洲内部贸易的人提供高达 20% 利率的贷款，也向因茶叶贸易持续增长而迫于压力扩大业务的中国商人提供贷款。⑥ 1753 年，瑞典东印度公司在广州设立一个资本基金，用于向中国商人垫付预付款和放贷。⑦ 丹麦人在

① 　§ 16（Instructions），signed 23 Dec. 1751，Neg. prot. Vol. 1131，AKA，RAC.

② 　Kristof Glamann, "The Danish Asiatic Company, 1732-1772," *Scandinavian Economic History Review* 8. 2（1960）：109-149.

③ 　Van Dyke, *Merchants*, pp. 41-48. 中古英语中，Parsees 的意思是波斯人、帕西人，亦作 Parsee，一群生活在印度、信仰袄教（亦称拜火教）先知琐罗亚斯德的信徒；Parsi 的意思就是"波斯人"，他们是为了躲避穆斯林而从波斯移居印度的琐罗亚斯德教徒的后裔，他们主要住在孟买市以及市北一带的几个城镇和村庄里，但也有一些人住在巴基斯坦的卡拉奇和印度的班加罗尔（Bangalore）。（译者注）

④ 　比利时两大主要民族之一。（译者注）

⑤ 　Van Dyke, *Merchants*, p. 17.

⑥ 　Van Dyke, *Merchants*, p. 17.

⑦ 　Leos Müller, "'Merchants' and 'Gentlemen' in Early-modern Sweden：The World of Jean Abraham Grill, 1736-1792," in *The Self-perception of Early Modern Capitalists*, eds. by Margaret C. Jacob and Catherine Secretan（New York：Palgrave Macmillan, 2008），pp. 126-146.

1760 年也做了同样的事，但是从 18 世纪 40 年代开始，两家公司不得不偶尔把他们的商船商务总管留在澳门，以便他们结清款项。[1]

决定茶叶价格的另一个因素在于十三行商人同意购买的东印度公司带到广州的货物的数量。在一笔代表性的交易中，向某一公司供应大量茶叶的商人也会同意购买该公司一定比重的运往中国的货物。中国的国家政策使得欧洲人需要带来一些进口产品。欧洲货物的进口税为中国创造国家收入，没有任何货物可卖的欧洲船只不允许沿江而进。[2] 然而，中国商人更喜欢白银，如果知道欧洲人带的白银充足，他们就会拒绝采取以物换物的形式交易。1763 年，抵达广州的法国人"大肆炫耀他们的现金"，用载有大量士兵的船只将白银运来。因此，当地商人拒绝购买法国的"人参、海珊瑚、乌木、窗帘等商品"。[3]

欧洲公司运至中国的货物与白银的比重各不相同。1710 年至 1759 年，英国东印度公司对华出口总额中银元占了近 90%，尽管在 18 世纪 40 年代和 50 年代，英国船只运到中国的商品数量确实相对增加了。18 世纪 50 年代末以前，实物商品的比重很少超过 15%。然而，七年战争带来了变化。1759 年，除白银以外，英国向中国出口的商品几乎占其对华出口总额的 30%。[4] 同样值得注意的是，有些商品很难讨价还价。1763 年，英国人"运输大量的布料"，荷兰人对此做了报告，称把这些布料变现需要耗费两年时间。[5] 18 世纪 60 年代，随着英国东印度公司确立了对孟加拉地区财政收入的新支配权，印度的白银和鸦片流入与中国的贸易中。[6] 虽然荷兰的

① Glamann, "The Danish Asiatic," pp. 130-131.

② Van Dyke, *Merchants*, p. 22.

③ *The Canton-Macao Dagregisters 1763*, translation and annotations by Paul A. Van Dyke, revisions by Cynthia Viallé (Macao: Instituto Cultural do Governo da R. A. E. de Macau, 2008), p. 120. Conspicuous French silver deliveries in 1749 also constrained Danish tea contracting (4 Aug. 1749, Neg. prot. Vol. 1127, DAC, RAC).

④ Simon Yang-Chien Tsai, Trading for Tea: A Study of the English East India Company's Tea Trade with China and the Related Financial Issues, 1760-1833 (unpublished doctoral thesis, University of Leicester 2003), p. 117.

⑤ *The Canton-Macao Dagregisters 1763*, pp. 44-45.

⑥ Huw V. Bowen, *The Business of Empire: The East India Company and Imperial Britain, 1756-1833* (Cambridge: Cambridge University Press, 2006), pp. 222-234.

十七绅士会（Heeren XVII[①]）在一开始就清楚中国人需要白银，但可供利用的资源太少。[②] 白银短缺是他们试图保护中国与巴达维亚的帆船贸易的原因之一，这种贸易是以胡椒换茶为基础的。胡椒也是 1734 年至 1756 年荷兰向中国出口的重要货物之一。18 世纪 30 年代末，途经巴达维亚前往广州的荷兰船装载了 50 万磅重的胡椒。到 18 世纪 50 年代，每年有 300 万磅胡椒通过荷兰东印度公司的船只运抵广州。[③]

与荷兰的东印度公司相比，斯堪的纳维亚东印度公司出口的商品更少、白银更多。根据格拉曼的计算，在丹麦亚洲公司成立后的前 40 年（1732—1772），白银平均占其总出口额的 93%，剩下的 7% 为丹麦布料。直到 1753 年，大量的英国和法国布料占据了广州市场，使丹麦的货物难以卸载。在最初的 30 年里，来自哥本哈根的丹麦和犹太商人为丹麦的亚洲贸易提供了白银。18 世纪 50 年代末，丹麦亚洲公司开始从西班牙购买白银。[④]

瑞典在 1772 年以前向中国出口的货物和白银的情况没有被绘制成图。科宁克斯收集了一些船只在加的斯[⑤]（Cadiz）装载白银的信息。1765 年白银货物价值与 1740 年相比较，增长了 800%。然而，这一增长更多反映的是贸易的增长，而非白银相对于其他出口商品的价值。[⑥]

我们还知道，来自哥德堡的瑞典东印度公司商船出发前会储备铁、木材和布料，包括瑞典和欧洲其他地区的织物。因为一些瑞典货物在加的斯出售，这使把运抵中国的瑞典货物中的白银相对于其他商品所占的比重，计算出来变得更加困难。[⑦]

我们所知道的是，在加的斯发现的西班牙白银中，有很大一部分是由

---

① Heeren XVII 是成立于 1602 年的荷兰联合东印度公司董事会的简称，由来自不同地区和商会的 17 名董事组成，每年在会议厅举行两到三次会议，要么是阿姆斯特丹，要么是米德尔堡（Middelburg）。参见 https://www.encyclopedia.com/history/encyclopedias-almanacs-transcripts-and-maps/heeren-xvii。（译者注）

② Glamann, *Dutch-Asiatic*, p. 241.

③ Glamann, *Dutch-Asiatic*, p. 243.

④ Glamann, "The Danish Asiatic," pp. 115–121.

⑤ 加的斯位于西班牙西南沿海加的斯湾的东南侧，是西班牙南部主要海港之一。（译者注）

⑥ Christian Koninckx, *The First and Second Charters of the Swedish East India Company (1731–1766): A Contribution to the Maritime, Economic and Social History of North-Western Europe in Its Relationships with the Far East* (Kortrijk: Van Ghemmert, 1980), p. 192.

⑦ Koninckx, *The First*, pp. 183–189.

瑞典远航队的资助者提供的，其中许多人与南部荷兰（Southern Nether-
lands）和奥斯坦德公司有着密切联系。18 世纪 40 年代，"贵族院"（Rid-
darhuset）号商船在前往中国的途中，在奥斯坦德停泊，装载了 44 箱白
银。① 甚至可以说，瑞典东印度公司继承了荷兰南部与西班牙帝国之间自
16 世纪以来的一些联系。1772 年到 1786 年的瑞典数据显示，白银所占份
额从 79% 到 96% 不等，其余的出口物是锡、布匹和葡萄干。② 然而，此时
瑞典东印度公司大部分资金都是通过在中国信贷市场上获得的汇票（Bills
of Exchange）借来的，最多时比重高达 60%。③ 大约在同一时期，丹麦亚
洲公司通过汇票举借的资金略少，占丹麦人在广州的支付额的 1/4—1/3。④

　　然而，18 世纪头 40 年的贸易并没有受到广州信贷渠道的严重影响。
我们有充分的理由相信，瑞典东印度公司和丹麦亚洲公司能够脱颖而出，
在于它们比荷兰和英国东印度公司更依赖利用白银进行贸易融资。一个很
有说服力的例子是 1747 年中国商人以颜色暗淡为由拒绝进口丹麦布料。作
为回应，丹麦的商船商务总管认为中国人"应该"买这些布料，因为"丹
麦亚洲公司与其他欧洲国家的公司不同，其他欧洲国家的公司带来的是各
种各样的商品"，偶尔才提供现金，包括前文提及的"一个个包装的布
匹"。⑤ 1764 年，荷兰考虑在欧洲采取联合行动的可能性，暂停所有贸易
以抗议广州的贸易条件。斯堪的纳维亚人随时可以获得白银，这是可以利
用的优势，荷兰的抗议证实了这一点。最后，荷兰人决定不加干涉，因为
他们担忧此举最终会令斯堪的纳维亚人受益最巨，一旦禁运结束，"瑞典
人和丹麦人就会收拾行李，在他们的空船上装货，然后扬帆起航。但我
们，还有英国人和法国人（但受影响程度比我们小得多），首先必须售出

①　Koninckx，*The First*，pp. 183-189.
②　Between 1772 and 1774 the silver cargo constituted 94%-96% of the SEIC export cargo；1775-
1777，90%-87%；1778-1783，86%-79%；1785-1786，89%. Balansräkningar för kontoret i
Kanton 1772-1783，1785-1786，Ostindiska Kompaniet，GUB（http://www. ub. gu. se/sam-
lingar/handskrift/ostindie/dokument/document. xml？id=71）.
③　Leos Müller，"The Swedish East India Company：Strategies and Functions of an Interloper，" in
Small is Beautiful? Interlopers and Smaller Trading Nations in the Pre-industrial Period，eds. by
Markus A. Denzel，Jan de Vries and Philipp Robinson Rössner（Stuttgart：Franz Steiner Verlag，
2011），pp. 73-93.
④　Kåre Lauring，"Kinahandelen-et spørsmål om finansiering，" in *Søfart, politik, identitet, tilegnet
Ole Feldbæk*，ed. by Hans Jeppesen（Copenhagen：Falcon，1996），pp. 215-226.
⑤　19 Aug. 1749，Neg. prot. Vol. 1126，AKA，RAC.

我们的货物并交付，当年内很难离开，而且在所有情况下都会遇到不可逾越的障碍"。①

斯堪的纳维亚的商船商务总管似乎是广州的现金之王。为满足欧洲消费者不断增长的需求，中国商人每年都在增加茶叶库存。利用中国商人对现金的庞大需求，斯堪的纳维亚的商船商务总管可以更迅速地与他们签订茶叶合同，而不必为大批带到中国的商品与中国商人讨价还价。瑞典人通过茶叶贸易在加的斯换取白银，丹麦人在国内出售茶叶赚取白银。无疑，像瑞典人和丹麦人这样，用茶叶换取白银的成本比出售在亚洲贸易中获得的商品换取白银的成本更高。若非如此，所有公司都会效仿。然而，虽然白银昂贵，但它也有优点，它加快了贸易速度，而且有助于买到高品质的武夷茶。

1755 年丹麦在广州的贸易协议中出现的关于茶叶市场的讨论表明，被丹麦人称为"头茶"（Thea Toucon）的，是武夷茶中最好的，往往最先售罄。② "Toucon"或"Touchon"指的是从茶树上首次采摘的茶叶。③ 中国商人采完头茶后剩下的茶叶可能更便宜，但丹麦人认为，这些往往是"普通的"武夷茶。④ 瑞典商船商务总管查尔斯·欧文于 1744 年至 1746 年在广州和澳门度过两年时光，从他的评论看，这是一种普遍的看法。在广州，欧文在给他的欧洲商业伙伴写信时，非常热衷于宣传他为瑞典东印度公司采购的质量上乘的茶叶。欧文在给加的斯的一位商业伙伴的信中写道："我们的茶至少是好的，这并非我自吹自擂，他们会发现我们的茶比其他船上的更好。"⑤ 他在给伦敦的另一位熟人的信中写道："我极其熟练且顺利地完成了任务。"⑥ 这些言论可能反映出，欧文由于留在中国，无法亲自推销自己和货物，也可能是欧文欲破除 1744 年瑞典船因较迟到达广州而带着一船坏茶返航的谣言。在一封写给瑞典东印度公司董事科林·坎贝

---

① *The Canton-Macao Dagregisters 1764*, translation and annotations by Paul A. Van Dyke and Cynthia Viallé（Macao：Instituto Cultural do Governo da R. A. E. de Macau, 2009）, p. 114.

② See for example 14 and 28 Aug. 1755, Neg. prot. Vol. 1135, AKA, RAC.

③ *The Canton-Macao Dagregisters 1763*, p. 91.

④ 4 Nov. 1755, Neg. prot. Vol. 1135, AKA, RAC.

⑤ C. Irvine to J. Gough & Comp., 31/12/1744, C. Irvine's Letter Book December 1744 to January 1748, IC, JFB Library, MUL.

⑥ C. Irvine to G. Ouchterlony, 31/12/1744, C. Irvine's Letter Book December 1744 to January 1748, IC, JFB Library, MUL.

尔和欣德里希·柯尼希（Hindrich König）的长信中，欧文解释瑞典东印度公司采购的茶叶是如何"完好如初的"。当它被装进内衬铅的箱子里时，它变得更"新鲜"。欧文坚持的结果是"总体上，我们的两批货物将证明我们的茶叶是最好的"。①

总而言之，长期以来围绕销往欧洲大众市场的廉价普通红茶——武夷茶的竞争，形成广州贸易的运作模式。为保证获得低价高质量的武夷茶，速度是最重要的。能否早日达成交易不仅取决于船只何时抵达广州，也取决于获得白银以确保良好的交易，特别是在澳门的信贷市场尚不发达的 18 世纪上半叶。据我们所知，斯堪的纳维亚人在七年战争前的几十年里就为广州带来相当多的白银，占据了优势。欧文 18 世纪 40 年代中期以来的信件，在自我吹嘘的同时，也向我们指出另外两个方向：茶叶在广州是如何被"改良"的，以及它是如何被包装的。正如我们将在下文看到的，这些因素对解释广州茶叶贸易参与者的成败得失也有裨益。

第三节　像瑞典人一样鉴茶、购茶与拼配茶

因为质量决定价格，所以斯堪的纳维亚的商船商务总管们有必要了解他们的茶叶。丹麦的资料表明，丹麦人对广州提供的不同类型和品种的茶叶的了解有个不断加深的过程。据说，丹麦亚洲公司于 1733 年从哥本哈根首次远航广州时，就指明要购买 100 担的绿茶。② 丹麦亚洲公司对要下定购买的茶叶的描述起初通常很公式化，例如"最好的种类"，但很少告诉我们如何认识茶叶的种类和品质。③ 哥本哈根的警告提供了一些进一步的启示。最典型的例子是，禁止购买"粗糙"和"像木头一样"的叶子，或者含有"油味"、口味"呛人"且"难闻"的武夷茶。④ 其他的材料，如

---

①　C. Irvine to Koning, Campbell & Comp., 31/12/1744, C. Irvine's Letter Book December 1744 to January 1748, IC, JFB Library, MUL.

②　§15：4（Instructions），signed 28 Dec. 1735, Neg. prot. Vol. 1116, AKA, RAC. Note that neither Hyson nor Bing tea were included under this category of tea, they formed separate posts in the ordering list.

③　§16（Instructions），signed 1 Dec. 1750, Neg. prot. Vol. 1129, AKA, RAC.

④　§35（Instructions），signed 24 Mar. 1751, Neg. prot. Vol. 1130, AKA, RAC.

写在谈判协议中的投诉记录和有争议的茶叶合同，也是这方面信息的来源。偶尔会有整类茶叶因质量低劣而被拒收的现象。例如，1752 年所有由广州供应的饼茶被认为质量低劣，以致无人购买。[①]

　　1755 年是一个茶叶价格高昂和丹麦贸易混乱的年份，商船商务总管向打交道的中国商人抱怨说，他们收到的货物质量太差。他们在检查了一批签约价约为 17 两一担的茶叶后，发现茶叶"粗糙"，于是试图降低价格。涉嫌作假的商人康森提亚（Consentia）为自己辩解，声称这些茶"还过得去"，其他自家公司装载的茶的质量"中等偏下"（Mediocre）却贴上"上好"的标签，价格更高。丹麦人威胁康森提亚，提出要将其排除于未来的合同，并设法将价格降至 16.5 两。[②] 商人斯威蒂亚（Swetia）也向丹麦人提出了类似的观点，他为自己辩护，提到了英国人是如何同意以更高价格包装同样的茶叶而没有怨言的。英国人给出的价格是每担 16.5 两，比他们与丹麦人商定的价格还高出 8 钱。[③]

　　据说，在广州工作的欧洲人常说自己最擅长与中国商人讨价还价。荷兰人经常评论丹麦人是多么无知，英国人是多么粗心，法国人举止是多么过于谨慎。[④] 商船商务总管是公司采购高质量货物的代表，这样的说法有助于彰显他们工作的勤奋和业绩的卓然。在欧洲与中国商人之间充斥着大量关于欺诈传闻的环境下，一个商船商务总管的好名声是多么重要。[⑤]

　　尽管如此，茶叶质量和找哪些中国商人购买上等茶叶，仍是被经常提及的重要话题。为换取价格更优惠的茶叶，丹麦的商船商务总管们围绕是否要终止与两位十三行商人的合同发生了争执。他们考虑，这是否会令他们遭受更大的损失，或许会迫使他们接受"中等偏下"的茶叶，这些茶叶

---

① 21 Nov. 1752, Neg. prot. Vol. 1131, AKA, RAC.

② 17 Oct. 1755, Neg. prot. Vol. 1135, AKA, RAC.

③ 8 Nov. 1755, Neg. prot. Vol. 1135, AKA, RAC. Swetia's name is not spelled consistently, here I have used the spelling used by Paul A. Van Dyke in *Merchants*.

④ *The Canton-Macao Dagregisters 1763*, p. 121; *The Canton-Macao Dagregisters 1764*, pp. 25, 228. On nationalities and reputations in Canton see also Lisa Hellman, "Men You can Trust? Intercultural Trust and Masculinity in the Eyes of Swedes in Eighteenth Century Canton," in *Encountering the Other: Ethnic Diversity, Culture and Travel in Early Modern Sweden*, eds. by Fredrik Ekengren and Magdalena Naum (Suffolk: Boydell & Brewer, forthcoming).

⑤ Glamann, "The Danish Asiatic," pp. 234–235.

"可能会毁掉国内的市场"。① 荷兰和英国东印度公司担心茶品不佳会让其在欧洲声名狼藉。② 与丹麦人的论点相反，荷兰人经常拒绝与实力较小的中国商人打交道，因为这可能会使他们的茶叶质量更加参差不齐。实力较大的商人擅长运送统一的货物，这些货物由十三行商人的员工挑选和包装。相比之下，荷兰人认为，较小的商人不得不依赖同乡带货到广州。③

显而易见，品茶可以判定茶叶的质量。丹麦的商船商务总管被要求品尝待售的茶叶；根据谈判协议，品鉴茶叶是经常性的活动。④ 这样做有商业上的好处：如果茶叶味道不佳，则可以通过谈判降低价格，或者在签订合同后更换茶货。⑤ 通过与中国商人的谈判，丹麦人似乎对中国茶叶收成的变化有了更多的了解。丹麦人与商人斯威蒂亚讨价还价的武夷茶据说是头茶或一等的茶。虽然只是勉强谈成，但丹麦人似乎已经接受了斯威蒂亚的解释：叶子粗糙是因为收茶前雨季异常。斯威蒂亚的茶叶存货和其他商人的茶叶有很大的雷同性，以致需要打折出售，况且他们在收茶时也得到了折扣。⑥

讨价还价有助于降低价格，但为了提升茶叶质量，还需要采取其他措施，例如，将不同货源的茶叶拼配在一起，以形成统一的、口感更好的茶。保罗·范岱克在他对广州商人的研究中提到了 1755 年至 1764 年丹麦茶商的拼配茶。⑦ 广州拼配茶的做法一直是一种颇有争议的策略。例如，哥本哈根常向丹麦的商船商务总管发出指示，让他们确保所购买的茶叶不含前一年的剩茶。换句话说，茶叶必须是新鲜的。此外，他们还要防止任何一种所谓的"广州野生茶"或其他"普通"茶装入丹麦人的茶箱。⑧ 丹麦商人的合同也常常规定，他们的武夷茶不应"添加质量中下的茶品"。⑨然而，随着时间的推移，为了提高质量而拼配茶叶的做法，即便扰乱了不

---

① 20 Oct. 1755, Neg. prot. Vol. 1135, AKA, RAC.

② *The Canton-Macao Dagregisters 1764*, p. 232, and Mui and Mui, *The Management*, pp. 47 – 48.

③ *The Canton-Macao Dagregisters 1763*, pp. 96–97.

④ §16 (Instructions), signed 23 Dec. 1751, Vol. 1131, AKA, RAC.

⑤ 30 Oct. 1755, Neg. prot. Vol. 1135, AKA, RAC.

⑥ 4 Nov. 1755, Neg. prot. Vol. 1135, AKA, RAC.

⑦ Van Dyke, *Merchants*, p. 38, and plate 11.08 and 11.14.

⑧ §16 (Instructions), signed 1 Dec. 1750, Neg. prot. Vol. 1129, AKA, RAC.

⑨ 21 Oct. 1755, Neg. prot. Vol. 1135, AKA, RAC.

同中国茶叶整体上的品质，似乎也已经或者至少已经变得合法。

更有意思的是，斯堪的纳维亚公司在这方面非常积极主动。丹麦文献中第一次提到拼配茶可追溯至 1752 年。那一年，商船商务总管发现为他们包装的 150 箱武夷茶中也含有安溪茶（Ankay Tea）。"Ankay"指的是今天的福建省安溪县。安溪县位于武夷山以南，武夷山也属于福建省。这些山是最初的武夷茶的产地。"Bohea"这个名字源于武夷的当地发音。令人困惑的是，我们在 18 世纪和 19 世纪的文献中发现了"Bohea"和"Ankay-Bohea"这两类茶。前者是指武夷山品质最低的红茶，后者是指安溪县品质最低的红茶。① 安溪茶的一个普遍特征是它不像武夷茶那么好保存。它在这种意义上说是次品。② 此外，它更为柔和清淡。根据荷兰的有关资料，这意味着，像来自安溪地区质量相对较高的安溪小种（Ankay-Souchon）可以被用来冒充"清淡但还不错的武夷茶"。③

虽然安溪茶的名声不佳，但是丹麦的商船商务总管在 1752 年发现安溪茶与武夷茶拼配可以制成"一种相当好的武夷茶"后，接受了其与武夷茶的拼配茶。④ 在丹麦的资料中，我们也可以看到丹麦人是如何在武夷茶中更多地拼配别的茶的。例如，丹麦亚洲公司的董事们在 1755 年给予赴广州的商船货物经管员指示时，鼓励他们的员工购买掺有"普通级优质工夫茶"（Ordinary Good Congo）的武夷茶，因为它可以提高销售额。同一季节的谈判协议中也有几项关于武夷茶与工夫茶相拼配的讨论。⑤ 拼配茶令丹麦人得以用"质量中下"但更便宜的武夷茶来充实他们的商船。当丹麦人开始签署合同的时候，这些武夷茶已经在市场上滞销。⑥ 1755 年 10 月中旬，丹麦商人和华商签订的两份合同规定将武夷茶和二等的工夫茶拼配起来装箱。⑦ 之后，10 月 21 日又签订了两份合同，每份 100 箱，其中一半是"上等的武夷茶"，另一半是"二等的工夫茶"。其价格为每担 15.5 两，比

---

① Charles Pope, *The Merchant, Ship-owner, and Ship-master's Import and Export Guide: Comprising Every Species of Authentic Information Relative to Shipping, Navigation and Commerce* (London: The Compiler, 1831), p. 309.

② *The Canton-Macao Dagregisters 1763*, p. 28.

③ *The Canton-Macao Dagregisters 1764*, pp. 64—65.

④ 3 Nov. 1752, Neg. prot. Vol. 1131, AKA, RAC.

⑤ §16 (Instructions), signed 20 Dec. 1754, Copibog, Vol. 187, AKA, RAC.

⑥ 23 Sep. 1755, Neg. prot. Vol. 1135, AKA, RAC.

⑦ 13 Oct. 1755, Neg. prot. Vol. 1135, AKA, RAC.

丹麦在本季度初签订的一等的武夷茶合同价格低了 2 两。① 然而，丹麦人很谨慎，他们认为少量的拼配茶可以产生相当可观的收益，而大量的拼配茶涌入欧洲市场，可能会令价格大幅降低。②

卖拼配茶的习惯对中国商人而言也并非全无争议。1755 年，丹麦人发现之前签约的一批纯武夷茶中有粗糙的叶子，他们问商人斯威蒂亚是否可以在这批茶中拼配一些工夫茶来补偿他们。斯威蒂亚回应说，他和他的父亲都不允许在"他们的房子"里发生拼配的情况，他们总是收到什么茶就卖什么茶。③ 仅根据丹麦的资料很难判断中国商人在何种程度上被分成允许拼配和不允许拼配的两派。恰如我们将在下文看到的，斯威蒂亚有时候也接受拼配茶。

然而，或许可以确定的是，不同的公司拼配的茶不尽相同。1755 年，丹麦人再次针对一批过于"粗糙"的武夷茶做出回应，说服行商潘启官④加以改良，将其与 1/3 的二等工夫茶拼配，以提升其品质，这种茶被描述为"不如一等茶醇厚"，但"香味宜人"、茶水色泽"翠绿"。⑤ 丹麦的商船货物经管员承认，他们通过协商把茶叶相拼配是在追随他们"瑞典邻居"的脚步。在过去几年里，瑞典人将他们的武夷茶与这种质量的工夫茶拼配在一起，拼配的比重是 1/4—1/3 的工夫茶和 2/3—3/4 的武夷茶。与此同时，丹麦人也对这种做法持有一些保守意见。由于不想冒太大的风险，他们有的拒绝大量订购这种拼配茶。⑥ 然而，几周后，他们又想签合同订购一批武夷茶与工夫茶的拼配茶，以装满约 200 个茶箱。由于先找的第一个商人拒绝这样做，丹麦人转而向斯威蒂亚和阿乌（Awue）购买了由 1/2 的武夷茶、1/4 的一等工夫茶与 1/4 的二等工夫茶相拼配的茶叶。其中，后者同意以每担 15.5 两的价格将这种拼配茶卖给丹麦人，比斯威蒂亚

---

① 21 Oct. 1755, Neg. prot. Vol. 1135, AKA, RAC.

② 21 Oct. 1755, Neg. prot. Vol. 1135, AKA, RAC.

③ 4 Nov. 1755, Neg. prot. Vol. 1135, AKA, RAC.

④ "潘启官" 参见 Paul A. Van Dyke, *Merchants of Canton and Macao: Politics and Strategies in Eighteenth-Century Chinese Trade* (Hong Kong: Hong Kong University Press, 2011), p. 532. （译者注）

⑤ 4 Nov. 1755, Neg. prot. Vol. 1135, AKA, RAC.

⑥ 4 Nov. 1755, Neg. prot. Vol. 1135, AKA, RAC.

便宜了 1.5 两。①

从 1755 年丹麦的材料来看，不同公司在广州拼配武夷茶，是对广州市场竞争日趋激烈的回应。在欧洲，因为最好的武夷茶存量有限且利润可观，所以次佳的办法就是把不同类型的二等茶，比如工夫茶和武夷茶，拼配在一起，在不大幅提高价格的情况下，制成品质一致、口感更好的拼配茶。然而，针对拼配茶的变化，中国茶在名称上并未被修改。丹麦的清单列出了装有二等武夷茶和工夫茶的茶箱，但这些茶箱到 1756 年在哥本哈根出售时，只被贴上武夷茶的标签。②

拼配茶不仅仅是广州优质武夷茶供应有限的产物。荷兰的资料进一步揭示了斯堪的纳维亚人如何满足欧洲消费者的需求。1762 年 12 月，荷兰人正在打包一份拼配茶，其中包括 1/3 的工夫茶，剩下的 2/3 由 75% 的武夷茶和 25% 的安溪茶组成。然而，安溪茶质量不佳，荷兰人想要替换它，斯威蒂亚不大愿意替换。虽然中国商人和荷兰人在如何处理上存在分歧，但他们都认为安溪茶参差不齐的质量令人遗憾。完成大多数荷兰茶叶订单的三位中国商人根本不愿意做安溪茶的生意。此外，"他们［斯威蒂亚和他的同伴］看到并认为［我们认为有充分理由］这种茶糟蹋了武夷茶"。③问题是"祖国"的饮茶者想要安溪茶。如果有人想和瑞典人平起平坐，他就应该把安溪茶和武夷茶拼配在一起，因为这种既清淡又柔和的茶会中和头茶的粗糙感，喝起来更为爽口。④

荷兰人对安溪茶持批评态度，认为其清淡，"味道寡淡，拼配着棕色的叶片，冲泡不佳"，但他们承认安溪茶赋予了武夷茶"一种纯正的口味"。⑤荷兰人曾在广州"喝茶长大"的荷兰工作人员中做过盲测，发现他们更偏爱混有安溪茶的茶，"因此，我们必须继续接受这种安溪茶，直到

---

① 19 Nov. 1755, Neg. prot. Vol. 1135, AKA, RAC.

② No. 95, Auction protocol 22 Sep. 1756, Vol. 232, Den Esmarckske arkivaflevering, 1727 – 1757, A. G. Moltkes protocol, solgte ladninger i Asiatiske Kompagni, DCK, RAC.

③ *The Canton-Macao Dagregisters 1762*, translation and annotations by Paul A. Van Dyke, revisions by Cynthia Viallé (Macao: Instituto Cultural do Governo da R. A. E. de Macau, 2006), pp. 69 – 70.

④ *The Canton-Macao Dagregisters 1762*, p. 70.

⑤ *The Canton-Macao Dagregisters 1762*, p. 70.

我们找到一种更好的办法来满足祖国的茶叶品鉴家"。① 这一结论给他们留下一个问题，即如何确保安溪茶的质量始终如一。荷兰人总结认为，中国行商潘启官向瑞典人提供了大量茶叶，"根本不可能"让人相信"只有他一个人知道如何获得头等安溪茶的秘密。如果有人坚持认为瑞典的武夷茶比我们的更好，那确实是一种偏见"。②

由于存世的瑞典资料很少，因此很难说明瑞典东印度公司内部是如何运作的，也很难更准确地弄清楚瑞典人是如何获得大量统一规格的高品质安溪茶。迈克尔·格拉布（Michael Grubb，1728-1808）在1766年回国担任瑞典东印度公司的董事，曾于18世纪60年代上半叶生活在澳门和广州，他写的备忘录让人对瑞典的贸易有了一些了解。格拉布写道，与武夷茶拼配的安溪茶应该是"最好的安溪工夫茶，经过两次晾干，再适当烘烤，带有香气"。③ 这种茶叶冲泡出的"清汤"可与武夷茶的"浓厚色泽"（Strong Colour）相得益彰。然而，在格拉布写备忘录时，大概是1767年，贸易似乎已经向前发展了。考虑到欧洲的销售价格，格拉布建议瑞典转而进口工夫茶，尽可能多地从广州市场购入9000担至10000担"最好的武夷工夫茶"，最好是与中国行商 Ang Thequa④ 和陈安观⑤（Tan Anqua）进行贸易。⑥ 格拉布的建议契合了英国对武夷茶征税政策的变化，进口更高品质的红茶，如工夫茶和小种茶，更有利可图。⑦

将不同品种的茶加以拼配是为了掩盖劣质茶叶，可以实现质量的统一，这种流行于欧洲市场的拼配茶直接影响了我们对走私茶地位的理解。如前所述，英国东印度公司先将进口的茶叶卖给批发商，由批发商将茶叶

---

① *The Canton-Macao Dagregisters 1762*, p. 70.

② *The Canton-Macao Dagregisters 1762*, p. 71.

③ Skeppspredikanten C. C. Ströms papper, nr 1152: Promemoria, uppsatt af Michael Grubb, för någon till Canton afgående Ostindiska Compagniets agent, Ostindiska kompaniet, GUB（http://www.ub.gu.se/samlingar/handskrift/ostindie/dokument/document.xml? id=101）.

④ 经查十三行行商名录，未发现对应的中文行商名。（译者注）。

⑤ "陈安观"，参见 Paul A. Van Dyke, *Merchants of Canton and Macao: Politics and Strategies in Eighteenth-Century Chinese Trade*（Hong Kong: Hong Kong University Press, 2011），p. 538。（译者注）

⑥ Skeppspredikanten C. C. Ströms papper, nr 1152: Promemoria, uppsatt af Michael Grubb, för någon till Canton afgående Ostindiska Compagniets agent, Ostindiska kompaniet, GUB（http://www.ub.gu.se/samlingar/handskrift/ostindie/dokument/document.xml? id=101）.

⑦ Muskett, "English," p. 81.

拼配后再转给全国各地的零售商。作为违禁品，斯堪的纳维亚的茶一定是绕过了这个拼配的过程。这解释了它为什么需要先在中国拼配，这些茶叶正是以在广州预先拼配好再交付的形式，直接到了从事非法商品交易的零售商的手中，甚至直接到了终端消费者那里。

第四节 茶货的包装与溯源

除了注意茶叶的质量外，丹麦的商船货物经管员还被要求仔细检查茶叶的包装。比如要确保货物是干燥的，以避免腐烂和发霉。① 下雨天，包装茶叶的工作会停止，天气炎热时也会如此，因为茶叶包装工人的汗水会污染茶叶。② 许多茶叶在广州转手，但中国茶叶外包装完好无损却是常事。③ 茶叶基本上被重新包装，不仅是为了促进生意的顺利进行，也是为了保护茶叶在未来的漫长旅途中不受污染。瓷器是茶叶完美的无香"伴侣"。像八角、茴香一类的其他商品，必须远离茶叶。④ 商船商务总管在装茶时不得不留意茶的气味。例如，丹麦的商船货物经管员收到了一批装在茶叶罐而非箱子里的雀舌茶，发现它们散发的气味浓烈，则决定将茶叶重新装到更大的密封箱里。⑤

茶叶种类的不同决定了茶箱尺寸不同，为此需要花费大量的时间。最大的茶箱用来装武夷茶，尺寸通常如下：25 英寸高，29 英寸宽，33 英寸长。⑥ 每个茶箱可装茶 275 斤到 280 斤，相当于 166 千克到 169 千克。⑦ 然而，值得注意的是，箱子的大小也有所不同，这反映了各东印度公司对尺

---

① §16（Instructions），signed 24 Mar. 1751, Neg. prot. Vol. 1130, AKA, RAC.

② 荷兰人经常提到这个问题，参见 *The Canton-Macao Dagregisters 1763*，p. 146。

③ 19 Sep. 1752, Neg. prot. Vol. 1131, AKA, RAC.

④ *The Canton-Macao Dagregisters 1762*, pp. 53, 69.

⑤ *The Canton-Macao Dagregisters 1762*, pp. 53, 69.

⑥ 30 Aug. 1752, Neg. prot. Vol. 1131, AKA, RAC；11 Aug. 1755, Neg. prot. Vol. 1135, AKA, RAC.

⑦ §16（Instructions），signed 1 Dec. 1750, Neg. prot. Vol. 1129, AKA, RAC；§16（Instructions），signed the 23 Dec. 1751, Neg. prot. Vol. 1131, AKA, RAC. 原书如此，清代的度量衡制度主要是"营造库平制"，1 斤约等于国际标准制的 596.8 克。（译者注）

寸需求的差异。^① 在广州制造的箱子内必须有衬铅，给商船商务总管的指示规定，茶箱中货与铅的重量应在 48 斤到 52 斤或 29.04 千克到 31.46 千克。^② 装更有特色的茶需要定做更小一些的茶箱，装工夫茶用的"武夷茶箱"有大有小，每个箱子的重量在 1/4 担到 1/2 担或者 15 千克到 30 千克。最贵的茶叶熙春茶是装在茶桶里的，每桶装 50 两或不到 2 千克。^③

考虑到从广州到哥本哈根和哥德堡的茶箱数量庞大，对箱子大小和重量的关注是合理的。然而，这不但是为了公司利益而进行标准化包装、提高物流效率和降低运输成本的问题，而且对不同公司茶叶之间的竞争也有影响。荷兰人注意到斯堪的纳维亚公司把他们的武夷茶箱装得满满当当。丹麦的谈判协议表明，这从一开始就是一个策略。早在 1737 年就有命令要求避免把箱子装到 2/3 满。^④ 为最大限度地增加茶箱的重量，苦力们需要通过踩踏来压缩茶叶。以这种方式把茶叶装箱需要大量的工人，在 1764 年的茶季，被雇佣的为十三行商人装箱的工人达到 1200 名。^⑤ 这是一项艰苦而报酬微薄的劳动。这些苦力还经常遭到虐待。在荷兰文献中，他们被称为"平民中的渣子"（Worst Scum of Common People）。冲突的原因之一与包装茶货有关，"包装时每个国家商船的人每天都要冲着苦力喊很多次，不要把茶给挤压碎了，应该直接将它上下踩实"。^⑥

然而，像斯堪的纳维亚人那样把箱子装得满满当当，茶叶被挤碎是装箱不可避免的事。他们添加安溪茶也增加了茶叶碎末的数量，安溪茶"易碎"，"碎得不厉害，就无法包装"。^⑦ 然而，根据荷兰的资料，在 18 世纪 50 年代末，斯堪的纳维亚的碎茶一旦到达欧洲，就成为荷兰东印度公司茶叶的补充。斯堪的纳维亚的碎茶从茶箱中被筛出来，加到荷兰东印度公司的茶叶中，荷兰东印度公司的茶在包装上通常"非常粗糙"且"轻薄"。欧洲的批发商和零售商甚至坚称，"瑞典的碎茶被证明比公司（荷兰东印

---

① See for example *The Canton-Macao Dagregisters 1762*, pp. 34，73.

② 29 Jul. 1752, Neg. prot. Vol. 1131, AKA, RAC.

③ § 16 (Instructions), signed 24 Mar. 1751, Neg. prot. Vol. 1130, AKA, RAC.

④ 3 Nov. 1737, Neg. prot. Vol. 1117, AKA, RAC.

⑤ *The Canton-Macao Dagregisters 1764*, p. 243.

⑥ *The Canton-Macao Dagregisters 1764*, p. 243.

⑦ *The Canton-Macao Dagregisters 1764*, p. 240.

度公司）的茶叶更好"。① 当荷兰人在 1757 年开始直接对华贸易时，情况发生了变化。当他们开始把茶箱塞得满满当当的时候，国内的商人们怨声载道，他们要求荷兰东印度公司少提供一些碎茶，因为他们需要粗茶，粗茶可以拿来继续与斯堪的纳维亚的碎茶拼配。荷兰东印度公司如果满足这样的需求，将蒙受损失。荷兰的商船商务总管计算了一下，发现茶箱越小，盛的碎茶就越少，也意味着利润会损失 10%。如果四艘船按它们的最佳运载能力少运载 30 万磅茶叶，就意味着损失 15 万荷兰盾。②

由于成千上万吨的武夷茶需要拼配、包装和盖章，欧洲的商船商务总管在装箱车间里互相监视对方的进度和轮班情况也就不足为奇了。③ 当茶箱在广州工厂交付时，它们的识别码（Identity Numbers）会被记录下来，然后装上舢板，沿珠江被运到欧洲船只停泊的地方交易。有时，哥本哈根会发出指示，要求茶箱存放在船上的某个地方。标准的做法当然是把瓷器放在底部的箱子里，再向上则是一层又一层武夷茶箱。哥本哈根有时会提出更具体的要求，例如，在 1750 年至 1751 年冬季给离开哥本哈根的船只的指示中说，包装"雀舌茶"的小箱子要放在"船中间"。④ 用哪艘船装载什么货物也很重要，若要运回国的只有一小批饼茶，那么丹麦的商船商务总管认为最好使用他们最新的船——洛维萨公主号（Princess Lovisa），因为茶在这艘船上可以得到最好的"存放"。⑤ 同年，丹麦人计划将购买的小熙春皮茶装到最先离开中国的船上。⑥

广州提供的识别码帮助公司追踪茶叶从广州工厂到船上，漂洋过海到欧洲，再到哥本哈根和斯德哥尔摩的仓库的运输轨迹。数字序列与不同批次的贸易交付信息，可以用来显示箱子内装了什么茶，以及茶是由哪个商行的商人交付的。因此，数字可以用来检测贸易欺诈。1752 年，丹麦人就 1747 年购买的茶叶向伊曼纽尔·基夸（Emanuel Quiqua）提出诉讼。他们

---

① *The Canton-Macao Dagregisters 1764*, p. 241.

② *The Canton-Macao Dagregisters 1764*, p. 244.

③ *The Canton-Macao Dagregisters 1762*, pp. 43, 45, 6.

④ § 16（Instructions）, signed 24 Mar. 1751, Neg. prot. Vol. 1130, AKA, RAC.

⑤ 21 Nov. 1752, Neg. prot. Vol. 1131, AKA, RAC.

⑥ 27 Jul. 1752, Neg. prot. Vol. 1131, AKA, RAC.

订购的是熙春茶，但是基夸售卖的茶是武夷茶。①

一旦到了欧洲，茶箱上的数字就被用来排列公司拍卖会上的拍卖品顺序。每批次通常拍卖 2—4 个茶箱。在拍卖目录中，箱子的标识码印在批次号旁边，箱子标识码在批次内和批次之间的顺序保持不变，这一点和瑞典目录形式一样。瑞典所购茶的质量也用茶箱编号进行登记。1748 年的一份瑞典目录上有关于茶叶质量和每批茶叶售价的手写记录，对不同数量的茶箱和不同批次的茶叶质量进行了总结。每一序列包括 4—150 个茶箱。序列号为 1446—1545 的茶箱的茶叶价格最高，达到每瑞典磅（skålpund）46.81 银元（Ore Silver-money）。据称，这个序列包含"相当好的武夷茶，其中大部分是叶尖"。序列号为 1575—1584 的茶箱的最低价为每瑞典磅 40.33 银元，被描述为"都很一般，比以往任何武夷茶都差"。其他序列号的茶箱的均价与评估的质量相匹配，茶叶被分为"优"（Good）、"普通"（Ordinary）或"极普通"（Plain），茶叶有"开叶"或"卷叶"两种。茶叶最高价和最低价的差额为每瑞典磅 6.48 银元。②

其他证据显示，潜在的竞拍者可以知道单个茶箱内的货物情况。根据几份存世的瑞典目录上的手写记录，每个茶箱上写有单个字母。两份存世的目录解释了这些字母所代表的意思，比如"P 代表最好的一类，M 代表次之，O 代表普通，R 代表有一点味儿（A Little Windy），C 代表有味儿（Windy），N 代表发霉了"。③ 在其中一份目录的前十页，只有某些茶的质量以这种方式做了标注，而大多数茶被两个叫巴奇（Bagge）和希辛（Hising）的商人买走了。④

在公开销售中使用字母作为标注茶叶质量的符号并不是瑞典东印度公司独有的。在奥斯坦德公司一份带注释的目录中，"B"、"b"、"c" 和

---

①　25 Oct. 1752, Neg. prot. Vol. 1131, AKA, RAC. See also Mui and Mui, *The Management*, pp. 41-42 for similar British examples.

②　See Lot. 1-440；船上的货物的销售目录参见 http://www.ub.gu.se/samlingar/handskrift/ostindie/dokument/document.xml? id = 168。

③　Sales catalogues from the sale of Adolph Friedrichs（undated）, Götha Leyon（undated）and Götha Leyon and Prins Carl（1752）, F25：11, Övriga ämnesordnade handlingar, Magistrat och rådhusrätten 1626-1849, Stockholms stadsarkiv. Quoted from Adolph Friedrichs（undated）. I want to thank Ulf Andersson for sharing this information with me.

④　Sales catalogues from sale of the cargo of Adolph Friedrichs（undated）, F25：11, Övriga ämnesordnade handlingar, Magistrat och rådhusrätten 1626-1849, Stockholms stadsarkiv.

"d"似乎同样是用来标注质量的。① 现存的为数不多的丹麦某些印刷版的目录在页边空白处也有手写字母，例如"aa""a""ab"，大致用来标明茶叶的质量。② 从安妮·韦格纳·斯利斯韦克（Anne Wegener Sleeswijk）的研究中我们知道字母在近代早期荷兰的葡萄酒批发贸易中也有出现。批发商邀请经纪人在销售前品尝他们的产品。后者对不同批次酒桶的酒做出总评，并分别记录这些批次的酒的价格以及是否可以参加竞标。这些信息在批发商和生产商的通信中被提及。③ 很难说有关斯堪的纳维亚茶货质量的信息流传得有多广，但肯定有一些有关信息被分享。1748 年克朗-普林岑（Cron-Printzen）、阿道夫·弗里德里希（Adolph Friedrich）和卡尔马雷（Calmare）在哥德堡公开销售的货物的目录里有两份相同字母形式的注释（la、b、Lm），似乎出自同一人之手。④

我们还知道，像商船商务总管和大宗货物的购买者这样的内部人员，也与公司有密切的联系，他们非常了解特定箱内的茶的情况和茶箱的序列。⑤ 而且，这些茶箱识别码也能够帮助欧洲公司追踪彼此的货运和商业计划。1762 年，丹麦人在他们的船只离开后装了整整 900 箱茶叶。鉴于在下个季度到来前在广州储存茶叶可能会有利润，荷兰的商船货物经管员请求他们的董事"去研究"这些"编号为 1—900 的箱子"在明年的欧洲市场上表现如何，这些货预计通过索菲亚·马格达莱纳⑥王后号（Koninginne

① Sales catalogue from the sale of the cargoes of the ships *Concodia* and *Marquis De Prie*, Vol. 51, A 152, Östads arkivet, Landsarkivet i Göteborg.

② See for example No. 95, Auction protocol 22 Sep. 1756, Vol. 232, Den Esmarckske arkivaflevering, 1727-1757, A. G. Moltkes protocol, solgte ladninger i Asiatiske Kompagni, DCK, RAC. 注意：虽然目录中逐个列出了茶箱的编号，但箱子编号的序列似乎是分开的，这样做是为了显示箱内货物的质量。

③ Anne Wegener Sleeswijk, "Hearing, Seeing, Tasting and Bidding: Information at the Dutch Auction of Commodities in the Eighteenth Century," in *Information Flows: New Approaches in the Historical Study of Business Information*, eds. by Leos Müller and Jari Ojala (Helsinki: Finnish Literature Society, 2007), pp. 169-192.

④ 1748 年的销售目录，参见 http://www.ub.gu.se/samlingar/handskrift/ostindie/dokument/document.xml? id=168 with Vol. 10, 1748, in enskilda arkiv inom kommerskollegium, Ostindiska kompaniet, KA, RAS。

⑤ C. Irvine to C. Campbell, 31/12/1744, C. Irvine's Letter Book December 1744 to January 1748, IC, JFB Library, MUL.

⑥ 索菲亚·马格达莱纳（1746—1813），丹麦国王弗雷德里克五世之女、瑞典国王古斯塔夫三世之王后。（译者注）

Sophia Magdalena）于次年运抵欧洲。[1]

这些识别码也被用于私人账目。查尔斯·欧文与他在阿姆斯特丹、鹿特丹和汉堡的合作伙伴之间的通信显示，茶箱的识别码被用于了解欧文的账目状况，以及用于讨论更广泛的交易问题。有时识别码还会被加上特定的信息，例如茶箱是哪一年由哪个东印度公司带到欧洲的。[2] 值得注意的是，从各方面来看，成箱的茶在从广州运送到哥德堡，然后再转口到欧洲大陆的过程中都完好无损。欧文在阿姆斯特丹的批发商收到瑞典发来的成箱的茶后，在选定的箱子侧面钻了一个洞，以便取出样品，而不是打开箱子来品尝。[3]

换言之，茶箱不仅是散装茶叶的容器，也是一种量化、系统整理和压紧茶叶货物的手段。广告单上列出了不同东印度公司出售的货物，列出茶箱和茶桶的数量，销售目录将规格不同的茶箱分批次整合起来销售。茶箱用于区分茶叶的品质和种类，并在茶叶向下销售的过程中跟踪采购和销售情况，广州商人、公司拍卖会和欧洲批发商也被联系起来。此外，正如荷兰商船货物经管员讨论的那样，茶叶在包装方式上的差异所产生的效应略有不同，在商业上也有利有弊。

第五节　欧洲茶叶市场的竞争与透明度

在许多方面，广州茶叶贸易的竞争会在欧洲重演。前文提及为瑞典东印度公司工作的商船商务总管查尔斯·欧文与他在英国和其他地区合作的商人之间的通信，揭示了诸东印度公司的茶叶货物在多大程度上一同在欧洲市场上销售。

1747 年从广州返回后，欧文在瑞典和苏格兰度过了余生，期间他大部分时光都在从事东印度公司商品的批发业务。他在哥德堡工作期间，每年经常收到预计有多少商船从中国抵达欧洲，以及它们所载茶箱的数量的最

---

① *The Canton-Macao Dagregisters 1762*, p. 45. See also *The Canton-Macao Dagregisters 1763*, p. 28 where the Dutch refers to chests number 301-450, which contained more than a third Ankay tea.

② Pye & Cruikshank to C. Irvine, 11/3/1752, IC, JFB Library, MUL.

③ Pye & Cruikshank to C. Irvine, 19/5/1753, IC, JFB Library, MUL.

新信息。英国东印度公司的伦敦仓库中未出售茶箱的数量有多少，以及阿姆斯特丹市场上法国和丹麦未出售的茶叶有多少，他也知晓。① 不同公司进口的茶叶在一定程度上是相互竞争的，欧文在阿姆斯特丹的联络商、茶叶交易和批发商派伊·克鲁克香克公司在这方面曾明确发表令人忧虑的言论。1755 年 7 月，该公司写信给欧文说："现在我们欧洲很快就会收到 1200 万磅的新茶。""对我们而言，想要通过一整年来清除部分旧库存并恢复贸易，1200 万磅太多了。"② 对茶叶价格的预测，尤其是在 18 世纪 50 年代，往往是相当悲观的。③ 长期在伦敦担任查尔斯·欧文联络商的乔治·奥克特洛尼（George Ouchterlony）认为，英国东印度公司进口的策略是进口"远远超过我们消费量的大量茶叶"，这表现了其打算将"其他人赶出该行业"的野心。④

所有的评论都表明一个相当简单的结论：从中国运来的茶叶越多，茶叶在欧洲的价格就越低。但是，正如前文的讨论所揭示的那样，市场不仅受价格和数量的支配，还受质量的影响。在奥斯坦德、哥德堡和哥本哈根待售的茶箱上发现的用于追踪待售茶箱内货物的不同符号体系，进一步证实了这一结论。欧文的信件揭示了茶叶贸易圈信息传播的规模。在广州时，欧文向他的商业伙伴提供过不同公司的贸易信息，包括欧洲不同茶叶货物总体质量的信息。⑤ 从这个角度出发，我们可以理解许多资料提及的运抵欧洲的茶叶是有"国籍"的这一结论。茶叶不仅指不同品种质量高低的茶，通常还指瑞典茶、丹麦茶、荷兰茶、法国或埃姆登茶。这是品牌化过程的一部分，我们从近代早期大宗易腐货物贸易的其他方面能发现这一特点。⑥

---

① A. Abercromby to C. Irvine, 25/6/1751, IC, JFB Library, MUL；Pye & Cruikshank to C. Irvine, 6/6/1752, IC, JFB Library, MUL.

② A. Abercromby to C. Irvine, 25/6/1751, IC, JFB Library, MUL；Pye & Cruikshank to C. Irvine, 6/6/1752, IC, JFB Library, MUL.

③ Pye & Cruikshank to C. Irvine, 19/1/1751, 3/7/1751, 15/7/1752, 28/10/1752, 9/1/1753, 17/3/1753, 9/11/1756, IC, JFB Library, MUL；J. More to C. Irvine, 11/8/1750, IC, JFB Library, MUL；J. Forbes to C. Irvine, 22/8/1753；G. Ouchterlony to C. Irvine, 19/6/1752, IC, JFB Library, MUL.

④ G. Ouchterlony to C. Irvine, 11/6/1754, IC, JFB Library, MUL.

⑤ C. Irvine to C. Campbell, 16/1/1746, C. Irvine's Letter Book December 1744 to January 1748, IC, JFB Library, MUL.

⑥ Wegener Sleeswijk, "Hearing," p. 181.

一些茶叶货物名声普遍不佳，其中荷兰人通过巴达维亚从中国进口的茶叶就是最具代表性的例证。其中一些茶叶在广州找不到买家，甚至在用中国帆船运往巴达维亚之前就质量欠佳。此外，这种迂回航运意味着茶叶必须在海上经历更长的时间，而且还得多经历一次卸货和装货过程。正如阿姆斯特丹商业银行和英国东印度公司代理商的克利福德父子公司（Clifford & Sons）所声称的那样，这些茶叶在包装方式上也没有保持茶叶种类和品质的完整性。正如他们向欧文解释的那样，这些茶无法与直接从中国进口的茶叶竞争。① 欧文当时对此已有了解。在几年前写给阿姆斯特丹另一位茶叶商人托马斯·威尔基森（Thomas Wilkieson）的信中，欧文为瑞典茶的质量辩护，称荷兰人的饮茶口味已经被"巴达维亚的劣质货"破坏了。②

除了不同茶叶的数量、品质与声誉，茶叶的价格也受到欧洲茶季何时开始的影响。茶叶批发市场是泛欧化的。对阿姆斯特丹、米德尔堡、鹿特丹、代尔夫特（Delft）、洛里昂（L'Orient）、哥本哈根、哥德堡和埃姆登茶叶销售价格的预期，也影响了那些为欧文打理茶叶事宜的批发商的行动。有时每个人都不确定茶叶价格会发生怎样的变化。1753 年，在鹿特丹经营茶叶业务的约翰·福布斯（John Forbes）致信欧文："丹麦的销售被认为会影响到今年的茶叶市场，然后我想我们的市场也会被波及，之后就是你们的市场。"③ 批发市场的泛欧化特征也反映在茶商的地理活动上。批发商在不同公司销售活动之间奔走，其规模之大，以至于让鹿特丹的福布斯、阿姆斯特丹的派伊·克鲁克香克公司和汉堡的梅特卡夫（Metcalf）等经营的日常批发贸易业务陷入停顿。④ 换言之，受大陆不同公司出售茶叶时机的影响，欧洲的茶叶市场形成了自己的时序（Chronology）与地缘特征。

斯堪的纳维亚有关中国茶叶贸易的统计数据表明，丹麦亚洲公司和瑞典东印度公司进口的茶叶数量相似。附录 1 概述了 1733 年至 1767 年总体

---

① Clifford & Sons to C. Irvine, 3/10/1747, IC, JFB Library, MUL.

② C. Irvine to T. Wilkieson, 21/5/1743, C. Irvine's Letter Book November 1742 to July 1743, IC, JFB Library, MUL.

③ J. Forbes to C. Irvine, 19/7/1753, IC, JFB Library, MUL. See also J. Forbes to C. Irvine, 20/11/1752 and 25/10/1753, IC, JFB Library, MUL.

④ J. Forbes to C. Irvine, 20/11/1752, IC, JFB Library, MUL; Pye & Cruikshank to C. Irvine, 28/11/1752, 18/8/1753, 27/11/1756, IC, JFB Library, MUL. See also Muskett, "English," p. 80.

的进口情况及不同的货物构成。并非所有年份都被包括在内，因为丹麦的一些数据在更大程度上受瑞典的进口数据影响。但是，就附录 1 中所涵盖的数据来说，确定这一时期斯堪的纳维亚进口的总量是可能的。瑞典东印度公司进口茶叶总量与丹麦亚洲公司进口茶叶总量的比较，证实了此前的研究结论，即这两家斯堪的纳维亚公司进口的茶叶数量相似。丹麦和瑞典的茶叶货物在构成上也有相似之处，大部分是武夷茶。与 1754 年、1761 年和 1767 年的丹麦相比，瑞典工夫茶进口的货量极大。

研究表明，随着时间的推移，斯堪的纳维亚茶叶进口的总量变化很大。如图 2.2 所示，1754 年进口量约 2000 吨，但 1757 年不到 1000 吨。不仅斯堪的纳维亚的茶叶进口总量不同，而且两家公司各自带回的茶叶数量也有所波动；在某些年份，丹麦亚洲公司运回的货物比瑞典东印度公司多得多。

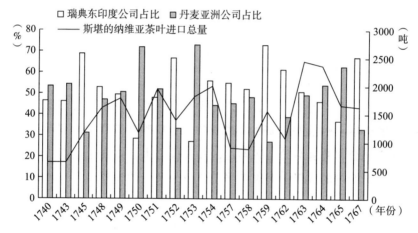

图 2.2　丹麦亚洲公司和瑞典东印度公司的茶叶进口量占斯堪的纳维亚茶叶进口总量的百分比

图片来源：附录 1，1740 年、1743 年、1745 年、1748—1754 年、1757—1758 年、1762—1765 年、1767 年。

这种巨大的差异反映了丹麦人和瑞典人各自派出的商船数量通常为 1 艘到 3 艘。鉴于所售茶叶数量的变化只发生在斯堪的纳维亚区域内，欧洲大陆茶叶市场的地缘分布与时序发展，以及茶叶批发商的奔走变得更有意义。茶叶市场也是透明的。茶叶的价格广为人知。毫无疑问，所运来的不同种类和品质的茶叶的价格信息，在很大程度上通过大宗茶叶公司或批发商策划的公开销售渠道得到了传播。

有时，公开销售或拍卖的做法被认为是一种不受欢迎的经营方式。在汉堡经营的梅特卡夫说，"持续、频繁的公开销售"，加上对运往欧洲的茶叶数量的预期，使价格"降到了非常低的水平"。[①] 事实上，公开销售与私下销售的优缺点常常被讨论。对他寄往荷兰的茶叶公开销售后带来的收益，欧文曾多次表示怀疑。怀疑的原因之一就是，如果茶叶卖不出去，就可能背上一个不好的名声。[②]

一般来说，派伊·克鲁克香克公司似乎不太愿意公开出售茶叶，而是更愿意"偷偷"地出售茶叶，尤其是在他们预计价格会下跌的情况下。[③] 这种策略也可能是由他们的客户提出的，合伙人在给欧文的信中提到，"我们的商店为城市供货"。[④] 然而，他们的确重视公开销售在市场测试方面的作用。在"试卖了一些上次卖剩下的丹麦箱茶"却没能以好价钱卖出后，他们建议欧文不要重蹈覆辙而出售与去年质量相似的武夷茶。[⑤]

相比之下，约翰·福布斯似乎更热衷于公开销售他负责的茶叶。正如他在1752年写给欧文的一封信中所解释的那样，如果拍卖会上的茶叶量足够，它们就会形成和私人销售一样高的价格，而私人销售"总是乏味的"。[⑥] 在随后的一封信中，福布斯对欧文未明确批准公开销售的保守态度提出了一些保留意见：在决定如何出售时，需求和数量等其他情况也应考虑到。然而，福布斯也坚称，即使一个茶包都没有卖出去，公开拍卖也有助于向买家宣传待售的存货，其后买家可能会进行私人买卖。[⑦] 派伊·克鲁克香克公司和欧文都认为，公开销售或拍卖的最大优势在于能够令他们更迅速地处理掉旧货。[⑧]

正如韦格纳·斯利斯维克对荷兰近代早期葡萄酒拍卖的研究所表明的

① C. Metcalf to C. Irvine, 22/6/1753, IC, JFB Library, MUL.

② C. Irvine to T. Wilkieson, 4/5/1743, C. Irvine's Letter Book November 1742 to July 1743, IC, JFB Library, MUL.

③ Pye & Cruikshank to C. Irvine, 3/7/1751, IC, JFB Library, MUL.

④ Pye & Cruikshank to C. Irvine, 23/3/1750, IC, JFB Library, MUL.

⑤ Pye & Cruikshank to C. Irvine, 16/3/1754, IC, JFB Library, MUL.

⑥ J. Forbes to C. Irvine, 27/6/1752, IC, JFB Library, MUL.

⑦ J. Forbes to C. Irvine, 1/8/1752, IC, JFB Library, MUL.

⑧ Pye & Cruikshank to C. Irvine, 19/1/1751 and 19/8/1752, C. Irvine to T. Wilkieson 4/5/1743, C. Irvine's Letter Book November 1742 to July 1743, IC, JFB Library, MUL.

那样，公开拍卖中买卖双方的潜在冲突非常多。经纪人不仅熟知待售商品的质量，还非常了解供需情况，从而为潜在的有利可图的交易提供建议。如果经纪人滥用他们的信息，可能就意味着某些市场，比如 17 世纪 30 年代的鹿特丹葡萄酒市场，名声扫地，导致生产商不得不转去阿姆斯特丹出售他们的葡萄酒。[1] 不过，公开销售有助于提高市场的透明度，因为出售的数量会在传单、商品目录和海报上公布，价格也会在印刷的清单和商人信件中报告。正如克莱·莱斯格（Clé Lesger）所言，信息流使荷兰，尤其是阿姆斯特丹，成为近代早期贸易中许多不同类型商品的中心市场。[2]

因为走私贸易的性质，所以很难对英国的走私茶叶市场进行研究。虽然很难证明这一点，但荷兰市场的透明度很可能刺激了茶叶贸易，就像在伦敦拍卖会上公开英国东印度公司茶叶价格对英国茶叶贸易的影响一样。欧洲的批发商从欧洲各地进口茶叶，以供应英国的走私市场，这种透明度很可能弥补了哥本哈根和哥德堡茶叶货物数量不稳定的缺陷。虽然批发商和经纪人不清楚每年运抵斯堪的纳维亚的茶叶数量，但至少他们很快就知道了这些货物在瑞典东印度公司和丹麦亚洲公司拍卖会上的价格。

第六节　欧洲人饮茶口味的趋同

我们现在需要转向泛欧茶叶市场一般是如何运作的这一问题。当然，如果没有终端消费者的需求，就不会有茶叶进口。但是相同种类和品质的茶叶会在所有市场上销售吗？根据查尔斯·欧文的信件，他供应茶叶的地方在需求上各有某些不同。汉堡的梅特卡夫抱怨说：汉堡的茶商，以及他们最终代为购货的消费者，都不是欧文寄卖的林奇辛茶（Linchisin Tea）的"合格评判者"。[3] 欧文留给梅特卡夫的那种白毫茶也不太受汉堡茶叶商人的欢迎。梅特卡夫抱怨说："对这个市场而言，它们太精细了，我们销

---

① Wegener Sleeswijk, "Hearing," pp. 188–192.

② Maria Lesger Clé, *The Rise of the Amsterdam Market and Information Exchange: Merchants, Commercial Expansion and Change in Spatial Economy of the Low Countries, c. 1550–1630* (Aldershot: Ashgate, 2005).

③ C. Metcalf to C. Irvine, 18/11/1749, IC, JFB Library, MUL. See also C. Metcalf to C. Irvine 21/11/1749, IC, JFB Library, MUL.

售商更习惯于高价的褐色白毫，所以很难理解好坏的差异。"① 有趣的是，欧文似乎不是偶然把这些茶送到汉堡的。这一点在他写给即将前往中国担任商船商务总管的侄子约翰·欧文的信中得到了证实。老欧文建议他买伴手货（Pacotille②），即用私人账户购买的商品，他声称，"上等白毫茶和好一点的林奇辛茶"是很好的投资，它们和"上等小种茶"都是"目前荷兰和汉堡需要的"。③

派伊·克鲁克香克公司认为，瑞典东印度公司带到欧洲的一种非常优质和昂贵的绿茶——熙春茶的数量"足以满足英国的需求"，而"其他地方没有需求"。④ 总而言之，消费者对不同市场的偏好通常不会被提及，与廉价茶有关的不同口味更少被提及。有一次，派伊·克鲁克香克公司讨论了英国市场接受更多武夷茶的能力，但那是一个例外。⑤ 这是否反映了一种不言而喻的假设，即瑞典东印度公司和其他公司进口的武夷茶主要运往英国呢？毫无疑问，英国市场很重要。正如阿伯克龙比（Abercromby）在 1752 年评论英国大幅降低茶叶税的计划及其对茶叶贸易可能的影响时所说的那样，"在这种情况下，荷兰和德国将是未来贵公司、丹麦及法国进口的茶叶的唯一市场"。⑥

如果我们假设零售商知道大部分红茶是供应到英国市场的，那么我们是否可以在讨论斯堪的纳维亚进口武夷茶中推断出英国消费者的一些偏好？在一封写给阿姆斯特丹的托马斯·威尔基森的信中，欧文讨论了他寄卖在威尔基森处的武夷茶的价格和质量。他认为他的茶"更粗、更便宜"，会比阿伯克龙比先生和达夫先生的茶卖得更好，后者还雇威尔基森来销售他们的瑞典茶。⑦ 然而，在大多数情况下，当讨论武夷茶时，重点还是讨论更好的质量。1751 年，伦敦的阿伯克龙比经常投资瑞典茶叶，他写信给

---

① C. Metcalf to C. Irvine, 8/2/1752, IC, JFB Library, MUL.

② Pacotille, 指船员或旅客免费携带的少量货物。（译者注）

③ C. Irvine to J. Irvine, 7/10/1747, Irvine's Letter Book December 1744 to January 1748, IC, JFB Library, MUL.

④ Pye & Cruikshank to C. Irvine, 28/11/1752, IC, JFB Library, MUL. See also Muskett, "English," p. 81 for similar comments.

⑤ Pye & Cruikshank to C. Irvine, 21/10/1749, IC, JFB, MUL.

⑥ A. Abercromby to C. Irvine, 10/11/1752, IC, JFB Library, MUL.

⑦ C. Irvine to T. Wilkieson, 30/4/1743, C. Irvine's Letter Book November 1742 to July 1743, IC, JFB Library, MUL.

欧文说："我非常赞同你对产品质量的看法，在质量稳定的产品中，最好的总是被优先供应，只要它们不价过其实。"① 1752 年，福布斯在阿姆斯特丹写道："想要好的武夷茶，我希望你的茶质量是最好的。"② 在欧文收到的有关武夷茶在欧洲销售情况的报告中，质量问题经常被提及。"普通"、"好"和"完好的"这些术语常被用来描述和比较瑞典与其他国家的货物。③

根据上述讨论的结果，欧洲公司之间武夷茶竞争的核心要素是平均质量。正如我们所知，这种平均质量是谨慎购买的结果，是关注叶子的大小和粗糙度的结果。随着时间的推移，这也是越来越多的高品质红茶和低品质红茶在广州拼配的结果。

虽然很难找到证据表明斯堪的纳维亚公司的商船商务总管和董事们在与中国进行茶叶贸易时考虑到了特定的客户群体，但这并不意味着斯堪的纳维亚贸易缺乏专家协助进行贸易制衡。就像在英国制度中一样，在欧洲市场上经营的批发商对运回国的货物提供建议，甚至做最终决断。

欧文的信件表明，在买卖茶叶的重要节点中，这些贸易商的专业知识经常被用到。例如，在公开销售之前，派伊·克鲁克香克公司被要求就运抵哥德堡的茶叶样品进行评估。出于以下几个问题，这种茶叶样品和信息的交换似乎很难组织起来。问题之一，从船只到达到出售的时间很短。问题之二，样品可能会损坏，因而难以评估。④ 问题之三，不同茶叶的样品可能会相互污染。1756 年出现这样一个问题，当时派伊·克鲁克香克公司对一些瑞典茶叶质量的评估与查尔斯·欧文的侄子约翰·欧文的评估相矛盾，约翰·欧文是当年远航返回的商船商务总管之一。派伊·克鲁克香克公司认为，茶叶相互污染可能是双方观点不同的原因。遗憾的是，派伊·克鲁克香克公司将大部分测试结果寄给了欧文的商业伙伴科林·坎贝尔，因此很难估计他们测试的数量。

约翰·欧文似乎在鉴定茶叶方面颇具能力，至少在对茶叶质量进行初

---

① A. Abercromby to C. Irvine, 3/12/1751, IC, JFB Library, MUL.

② J. Forbes to C. Irvine, 20/10/1752, IC, JFB Library, MUL.

③ Pye & Cruikshank to C. Irvine, 17/11/1753 and 23/11/1753, IC, JFB Library, MUL.

④ Pye & Cruikshank to C. Irvine, 12/10/1751, IC, JFB Library, MUL.

步评价方面是如此。① 考虑到商船货物经管员在广州购买茶叶时所担当的积极角色，这并不令人惊讶。② 茶叶在欧洲销售也提供了可资利用的内部信息。1751 年，阿伯克龙比写信给欧文，计划投资在哥德堡出售的茶叶，他表示更愿意从阿道夫·弗里德里希号的货物中购买茶叶，而且在这次购买中，"最好把乔治·基钦（George Kitchin）的特征与评价告诉两艘船上的所有人"。③ 这些商船商务总管也对他们的充当伴手货的茶叶了如指掌。1744 年，留守广州的欧文给坎贝尔写信说，如果他打算购买茶叶，"我除了最好的武夷茶，没有任何货物。我的船舱里有非常好的茶叶，都是便宜买的"。④

即使商船商务总管的经验和内部信息具有影响力，对质量有最后发言权的还是像派伊·克鲁克香克公司这样的批发商。⑤ 因为我们可以假设，查尔斯·欧文有能力买到他认为质量好的茶，要么是利用内部信息，要么是依靠自己的专业知识，特别有趣的是，派伊·克鲁克香克公司有时对欧文寄给他们的茶叶质量不太满意。1749 年，他们写道："我们已经检查了整个箱子，我们发现它们是好的武夷茶，但仅此而已。"⑥ 1753 年，他们报告说，检查了"几种你们的廉价产品，发现它们非常普通"。⑦ 当然，有时候欧文是对的。1753 年，派伊·克鲁克香克公司总结道："我们已经品尝了你们不同包装的茶叶，发现它们是非常好的货物。"⑧ 然而，高品质并不总是意味着货物的价格高，"优质"茶有时"便宜到令人愕然"。⑨ 除了派伊·克鲁克香克公司，约翰·福布斯似乎也被认为有足够能力对他所寄

---

① Pye & Cruikshank to C. Irvine, 4/9/1756, IC, JFB Library, MUL.

② 限于篇幅，本书未对此展开论述，但在广州，一些西方商人似乎被认为对茶特别了解，参见 C. Irvine to König, Campbell & Comp. 31/12/1744, C. Irvine's Letter Book December 1744 to January 1748, IC, JFB. Library, MUL。

③ A. Abercromby to C. Irvine, 25/8/1751, IC, JFB Library, MUL. See also J. Utfall's Letter to C. Irvine 22/7/1756, IC, JFB Library, MUL.

④ C. Irvine to C. Campbell, 31/12/1744, C. Irvine's Letter Book December 1744 to January 1748, IC, JFB. Library, MUL.

⑤ Pye & Cruikshank to C. Irvine, 31/7/1756, IC, JFB Library, MUL.

⑥ Pye & Cruikshank to C. Irvine, 21/10/1749, IC, JFB Library, MUL.

⑦ Pye & Cruikshank to C. Irvine, 23/10/1753, IC, JFB Library, MUL.

⑧ Pye & Cruikshank to C. Irvine, 19/8/1752, IC, JFB Library, MUL.

⑨ Pye & Cruikshank to C. Irvine, 11/11/1749, IC, JFB Library, MUL. See also Pye & Cruikshank to C. Irvine 11/11/1749, IC, JFB Library, MUL.

售的茶叶进行评估，而梅特卡夫则信任汉堡当地的经销商，尽管他最早对卖给欧文的货物进行过评估。① 然而，在欧文的茶叶客户中，派伊·克鲁克香克公司给人的印象是最谨慎的商品评估者。他们似乎对此感到自豪，并谴责那些没有仔细查验单个箱子质量就进行茶叶交易的商人。

综上所述，批发商的品味和专业知识决定了斯堪的纳维亚茶叶货物的品质，而批发商反过来又为英国的走私者以及更高层次的零售商和消费者提供茶叶。像派伊·克鲁克香克公司这样的商家，与所有东印度公司（可能除了英国东印度公司）交易大量进口的茶叶，也非常适合评估特定茶箱和茶包的质量。甚至可以说，在低地国家出现了口味趋同的现象，这有助于规范欧洲茶叶市场，其方式让人想起英国市场，在英国市场上，批发商也是联系零售商和英国东印度公司之间的纽带。

奇怪的是，在什么基础上判断一批茶叶的质量是高是低却常常没有结论。在欧文与自行检测茶叶的批发商的通信中，一般不使用前文所讨论的符号体系中对茶叶的形容词，如"浑浊的"和"有味儿"，或如"开叶""卷叶""叶尖"等对叶子的形容词。在欧文和托马斯·威尔基森的一次通信中可以发现一个例外，欧文认为，如果茶没有"好好焙火"，那么它"在航运途中容易发霉"。② 欧文卖的茶可能"焙火过度"，他承认"总体而言，火是最好的"。不过，欧文接着说："陈年的茶叶一定能解决水质发绿的问题。"他的意思是说，茶叶存放两三年后会有所改善："如果保存得当，茶叶会更加醇香、怡人，而且真正有益健康。"③ 欧文认为，荷兰市场上的买家之所以不理解这一点，是因为"你的口味是由你自己的茶熏陶出来的，中国的茶是欧洲人带来的最糟糕的茶，巴达维亚的茶则是劣质的东西"。④ 从欧文接下来对威尔基森的回应来看，后者不同意欧文将存储作为改良过度焙火茶和劣质荷兰茶的手段。欧文至少部分地被威尔基森说服

---

① J. Forbes to C. Irvine, 21/10/1752, IC, JFB Library, MUL; C. Metcalf to C. Irvine, 2/1/1750, IC, JFB Library, MUL.

② C. Irvine to T. Wilkieson, 21/5/1743, C. Irvine's Letter Book November 1742 to July 1743, IC, JFB Library, MUL.

③ C. Irvine to T. Wilkieson, 21/5/1743, C. Irvine's Letter Book November 1742 to July 1743, IC, JFB Library, MUL.

④ C. Irvine to T. Wilkieson, 21/5/1743, C. Irvine's Letter Book November 1742 to July 1743, IC, JFB Library, MUL.

了，因为他回信说："茶叶存储上两三年可能确实太长了。"虽然欧文依然坚持认为，如果保存一半的时间，茶叶可以恢复得"完好如初"，在不失去"风味"的情况下获得"更高级的茶色"，但是欧文不愿意"试验"它，所以他同意威尔基森公开出售他的茶。①

如何存储和运输茶叶以保证其质量也是通信中经常涉及的问题。有一批茶叶在运往派伊·克鲁克香克公司的途中受损，两位商人向欧文汇报了他们是如何检查每个箱子里的茶叶的。他们还就存储茶叶的装置提出了建议，建议欧文不要使用涂过"调色油"（Painters' Oil）的茶箱。② 来自中国的茶叶必须经过长途跋涉的运输才能被喝到，因此，了解储存和运输茶叶的最佳方法无论如何都是非常重要的。然而，虽然欧文认为存储可以提高茶叶的质量，但所有证据都表明情况恰恰相反。茶叶，即使是廉价的红茶，也有"最佳饮用期"，在一定时间内饮用效果最佳，这使欧洲与中国之间的贸易有了自己的节奏，只有周转最快的公司才具有优势。

小　结

广州市场上的武夷茶竞争激烈，这反映了欧洲人，尤其是英国人的茶叶需求在不断增长。早期的交易往往是最有利的，可以在数量有限的高质量的武夷茶中占得很大的先机。斯堪的纳维亚公司拥有相对较多的白银，这使丹麦和瑞典的商船货物经管员在与十三行商人的合同谈判中比荷兰人和英国人更具优势。然而，高质量的武夷茶只是斯堪的纳维亚能够成功的部分原因。欧洲消费者希望他们的茶喝起来"醇厚"。武夷茶首次采摘后需要加入安溪茶——安溪茶是一种易碎、更柔和清淡的茶叶品种——以达到适度的平衡。瑞典人利用他们在十三行商人中的关系拿货，率先推广这种拼配茶。在广州精心拼配茶叶，可以使瑞典和其他东印度公司向英国秘

① C. Irvine to T. Wilkieson, 27/7/1743, C. Irvine's Letter Book November 1742 to July 1743, IC, JFB Library, MUL. See also C. Irvine to T. Wilkieson, 4/5/1743, C. Irvine's Letter Book November 1742 to July 1743, IC, JFB Library, MUL. Compare also Pye & Cruikshank to C. Irvine, 20/9/1754, IC, JFB Library, MUL.

② Pye & Cruikshank to C. Irvine, 19/8/1752, IC, JFB Library, MUL.

密市场供应更接近伦敦正规贸易的茶叶产品。英国东印度公司进口的茶叶被卖给批发商，由批发商进行拼配，然后转给零售商零售到全国各地。从理论上讲，斯堪的纳维亚走私茶叶可以绕过拼配的过程。丹麦亚洲公司和瑞典东印度公司商船货物经管员按规定的成分配置好茶叶，送至英国零售商那里，有时则会送到终端消费者的手中。

瑞典人在茶箱里把武夷茶和安溪茶装得满满的。紧实的茶叶包装降低了运输成本，但也让茶叶更碎。一旦运抵欧洲，这些碎茶就被移出，放到更粗糙但包装不那么紧实的荷兰茶中。虽然不同公司的茶叶货物之间存在互补性，但也有竞争性。通常借助公开销售，茶叶价格和质量等相关信息在欧洲诸多批发市场的参与人员间传播。一种合理的猜测是，欧洲批发市场的透明度显著推动了英国的茶叶秘密贸易的发展。

就口味标准而言，低地国家的茶商在品尝和交易所有东印度公司进口的茶叶时，其口味似乎发生了转变。从地理位置上讲，哥德堡也是一个走私中心，为英国提供非法茶叶和白兰地等其他商品。例如，只有在18世纪下半叶，哥德堡的直接走私活动才显著增加，这一发展状况解释了何以有"哥德堡工夫茶"之类的说法。荷兰是18世纪欧洲茶叶市场的中心，无论在何种情况下，斯堪的纳维亚的茶叶贸易都依赖于此。正如莱斯格所认为的，荷兰的这个角色实际上与存储相关商品无关。经纪人评估的样品足以确定价值和需求量。[①]

在18世纪中期之前，斯堪的纳维亚茶是否被认为是违禁茶的一个独特子类？荷兰人对碎的斯堪的纳维亚茶的评论情况显示，这样的情况确实存在，尽管丹麦和瑞典茶一旦与荷兰东印度公司的茶拼配就丧失了其完整性。这种拼配茶是荷兰商人和消费者所要求的，还是英国消费者也想要这样的拼配茶，目前还很难说。茶叶走私的记录通常是由合法贸易的既得利益者编写的，这些记录确实经常表明，货物的处理方式很粗暴，比如用敞篷船运送、在海岸线上堆放，以及使用油皮袋运输。[②] 斯堪的纳维亚的资料显示，强调拼配、避免气味污染，即使是最便宜的红茶货物，在广州也要小心包装和装载，这些都提供了另一种解释。如果斯堪的纳维亚公司是

---

① Lesger, *The Rise*, pp. 252–253.

② Muskett, "English," pp. 77, 147, 168, 212, 301.

出于经济原因这样做，那么我们只能假设这种谨慎符合英国的要求，因此至少部分斯堪的纳维亚货物在穿越北海时保持了完整性，其最重要的原因可能是包装。

　　将斯堪的纳维亚人的说法与走私的说法结合起来，就必须重视18世纪英国茶叶市场的多样性。斯堪的纳维亚的广州拼配茶在进入市场时，其中大部分茶叶（多达75%）是走私货。除了违禁品和英国东印度公司进口的中国茶叶外，还有用白蜡树、黑刺李、接骨木等的叶子制成的"茶叶"，外观看起来像中国产的茶叶。此外，还有二手茶和"改良茶"。不难想象，基于日常消费的差异，许多社会群体产生了广泛的偏好差异。在这方面，"武夷茶"和"工夫茶"以及其他中国茶的名称可能会有误导性，这些名称暗示供应和存量变得更为多样化，但茶的品类是一成不变的。毫无疑问的是，斯堪的纳维亚公司在拼配茶的发展中居于核心地位，最终在塑造英国人茶叶口味方面也发挥了关键作用，尽管只有极少数茶叶像"哥德堡工夫茶"一样被贴上清晰的斯堪的纳维亚标签。

| 第三章 |

彩衣民族绚丽的丝绸货物

第一节 丝绸与欧洲时尚

克里斯蒂安·詹森·林特鲁普（Christian Jensen Lintrup，1703—1772）曾五次前往广州，在丹麦亚洲公司一路晋升为首席商船商务总管领班（Head Supercargo）。我们稍后将在这一章讨论他，因为他在广州签订过多达数千件丝绸的合同。林特鲁普曾以自己的名义进行过大量交易，这为其在哥本哈根赢得了"中国商人"的绰号。1756 年，林特鲁普在被封为"林登爵士"（Lindencrone）时，已是一个富有的人。其 18 岁的儿媳波莱特·玛丽亚·哈布（Bolette Maria Haboe），结婚时量身定做了一件缎子面料的象牙色裙装丝绸礼服，上面有纵横交错的花朵和花环刺绣。大多数（尽管可能不是全部）缎面织物产于中国。而如今这条藏于丹麦艺术与设计博物馆的裙装礼服，有一段跨洋过海的故事。1768 年婚礼举办前，这套服装在中国和丹麦之间来回流转。从广州刺绣工作的技术和价格看，这件中国工匠装饰制作的裙装礼服工艺精湛物有所值。这套衣服的一部分是在广州缝制的，从走线来看，有些针脚是用丝线缝制的。①

---

① Kirsten Toftegaard, "Bolette Marie Harboe's Bridal Dress: Fashionable Encounters Told in an 18th-century Dress," in *Fashionable Encounters: Perspectives and Trends in Textile and Dress in the Early Modern Nordic World*, eds. by Tove Engelhardt Mathiassen and others (Oxford: Oxbow Books, 2014), pp. 173-182. On Lintrup see also Tove Clemmensen and Mogens B. Mackeprang, *Kina og Danmark, 1600-1950: Kinafart og Kinamode* (Copenhagen: Nationalmuseet, 1980), pp. 148-158.

　　养蚕业起源于中国，从 11 世纪开始向西传至拜占庭帝国，然后传播到了意大利和法国南部。欧洲各地的纺织制造商将这种新纤维广泛应用于各种产品。与此同时，随着 17 世纪后期欧洲和中国之间的直航贸易的建立，越来越多迎合欧洲人品味而制作的中国丝绸不断被运往欧洲。这些历史联系导致存世的欧洲近代早期丝绸的起源难以确定。但是，有一些线索可循，丝绸毛边上规则的孔和颜色对比鲜明的毛边，以及中国丝绸明亮的光泽和柔软的触感，都表明其原产地是中国。

　　布料的宽度有时也可用于区分欧洲和中国的产品。18 世纪的中国纺织品通常更宽，宽度为 72 厘米到 79 厘米，但当时的欧洲织机偏好于生产宽度为 53 厘米到 59 厘米的丝绸。然而正如我们将在下文看到的，中国也有更短更窄的丝绸。① 在时尚方面，我们很容易确定影响波莱特·玛丽亚·哈布婚礼服装设计灵感来自何方。这件宽松长裙是一件有配套衬裙（Petticoat）的"法式长袍"（Robe à la française）。虽然洛可可风格②在 1768 年可能有些过时，但受新古典主义启发的刺绣却是时尚的巅峰。③ 这条裙子反映了 18 世纪潮流对服装的影响程度。这种裙子面向精英阶层，但配饰和成衣产量的不断增长扩大了市场。随着消费者的行为发生变化，时尚变得大众化。④ 这些变化与棉布消费量的增加相对应。然而，丝织品在数百年里"引领"了时尚。直到 18 世纪 70 年代，主要以棉花为材料的设计才

---

① Leanna Lee-Whitman, "The Silk Trade: Chinese Silks and the British East India Company," *Winterthur Portfolio* 17 (1982): 21-41. On exceptions and other problems identifying Chinese silk from the eighteenth century see also Toftegaard, "Bolette," p. 178; Madelyn Shaw, "'Shipped in Good Order' Rhode Island's China Trade Silks," in *Global Trade and Visual Arts in Federal New England*, eds. by Patricia Johnston and Caroline Frank (Lebanon: University of New Hampshire Press, 2014), pp. 119-133 (129-130).

② 洛可可为法语 "rococo" 的音译，此词源于法语 "rocaille"（贝壳工艺），意思是此风格以岩石和蚌壳装饰为特色。洛可可艺术是 18 世纪法国的艺术样式，发端于路易十四时代（1643—1715）晚期，流行于路易十五时代（1715—1774），风格纤巧、精美、浮华、烦琐，又称"路易十五式"，在 18 世纪法国艺术中居统治地位，对欧洲的影响巨大。（译者注）

③ 参见 Toftegaard, "Bolette," pp. 177, 181. 虽然时尚影响了近代早期制作服饰的纺织品类型，但这些纺织品往往有多种用途，可以回收再利用并改制成不同的服装 [Pernilla Rasmussen, *Skräddaren, sömmerskan och modet: arbetsmetoder och arbetsdelning i tillverkningen avkvinnlig dräkt 1770-1830* (Stockholm: Nordiska museets förlag, 2010), p. 55]。

④ John Styles, *The Dress of the People: Everyday Fashion in Eighteenth-Century England* (New Haven: Yale University Press, 2007); Daniel Roche, *The Culture of Clothing: Dress and Fashion in the Ancient Regime* (Cambridge: Cambridge University Press, 1996).

开始崭露头角，而刺绣则是设计创新的另一个源泉。当然，这种时间划线并没有考虑到气候、社会文化偏好和特定需求如何影响地区的消费和贸易。①

在 18 世纪的欧洲，最时尚的丝绸主要由法国和英国制造商制造。时尚变化的节奏在一定程度上是由制造商自己设定的。在竞争中，作为行业领头的制造商通过定期推出新的图案和配色方案，领先于小制造商。② 除了年度和季节性的变化，高级时装丝绸设计中使用的锦缎（Damask）与浮花织锦（Brocade）③ 和锦缎图案从更长的时间段来看也是有变化的。17 世纪末和 18 世纪初，东印度公司进口的亚洲纺织品影响了欧洲的设计，产生了所谓的"奇异风格"，其中包括中国风和日本风、"拉长的图案"以及"陌生和熟悉图案"的融合。到了 18 世纪 20 年代，这种风格被自然主义或洛可可风格取代，其图案通常包括精确复制的植物花卉图像。新古典主义设计在 18 世纪最后 1/3 的时间里变得更加突出，融入了条纹和斑点图案。④

最时尚的花绸（Patterned Silk）是限量生产的，有时一种纹样只限产四匹，用其制成的衣服是独一无二的。⑤ 波莱特·玛丽亚·哈布婚纱表明，中国的丝绸被用于奢华的高端服装上，其精妙之处也许是刺绣而不是织造纹样，这一点我们将在下文说明。关于 18 世纪的中国丝绸如何被用于奢华的床帷、毯子和衣服，还有其他例子，西方世界的博物馆收藏着这些东西，其中很多都有精致的刺绣和彩绘纹样。然而，正如研究近代早期荷兰和 18 世纪末 19 世纪初美国与中国贸易的学者所指出的那样，为数不多的

---

① Natalie Rothstein, *Silk Designs of the Eighteenth Century: In the Collection of the Victoria and Albert Museum, London, with a Complete Catalogue* (London: Thames and Hudson, 1990), p. 37.

② Carlo Poni, "Fashion as Flexible Production: The Strategies of the Lyons Silk Merchants in the Eighteenth Century," in *World of Possibilities: Flexibility and Mass Production in Western Industrialization*, eds. by Charles F. Sabel and Jonathan Zeitlin (Cambridge: Cambridge University Press, 1997), pp. 37-74.

③ "Damask"是斯堪的纳维亚地区对一些中国丝绸的统称，通常质地厚重，带有双面花纹。经译者查询，"damask"与大马士革相关，约 11 世纪，大马士革的商人首次将这种织物带到了欧洲。国内学界对"damask"有"锦缎、花缎、提花缎、单色提花缎"等多种译法。"damask"一般采用金、白银色等单色经纬线进行缎纹编织，纹样常为几何或花卉，风格简洁优雅。与之相比，浮花锦缎或浮雕锦缎（Brocade）一般采用多色丝线织造，风格比前者更为立体、奢华。（译者注）

④ Rothstein, *Silk Designs*, p. 47.

⑤ Rothstein, *Silk Designs*, p. 22.

幸存文物并不能代表进口到大西洋世界海量丝绸的全部。例如，荷兰博物馆中现存大约 35 件用中国丝绸精心装点的服饰和家具，但这并不能说清荷兰东印度公司进口大量中国丝绸的情况。克里斯蒂安·约尔格（Christian Jörg）计算，在 1729 年至 1795 年荷兰东印度公司的拍卖会上，共卖出 184027 件 16 米乘 70 厘米规格的中国丝绸。这批货物在荷兰东印度公司有现存的贸易纺织品样本，色彩鲜艳、种类繁多，看起来更加赏心悦目。①

正如我们将在下文看到的，在尺寸和颜色类别方面，18 世纪中叶斯堪的纳维亚与荷兰的丝绸货物没有太大不同。然而，就像荷兰的历史一样，少有人关注涌入斯堪的纳维亚市场的中国丝绸。除了波莱特·玛丽亚·哈布的婚纱、偶尔出现的横幅和遗存的棉被等物品能告诉我们一些信息，我们对中国丝绸在斯堪的纳维亚半岛以及欧洲和美洲其他地方的贸易和消费知之甚少。②

这种疏忽可能有多种原因。最重要的是丝绸与传统的精英消费联系在一起，而棉花在欧洲近代早期的背景下通常代表了新兴消费习惯和市场，并最终代表了工业化。③ 棉花还与新颖、不褪色的颜色和图案相联系，在近代早期欧洲的社会和政治世界中造成了混乱。④ 最近有人认为，在瑞典的个案中，特别是在 1790 年后，棉织品的广泛传播在视觉上提供了一个大众化的过程。这一过程对社会秩序构成了挑战，其影响的程度从"杂色"一词不断变化的含义中就可以看出。它从指代贵族消费的多色丝织品的意

---

① Christiaan J. A Jörg, "Chinese Export Silks for the Dutch in the 18th Century," *Transactions of the Oriental Ceramic Society* 73 (2010): 1-23.

② Gunilla Andersson, "Broderad sidenlyx," in *Ostindiska Compagniet: affärer och föremål*, 2nd ed. (Göteborg: Göteborgs stadsmuseum, 2003), pp. 193-202; Lars Sjöberg and Ursula Sjöberg, *Ostindiskt: kinesiskt porslin och Kinaintresset i Sverige under 1700-talet* (Stockholm: Norstedt, 2011), pp. 194-203.

③ Gunilla Andersson, "Broderad sidenlyx," in *Ostindiska Compagniet: affärer och föremål*, 2nd ed. (Göteborg: Göteborgs stadsmuseum, 2003), pp. 193-202; Lars Sjöberg and Ursula Sjöberg, *Ostindiskt: kinesiskt porslin och Kinaintresset i Sverige under 1700-talet* (Stockholm: Norstedt, 2011), pp. 194-203.

④ Giorgio Riello, "Asian Knowledge and the Development of Calico Printing in Europe in the Seventeenth and Eighteenth Centuries," *Journal of Global History* 5.1 (2010): 1-28; Chloe Wigston Smith, "'Callico Madams': Servants, Consumption, and the Calico Crisis," *Eighteenth-Century Life* 31.2 (2007): 29-55.

涵，蜕变成一个带有贬义的词，变成象征不守规矩和社会失序的代称。①
换句话说，丝绸首先与旧精英消费联系在一起，而棉布则与新的大众市场
的象征，视觉维度强化了这种二分法。

另一种研究 18 世纪丝绸消费历史的方法是更仔细地审视材料。正如
简·德·弗里斯等人所说的，许多新消费品的特点是廉价和其制造材料的
脆弱性。像中国瓷器和欧洲陶器这样的黏土制品，在 18 世纪普遍取代了银
制和锡制餐具。这些使用更低廉的材料制作的商品，几乎没有潜在的或可
回收的价值，这使制造商可以加速改变产品样式、降低商品的耐用性，真
正的成本只在于工艺。②丝绸作为一种面料，当然比棉花昂贵，但它的成
本可以降低。欧洲服装的总体流行趋势是从厚重面料转向轻薄面料，而不
管面料是由什么纤维制成的。③"大众轻奢品"（Populuxe）是茜茜·费尔
柴尔德（Cissie Fairchilds）用来定义廉价奢侈品的一个词，比如金表、雨
伞和丝袜，这些轻奢品在 18 世纪进入了巴黎许多较贫穷居民的手中。④

通过使用"大众轻奢品"这一商品概念，我们可以对 18 世纪斯堪的
纳维亚半岛转口中国丝绸的地位提出质疑，可以从欧洲大众市场和时尚的
更广泛的背景中加以研究。本章的主要目的不是书写一段丝绸与棉花竞争
的历史，而是介绍一个关于丝绸不甚为人所知的往事，研究的问题是色彩
鲜艳的中国丝绸是如何为绚丽的棉花制品铺平道路的。本章以材料为导
向，首先探索斯堪的纳维亚贸易与中国的丝绸贸易，重点介绍丝绸的物理
特性，以及生丝的起源、宽度、长度、重量、编织类型、纹样和价格变化
等普通而复杂的细节。对斯堪的纳维亚丝绸进口的调查将为货物的特征和
量化提供一个分析框架。只有知道丝绸布料的大致尺寸，计算从中国带到

---

① Leif Runefelt, *Att hasta mot undergången: anspråk, flyktighet, förställning i debatten om konsumtion i Sverige 1730-1830* (Lund: Nordic Academic Press, 2015), pp. 227-239.

② Jan de Vries, *The Industrious Revolution: Consumer Behavior and the Household Economy, 1650 to the Present* (Cambridge: Cambridge University Press, 2008), pp. 144-149.

③ William H. Sewell, "The Empire of Fashion and the Rise of Capitalism in Eighteenth-Century France," *Past & Present* 206.1 (2010): 81-120; Currie Elizabeth, "Diversity and Design in the Florentine Tailoring Trade, 1560-1620," in *The Material Renaissance*, eds. by Michelle O'Malley and Evelyn Welch (Manchester: Manchester University Press, 2008), pp. 154-173.

④ Cissie Fairchilds, "The Production and Marketing of Populuxe Goods in Eighteenth-Century Paris," in *Consumption and the World of Goods*, eds. by John Brewer and Roy Porter (London, New York: Routledge, 1993), pp. 228-248.

斯堪的纳维亚的丝绸布料的总量并分析其随时间发生的变化才有意义。后者是本章第二部分的重点，第二部分将讨论广州当地的丝绸贸易以及决定购买决策的环境。厘清斯堪的纳维亚进口丝绸的总量和其变化后，我们将注意力转向瑞典和丹麦对中国丝绸的接受度和需求度。本章的第三部分将追溯中国丝绸在斯堪的纳维亚政治经济学辩论和有关奢侈品消费立法方面发挥的作用。第四部分和第五部分将讨论我们追踪斯堪的纳维亚丝绸货物的时尚和趋势的局限，重点在于颜色的分类及其随时间而发生的演变。

第二节　特写镜头下的中国丝绸

中国生丝通常来自两个地区，一个是中国南部广东省广州的周边地区，另一个是华东长江流域的江苏省南京附近。人们认为来自广州地区的丝绸质量较差，因此与南京丝绸相比售价更低。然而，广州丝绸有一个优势，即在加工过程中损耗更少，故其产量比南京丝绸高出 6%。广东丝绸产地靠近欧洲商馆，运输成本更低，因而深受东印度公司的青睐。[1]

斯堪的纳维亚材料鲜少说明丝绸购买自南京还是广州。丹麦在 1737 年和 1742 年的两次购货属于例外，当时王室订购的丝绸合同指明，丝绸必须是"最好的"南京丝。[2] 1756 年，丹麦亚洲公司的大额丝绸订单还明确要求，原料应该为质量"可以接受的"南京丝绸。[3] 1736 年，瑞典东印度公司带回了大量他们称为"南京布"（Nankins）的纺织品，其中大多数被称为"南京纺织品"（Nankins Stoffen），包括 59 匹"家用纺织品"（Meuble Stoffen）以及 291 种其他纺织品。[4] 除了 1736 年，瑞典文献中只偶尔提及

---

① Paul A. Van Dyke, "Weaver Suckin and the Canton Silk Trade 1750-1781," *Review of Culture*, International Edition No. 29（2009）：105-119（p. 107）.

② 28 Aug. 1737, Neg. prot. Vol. 1117, and 12 Sep. 1742, Neg. prot. Vol. 1121, DAC, RAC.

③ 24 Sep. 1756, Neg. prot. Vol. 1136, DAC, RAC.

④ "Nankins Meuble Stoffen"（Lot. 205-210）；"Nankins Stoffen"（Lot. 211-224, 234, 280-286, 295, 370）；"Nankins Sounkin"（Lot. 287, 430）in Försäljningskatalog Vol. 2, 1736, KA, RAS. The same catalogue also contains some NankinPelong（Lot. 311）. 由于价格和尺寸的差异，作者在计算附录 2 中列出的斯堪的纳维亚丝绸货物的尺寸时，未计算"pelong"或"peeling"这类丝绸。（译者注）

南京。① 值得注意的是，丹麦人使用"南京布"（Nanqvins）一词来泛称非常昂贵和非常便宜的单件丝绸布匹。比如他们在1757年以每匹16两的单价购买了20匹的南京缎（Nanqvins Sattyn），以每匹2.8钱至4.5钱白银的单价购买了5480匹的"南京布"（Nanqvins Estoffer），而这只是他们支付货款的一小部分。② 后者中的"Nanqvins"可能指的是南京布，在传统上是一种淡黄色的棉织品，其名称源自南京这座城市。在下文中，所有被称为"南京布"的廉价商品都将被忽略，因为我们假设其所指的是棉织品。然而，我们将被称为"南京丝"或"南京缎"的更昂贵的单匹商品包括在内，是因为我们假设它们是由南京丝制成的。但更重要的是，因为有关"南京"、"南京丝"或"南京布"的记载通常很少见，所以我们可以假设斯堪的纳维亚东印度公司交易的大多数丝绸都是用便宜、次等的广东生丝制成的。

正如上述讨论所示，根据书面史料考证实物的各个方面的信息是很复杂的。这个问题也与确定东印度公司交易的丝绸规格有关。丝绸有不同的长度和宽度，线或纱有粗有细（决定重量的差异），装饰多种多样，比如编织可分为提花、彩绘及刺绣等不同技法。③ 不同的纺织品名称到底指的是什么也是一个问题。正如本章后面详细讨论的那样，流行的花纹锦缎（Poisee Damask④）仍然是一种难以捉摸的织物类型，尽管本书为其揭示了一些新的信息。不过，将零散的信息像拼图一样组合起来，还是可以做出一些大致的推断。

下文讨论的和附录2列出的是在广州购买并在斯堪的纳维亚出售的最常见的丝绸类型，时间是18世纪30年代早期到18世纪50年代晚期。在18世纪中叶的文献中，瑞典的贸易记录比较容易追溯，这一时期，中国的生丝和缎丝价格都相对较低。为了应对国内丝绸价格的上涨，1759年清政

---

① 相关例子可参见1753年"Nankins Paduasoy"这件售卖品（Lot. 196/1536, Försäljningskatalog Vol. 13, 1753, KA, RAS）。

② Kasse-og hovedboger fra kinaskibene 2210, pp. 70-71, DAC, RAC.

③ 在斯堪的纳维亚的材料中，丝线的数量经常有具体说明，但因为无法更准确地解释这些数字指的是什么，所以没有将这些信息包括在内。See also Lee Whitman, "The Silk Trade," pp. 24-25.

④ 作者认为（见后文），"Poisee"可能源于古英语"小花束"（posy），带有纹理，故译为"花纹锦缎"。（译者注）

府颁布了出口禁令，限制欧洲东印度公司船只上的生丝和缎丝装载数量。然而，本章讨论的大部分丝绸贸易都发生在广州贸易受限制相对宽松的时期，唯一的限制是清朝官方禁止红色和黄色丝绸的贸易，因为这些颜色是皇帝及宫廷御用的颜色，尽管这些颜色的丝绸的走私活动事实上非常猖獗。①

斯堪的纳维亚公司购买了不同类型的丝绸，其中有代表性的大宗货物的尺寸如表 3.1 所示。丹麦人在广州支付的每匹商品的价格已经增加。丹麦人通常用 1 比索换取 0.72 两或 7.2 钱白银。② 与茶叶贸易的情况一样，包括信贷供给和多方合同在内的各种因素影响了单位价格。因此，进行跨公司和跨时间的比较并不简单。较少有丝绸以广州的价格列出，这反映了当时贸易的组织方式。通常，丹麦人，很可能还有瑞典人，从十三行商人那里订购了 50 匹到 100 匹，有时甚至是几千匹相同尺寸的货物。成包的丝绸在欧洲出售时，通常分批次进行拍卖，每次拍卖的数量为 10 匹到 50 匹。丝织品在哥德堡的售价也已添加到了表格中。丹麦的情况我们没有相应的资料。除了购买价格外，价格表中还包括了瑞典税。每匹丝绸需要支付 3 欧尔③（öre）银币的印花税。1741 年起，瑞典对用于国内消费的丝绸征收 15% 的关税。1747 年，瑞典的丝绸消费税提高至 20%，但这些税并没有被包括在表 3.1 最右边一栏所列的价格中。④ 在丹麦，对中国丝绸的税收最初很低：对运往国内市场的货物征收 2.5% 的税，对转口的货物征收 1% 的税。1772 年后，关税税率急剧上升，没过几年丹麦就开始禁止国民消费中国丝绸。⑤

---

① Van Dyke, "Weaver".

② Paul A. Van Dyke, *Merchants of Canton and Macao: Politics and Strategies in Eighteenth-Century Chinese Trade* (Hong Kong: Hong Kong University Press, 2011), p. 43.

③ 欧尔相当于 1/100 的瑞典、丹麦和挪威克朗的斯堪的纳维亚的货币单位。（译者注）

④ Christian Koninckx, *The First and Second Charters of the Swedish East India Company (1731-1766): A Contribution to the Maritime, Economic and Social History of North-Western Europe in Its Relationships with the Far East* (Kortrijk: Van Ghemmert, 1980), pp. 227 - 228; Kristina Söderpalm, "Svenska OstIndiska Compagniet och den kinesiska vågen," in *Kina slott*, ed. by Göran Alm (Stockholm: Byggförlaget/Kultur, 2002), pp. 264 - 284 (275).

⑤ C. Nyrop, *Niels Lunde Reiersen. Et mindeskrift* (Copenhagen, 1896), pp. 198 - 200.

表 3.1　丹麦亚洲公司和瑞典东印度公司买卖的中国丝织品货品与批次①

样品批次/尺寸					每匹价格/年	
匹数	货名	长度（米）	宽度（厘米）	重量（千克）	丹麦亚洲公司（广州）（两）	瑞典东印度公司（哥德堡）（银元）
250	床用锦缎	13.54	71	1.587	10（1755）	
495	床用锦缎	16.60				54.24—60（1736）
500	花纹锦缎	16.04	71	1.662	10.2（1755）	
4310	花纹锦缎	16.31				4.75—58（1748）
703	缎子	16.46				45—46.16（1736）
150	缎子	16.04	71	1.139	10.1（1755）	
158	衬缎	7.86				14.22—14.33（1752）
1356	北京缎	6.37				6.1—6.15（1757）
250	北京缎	7.66	36	0.260	1.55（1755）	
2950	塔夫绸	13.94				38.24—40（1745）
200	北京绸	13.54	78	1.039	5.6（1745）	
250	棱纹花绸	22.10	53	2.078	13.2（1757）	
750	棱纹花绸	16.31				57.75—63.25（1748）

---

① "床用锦缎"（Bed Damask），本书中也称"家具锦缎"，主要用于床帏、墙面装饰及家具软包。

"缎子"（Satin），保罗·范岱克认为可翻译为"倭缎"或"缎"（Paul A. Van Dyke, "The Danish Asiatic Company and the Chinese Hong Merchants, 1734-1833", 载上海中国航海博物馆《国家航海》（第十八辑），上海古籍出版社，2017，第 64 页）。徐波指出，"倭缎"是中国皇室贵族和上层官僚的专用品，清代江宁织造局内设有"倭缎堂"，"倭缎"之名源于这种缎曾输出日本（徐波：《倭缎：中国的、日本的，还是荷兰的》，载《中华读书报》2023 年 8 月 2 日，第 15 版）。（译者注）

"北京缎"（Peeling），"peeling"在瑞典和丹麦东印度公司的进货目录中也被记为"pelings""pelon""pillangs"等，疑为规格较小的一种锦缎。可能源于法语"Pekin"，"北京缎"并非特指北京制造，而是强调其中国属性。

"塔夫绸"（Taffeta），一种光滑的高档平纹高档丝织品，通常用于婚纱、晚礼服和芭蕾舞裙等。"Taffeta"源自波斯语，意思为"编织"或"扭曲编织"。

"北京绸"（Pekin），以不同颜色组成的条纹或格子图案著称，用于制作高档服装、家居装饰和艺术品。

"棱纹花绸"（Paduasoy），又名"帕多瓦绸"（帕多瓦为意大利地名），以厚重、光滑和精美的光泽闻名，用于制作奢华的礼服和外套。

"高哥仑"（Gorgoroon），又名"戈尔戈龙绸"，有观点认为由印度传入欧洲，质地轻盈、柔软，用于制作高档服装或配饰。

"光亮绸"（Lustring），以高光泽度为特征，用于制作华丽礼服、外套与装饰品。（译者注）

样品批次/尺寸					每匹价格/年	
匹数	货名	长度（米）	宽度（厘米）	重量（千克）	丹麦亚洲公司（广州）（两）	瑞典东印度公司（哥德堡）（银元）
140	高哥纶	16.04	59	1.587	6.5（1739）	
1195	高哥纶	16.60				34.16—42（1733）
250	光亮绸	16.40	71	1.436	9.3（1755）	

资料来源：Lot. 44 - 87，Försäljningskatalog Vol. 1，1733，KA，RAS；Lot. 78 - 102，103 - 137，Försäljningskatalog Vol. 2，1736，KA，RAS；Lot. 266/1729 - 330/1793，Försäljningskatalog Vol. 7，1745，KA，RAS；Lot. 1/884 - 143/1026，170/1053 - 207/1090，Försäljningskatalog Vol. 10，1748，KA，RAS；Lot. 184/1524 - 187/1527，Försäljningskatalog Vol. 13，1752，KA，RAS；Lot. 124/2574 - 169/2116，Försäljningskatalog Vol. 19，1757，KA，RAS；（General reigning）Kasse-og hovedboger fra kinaskibene 2195，p. 6，5；Kasse-og hovedboger fra kinaskibene 2209b，pp. 62，65，66，69，75；Kasse-og hovedboger fra kinaskibene 2210，p. 67，DAC，RAC. 以上统计未包括到达哥德堡时已经破损的布匹的价格。

床用锦缎

锦缎通常是指在编织过程中正反两面织有图案的纺织品。它往往很厚重。斯堪的纳维亚中国贸易中的一些丝织品被笼统地称为锦缎，也有若干锦缎标为"荷兰式样"（Dutch Façon）和"法国式样"（French Façon），但它们非常罕见。[①] 顾名思义，床用锦缎（也称家具锦缎，Meuble Damask）用于家具、床帷、墙壁和室内装饰。表3.1列出了18世纪中期丹麦一批单独交易的床用锦缎，这批锦缎有250匹。据称，1755年其在广州购买的这些床用锦缎尺寸为38时尺（Cobido）乘以2个时尺。在18世纪的广州，一个时尺相当于35.64厘米，这样每匹床用锦缎长为13.54米，宽为71厘米，[②] 重量为1.587千克。虽然这是床用锦缎的标准尺寸，但也存在不同情况。例如，1755年的同批货物中有50匹床用锦缎，宽度相同，但长度达到16.03米，重量达到1.7千克。丹麦亚洲公司以每匹12.5两的价格购买长且重的床用锦缎，以每匹10两的价格购买相对更短且轻的床用锦缎。[③] 这些床用锦缎在哥本哈根销售时，只注明了长度。与丹麦的情况一

---

① Lot. 31/455 - 48/472，Försäljningskatalog Vol. 7，1745，KA，RAS（these goods were part of the rescued cargo from the ship Göteborg）.

② Jörg，"Chinese，" p. 14.

③ Kasse-og hovedboger fra kinaskibene 2209b，p. 65，DAC，RAC.

样，瑞典的销售目录中也经常缺少宽度信息。相反，宽度通常被描述为"一般"，在这种情况下，宽度是指 2 个时尺或 71 厘米。有些锦缎被描述为"窄幅"，但这里说的"窄幅"是多少也经常没有具体说明。①

瑞典东印度公司在 1736 年出售的床用锦缎被描述为"宽度一般，长度为 16.60 米"。大多数床用锦缎以 20 匹为一宗，每匹的售价在 54.24 银元到 60 银元。② 这宗瑞典货品最大的特别之处在于，印刷版的销售目录对拍品采用了纹样编号的方式，编号总共有 28 个，分别代表了各色的编织设计。然而，无论是在斯堪的纳维亚宣传商品的销售目录中，还是在记录广州贸易的资料中，经常不提及床用锦缎的纹样编号。瑞典销售目录上的纹样种类也明显减少。例如，在 1748 年瑞典拍卖的 400 匹标准宽度、长 16.31 米的床用锦缎中，只列出了 6 个不同的纹样编号。③ 丹麦材料中很少提及编织设计，这让我们没有线索了解设计的实际外观。在早期的材料中可以发现部分特例：在 1735 年、1737 年和 1738 年，丹麦亚洲公司要求商船商务总管将"花纹家具"（Poisee Meubel④）锦缎的图式带回国。而且，不要有人物的设计。相反，商船商务总管选择带有花朵图案的床用锦缎，且花朵越大越好。⑤ 1737 年 8 月签订的一份皇家订单含有 40 匹床用锦缎，内有四种"大"纹样。⑥ 可能所有的床用锦缎都有花朵图案，但这些花朵

---

① 比如 1745 年出售了 101 匹（Lot. 159/1622-162/1625）普通宽度的床用锦缎，之后又出售了 99 匹"窄"床用锦缎（Lot. 163/1626-166/1629），Försäljningskatalog Vol. 7, 1745, KA, RAS。窄度的定义各不相同。例如，1742 年在哥德堡出售的一批 100 匹花纹锦缎的宽度为 1 埃尔或 59.3 厘米。1745 年出售的另一批"窄"锦缎的宽度为 13/16 埃尔或 48 厘米（Lot. 19-24，Försäljningskatalog Vol. 3, 1742, KA, RAS；Lot. 410/1873-411/1874, Försäljningskatalog Vol. 7, 1745, KA, RAS）。

② Lot. 78-102, Försäljningskatalog Vol. 2. 1736, KA, RAS。

③ Lot. 144/1027-165/1048, Försäljningskatalog Vol. 10, 1748, KA, RAS. 同一目录（Lot. 93/3368-108/3383）中所列出的 300 匹床用锦缎的 11 个纹样编号看起来更像是一种反常现象。从趋势上看，图案范围更加有限。例如，1742 年出售的 378 匹床用锦缎（Lot. 104/2429-116/2442, Försäljningskatalog Vol. 4, 1742, KA, RAS）中列出了 6 个图案编号。1745 年出售 200 匹床用锦缎时（哥德堡商品销售部分，Göteborg, Lot. 24/1172-33/1181, Försäljningskatalog Vol. 7, 1745, KA, RAS）和 1749 年出售 140 匹床用锦缎时（Lot. 1/1191-5/1195, Försäljningskatalog Vol. 11, 1749, KA, RAS）都只提到了 1 个纹样编号。

④ 荷兰语 meubel（家具）源于古法语 meuble。（译者注）

⑤ §16（Instructions），signed 28 Dec. 1735, Neg. prot. Vol. 1116, AKA, RAC；§ 17（Instructions），signed 9 Jan. 1737, Neg. prot. Vol. 1117, AKA, RAC；§ 16（Instructions），signed 11 Jan. 1738, Neg. prot. Vol. 1118, AKA, RAC。

⑥ 28 Aug. 1737, Neg. prot. Vol. 1117, AKA, RAC。

图案是静态的，难以描述，因此在贸易材料中没有记录。人们的印象是床用锦缎风格相对统一，且可能愈加同一化。

花纹锦缎

正如下文将更深入讨论的那样，我们并不清楚花纹锦缎指代的是什么丝织品。我们只知道这是斯堪的纳维亚公司最常见的进口丝织品之一，瑞典东印度公司定期进口数千匹。瑞典最大的一宗锦缎是由"卡尔马尔"号（Cakmare）运到哥德堡的，于1748年出售，这宗丝织品共有4310匹，平均每匹售价54.69银元。每匹都是"常规宽度"，长16.31米。[①] 这是瑞典花纹锦缎的标准尺寸。[②] 1755年，丹麦的广州商馆收到了一宗最大的花纹锦缎，包含500匹长16.04米、宽71厘米的锦缎，每匹重1.662千克，价值10.2两白银。1755年，丹麦的广州商馆也收到了另外三宗较小的锦缎，里面分别有240匹、150匹和9匹锦缎，货品规格几乎相同，只是其中有150匹的这宗锦缎重量稍轻，每匹仅19克且每匹便宜2钱白银。[③] 到达哥本哈根后，这三宗不同的货包被集中在一起，按10匹一组放在同一货类下出售，每组包含不同的颜色。在目录中，所有的399匹锦缎都被描述为长度26英寸到26.5英寸，宽度则被标为常规宽度。[④] 丹麦的目录中没有说明哪匹锦缎稍轻一些，锦缎由三个不同的中国商人提供也并非事实。[⑤] 就像茶叶贸易的情况一样，对于批发贸易的人来说，深入了解不同货物和拍卖批次的质量必然是一个很大的优势。在哥德堡，当地的商人抱怨说，瑞典东印度公司的董事们知道哪一批丝织品中有最吸引人的东西，他们甚至在拍卖之前就会确定自己能得到这些货物。[⑥]

莉安娜·李-惠特曼（Leanne Lee-Whitman）认为，花纹锦缎一词可以

① Lot. 1/884-143/1026, Försäljningskatalog Vol. 10, 1748, KA, RAS.

② See for example Lot. 1/3276-92/3367, Försäljningskatalog Vol. 10, 1748, KA, RAS.

③ Kasse-og hovedboger fra kinaskibene 2209b, pp. 62-64, DAC, RAC.

④ Lot. 61-149, pp. Kkk2-Lll2, No. 95, Auction protocol 22 Sep. 1756, Vol. 232, Den Esmarckske arkivaflevering, 1727-1757, A. G. Moltkes protocol, solgte ladninger i Asiatiske Kompagni, DCK, RAC.

⑤ Kasse-og hovedboger fra kinaskibene 2209b, pp. 32-35, DAC, RAC.

⑥ Thomas Magnusson, "···till rikets oboteliga skada och deras winning···": konflikten om Ostindiska kompaniet 1730-1747 (Göteborg: Historiska institutionen, Göteborgs universitet, 2008), pp. 129-130.

指一种彩绘或印花缎面的丝织品，因为其重量和尺寸与英国东印度公司进口的丝织品非常相似。根据这一假设，"花纹"（Poisee）是该货品名称的重要组成部分，可能指有花朵装饰的丝织品。"Poisee" 是小花束或花束（Posy or Nosegay）的古英文单词。[1] 如果我们考虑到锦缎和绸缎在瑞典是丝织品的通称，这种解释就是有理有据的。[2] 一些丹麦亚洲公司的早期贸易清单将花纹锦缎作为"普通锦缎"的同义词使用，这的确表明丹麦广泛存在类似的术语。[3] 一名乘石勒苏益格号商船于 1739 年初离开哥本哈根的商船商务总管，曾收到令其购买"花纹绸缎"和"花纹家具"锦缎的指示。这表明"Poisee"一词在与中国贸易中被广泛用于描述样式。[4]

更普遍的情况是，丝绸可能采用缎纹编织并带有花饰。值得注意的是，丹麦人和瑞典人也用"花束"或"花朵"等词来描述他们交易的丝绸上的纹样，不过更多是在交易更高级的丝绸时。[5] 然而，斯堪的纳维亚的大量花纹锦缎贸易鲜少提及花卉，遑论图案设计了。在这方面，丹麦亚洲公司和瑞典东印度公司不同于英国东印度公司，后者的订货清单中有许多具体的要求。英国东印度公司从亚洲订购大量纺织品具有悠久的历史和完善的例行程序，或许这是造成差异的原因。更重要的是，英国的订单清晰地表明，花纹锦缎面料可以广泛地用作不同样式纺织品的标签。除了"素色"的，它们还可以是多色彩的、有纹样的、有花卉的、有条纹的和有花

---

① Lee-Whitman，"The Silk Trade," pp. 31-32.

② Marie Ulväng，*Klädekonomi och klädkultur: böndernas kläder i Härjedalen under 1800 - talet*（Möklinta：Gidlund，2012），p. 99. See also Lili-Annè Aldman，*En merkantilistisk början: Stockholms textila import 1720-1738*（Uppsala：Acta Universitatis Upsaliensis，2008），pp. 206-207. 奥尔特曼发现"东印度"锦缎是用亚麻、羊毛和丝绸制成的。在瑞典东印度公司和丹麦亚洲公司的中国贸易中，作者没有发现丝绸以外的其他材质的锦缎。还要注意的是，"锦缎"有时也被用作花纹锦缎的简称。1747 年的销售目录（Försäljningskatalog Vol. 8，KA，RAS）在拍品描述中列出了 2869 匹锦缎，但没有花纹锦缎。然而，在目录开头的摘要中却列出了 2400 匹花纹锦缎。在这种情况下，作者选择将 2869 匹锦缎归类为"其他锦缎"（参见附录 2）。（译者注）

③ Kasse-og hovedboger fra kinaskibene 2193，p. 38，DAC，RAC.

④ §17（Instructions），signed 3 Jan. 1739，in K. E. bog Vol. 184，DAC，RAC. See also "Poisee Sattiner" Lot. 51/1241-54/1244，Försäljningskatalog Vol. 10，1749，KA，RAS.

⑤ §16（Instructions），signed 20 Dec. 1754，K. E. bog Vol. 187，DAC，RAC；Kasse-og hovedboger fra kinaskibene 2209b，p. 61，DAC，RAC；Lot. 56/792 - 58/793，Försäljningskatalog Vol. 9，1748，KA，RAS.

纹的，甚至还有十分少见的彩绘的。① 多种样式似乎是普遍的，因此它们总是没有非常有效的方法来区分纺织品。值得注意的是，花纹锦缎通常没有刺绣。正如我们将在下文详细讨论的那样，刺绣往往会显著提高布匹的价格。

　　花纹锦缎色彩斑斓，12 种或更多颜色的组合是标准配置。虽然有一些瑞典东印度公司售出条纹和彩色旧货的案例，但是从 1743 年起，双色产品由于不允许进入瑞典市场而不得不转口。② 在 1743 年之后，甚至在 1743 年之前，瑞典贸易普遍偏爱单底色的花纹锦缎。丹麦的贸易也是如此，尽管也有例外。丹麦的材料可以给我们提供更多关于纹样的线索。1754 年，丹麦的商船商务总管被要求购买"目前流行的小纹样"的花纹锦缎，以及双条纹的同类产品，条纹大约有一只手宽。下一销售季，哥本哈根想要三条纹的花纹锦缎。③ 在其他时候，比如 1755 年，丹麦人订购了大量丝绸，同时等待时机，以期望武夷茶的价格可以回落。他们似乎已经有了一些选择，其中包括花纹锦缎。④ 同样的事情发生在 1756 年，丹麦的商船商务总管下了一大批丝绸的订单，其中包括一批花纹锦缎，他们声称选择了"最好、最新流行"的带纹样的锦缎。⑤

　　很难说从谁的角度来看这些图案是"新"的。丹麦的资料中没有提到源自广州的新趋势。资料中很少提及时尚，更不用说新的纹样。中国出口丝绸上的纹样似乎反映了欧洲时尚的变化。在这方面，作为欧洲市场上的丝绸的货源地，广州的地位与那些主要复制巴黎和伦敦的设计而非自己创作新纹样的欧洲制造商相似。为丹麦亚洲公司挑选丝绸货物纹样的商船商务总管正想要这种纹样。换言之，"新"很可能意味着与去年的纹样不同，但与欧洲时尚界的丝绸相比并不新颖。纹样也是定制的。荷兰人在 18 世纪 60 年代的淡季订购丝织品时，甚至要求在签订合同前将他们心仪的纹

---

① A summary of these orders, made between 1707 and 1750, can be found under "China", http://www2. warwick. ac. uk/fac/arts/history/ghcc/eac/databases/english/.

② Lot. 157-158, under the heading "Exportations Wahren", in Försäljningskatalog Vol. 3, 1742, KA, RAS. Lot. 499/2824-504/2829, Försäljningskatalog Vol. 4, 1742, KA, RAS.

③ §16（Instructions）, signed 11 Jan. 1754, Neg. prot. Vol. 1134, AKA, RAC；§16（Instructions）, signed 20 Dec. 1754, Copibog Vol. 187, AKA, RAC.

④ 18-19 Aug. 1755, Neg. prot. Vol. 1135, DAC, RAC.

⑤ 24 Sep. 1756, Neg. prot. Vol. 1136, DAC, RAC.

样织成样品。^① 然而，没有任何迹象表明是广州丝绸设计师引领了欧洲时尚的发展，至少在 18 世纪中叶不是这样的。因为欧洲时尚之轮旋转得很快，且一支欧洲远航队要花费 18 个月才回到中国，所以这一现象并不令人惊奇。

综上所述，没有确切的证据可以解释什么是花纹锦缎。文献中普遍缺少关于其纹样设计的资料，这表明花纹锦缎的织物上可能点缀着一些纹样，以编织或其他方式织造。这些纹样可能具有标准化和细致的特征。它们也可能是复制欧洲的纹样。严格来说，设计说明或纹样编号不是必要的，因为哥德堡和哥本哈根的卖家可以在拍卖前检查货物。虽然这是一种错觉，但是这给人们留下的印象是，花纹锦缎货物是标准化的，而且这些纺织品的交易量很大，鲜少用昂贵的刺绣加以装饰。在 1737 年的一份王室指令的摘要中，"制衣锦缎"被当作"花纹锦缎"的同义词。^② 这表明床用锦缎主要用于家具、床帷、墙壁和室内装饰，花纹锦缎主要用于服装，花纹锦缎货物上各种各样的颜色也支持了这一假设。对于花纹锦缎而言，颜色甚至可能比纹样更重要。

缎子

许多博物馆收藏了用印花和彩绘的中国缎子织成的礼服，这也是莉安娜·李-惠特曼认为花纹锦缎可能是指缎丝织品的原因之一，特别是由于英国东印度公司只进口了一种平纹缎。^③ 斯堪的纳维亚进口的缎子也很少。丹麦最大的一宗缎子可追溯至 1739 年，当时丹麦亚洲公司在广州的商船商务总管收到了 120 匹不同颜色的缎子，长 16.04 米，每匹重 1.587 千克，售价为 7.4 两白银。另外，同样尺寸的还有 3 匹单独列出的深红色缎子，每匹售价 8.6 两白银，这表明颜色组合不同，价格也不同。^④ 1755 年，丹麦亚洲公司进口了另外一宗缎子，其长度相同，宽度是 71 厘米，但重量轻得多（1.139 千克）。^⑤

---

① *The Canton-Macao Dagregisters 1763*, translation and annotations by Paul A. Van Dyke, revisions by Cynthia Viallé（Macao: Instituto Cultural do Governo da R. A. E. de Macau, 2008), p. 37.

② §30（Instructions）, signed 9 Jan. 1737, Neg. prot. Vol. 1117, DAC, RAC.

③ Lee-Whitman, "The Silk Trade," pp. 31-32.

④ Kasse-og hovedboger fra kinaskibene 2193, p. 38, DAC, RAC.

⑤ Kasse-og hovedboger fra kinaskibene 2209b, p. 69, DAC, RAC.

在瑞典东印度公司成立的第一个十年里，大量缎子被运抵哥德堡。
1736 年，公司拍卖了 703 匹长 16.46 米的缎子，每匹价格为 45 银元至
46.16 银元。自那以后，瑞典缎子的进口量下降。18 世纪 50 年代初，瑞典
进口的缎子再度大规模增加，进口的尺寸发生新的变化，与之前相比，用
途也可能有所不同。1752 年，一批标有"衬缎"（Lining Satin）字样的短
缎开始出售，它们的长度为 6.52 米至 7.86 米，每匹售价为 12.1 银元至
15.8 银元。有些是素色的，有些装饰着花朵图案。① 随后几年，在售货物
内容摘要中有的缎子织物在目录中被列为"北京缎"（Pelings）。"Pelings"
可能是"Peeling"或"Peelon"一词的变体，其所指的是一种缎面织物。②
最大的一宗有 1356 匹，包含 10 种颜色和一些花朵图案。每匹售价为 6.1
银元至 6.15 银元，也就是说，比其他更长的布匹便宜得多。③ 然而，进口
缎子的长度和价格也各不相同，1757 年进口的第二大宗缎子有 873 匹普通
的"Pelings"，长度几乎是前面最大一宗缎子的两倍，达到 12.60 米。④

丹麦人也进口"Peeling"，他们有的称之为"Pillangs"。1755 年，他
们买了 250 匹"Peeling"，长 7.66 米，宽 36 厘米，每匹价值 1.55 两白银，
这一价格比目录中其他布匹便宜得多。⑤ 不管"Peeling"是锦缎还是织缎，
从它们的价格看，可能是用于制作衬里，或许是用于制作花纹锦缎衣服。
另外，我们偶尔会发现刺绣缎子的价格非常高。1742 年，在一份瑞典的销
售目录中，在"11 pc. 刺绣品"（Embroidery）的类目下（第 11 匹刺绣；
11 st. Broderien），有 5 匹花纹缎子被列入。每匹缎子长 16.16 米，平均售
价 240 银元。⑥ 1736 年，一份瑞典的销售目录中列入了 11 匹刺绣缎子和 1
匹光亮绸⑦，每匹平均价格为 267 银元，但在这一份目录中并没有明确注

---

① Lot. 173/1513-195/1535, Försäljningskatalog Vol. 13, 1752, KA, RAS. There are also occasional references to taffeta for lining（"Foder-Tafter"）; see for example Lot. 164/3150, Försäljningskatalog Vol. 10, 1749, KA, RAS.

② Valerie Cumming, C. W. Cunnington, and P. E. Cunnington, ed., *The Dictionary of Fashion History*（Oxford: Berg, 2010）, p. 263. Compare however with Aldman, *En merkantilistisk*, p. 220.

③ Lot. 124/2574-169/2116, Försäljningskatalog Vol. 19, 1757, KA, RAS.

④ Lot. 95/2545-123/2573, Försäljningskatalog Vol. 19, 1757, KA, RAS.

⑤ Kasse-og hovedboger fra kinaskibene 2209b, p. 75, DAC, RAC.

⑥ Lot. 274/2595-275/2600, Försäljningskatalog Vol. 4, 1742, KA, RAS.

⑦ 光亮绸通常用于形容高质量的丝绸，特别是那些具有光泽和光滑表面的丝绸。它可以用于描述服装、窗帘、床单、枕头等物品所使用的丝绸。（译者注）

明尺寸。① 说波莱特·玛丽亚·哈布的婚纱是由这种小规模的独家缎制成的，也不是不可能。

总结而言，对这些缎子货物有一种说法是，它尺寸小且种类繁多。在早期与中国的贸易中，较长和较宽的缎子相对较为常见，其在重量和长度上与花纹锦缎没有太大区别。到这一时期末期，大多数被描述为缎子的纺织品体积小、价格便宜，可能主要用于制作衬里。莉安娜·李－惠特曼认为，大量现存的中国缎纹丝绸礼服是以"花纹锦缎"的名义运抵欧洲的，这一观点从整体上得到了印证。与这些相对标准化的商品不同的是一些非常昂贵的刺绣缎子。

塔夫绸与北京绸

花纹锦缎不是唯一用于制作衣服的织物。塔夫绸通常被认为是一种简单的平纹丝织品。东印度公司的档案强调了光滑度或光泽对这类丝织品的重要性，其订购了一些不同纹样的货物，其中一些是编织的，另一些是彩绘或者印染的。莉安娜·李－惠特曼在她对英国东印度公司与中国贸易的研究中，列出了几件用中国塔夫绸制成的裙装。②

斯堪的纳维亚的情况是瑞典东印度公司进口大量的塔夫绸，而丹麦亚洲公司主要进口一种类似于塔夫绸的丝织品——北京绸。③ 早期瑞典贸易的例子可以说明这两者是如何交错的。1733 年，瑞典东印度公司推出 812 匹称作"塔夫绸与北京绸"（Tafften oder Pequins）的绸子。产品描述中说这些绸子属于"常规宽度"，长 13.94 米，以 30 匹为一组出售，每匹售价为 25.4 银元至 31 银元。④ 1733 年后，"北京绸"一词几乎从瑞典的销售目录中消失了。然而，大量的塔夫绸交易仍在继续进行，特别是在 18 世纪 50 年代之前。最大的一宗货物出售于 1745 年，售出的塔夫绸达到 2950 匹，每匹平均价格为 38.24 银元至 40 银元。塔夫绸每匹长 13.94 米，宽度

---

① Lot. A-M（no. J），Försäljningskatalog Vol. 2，1736，KA，RAS.

② Lee-Whitman，"The silk trade，" pp. 33-37. 塔夫绸有时也可用作墙纸，例如在 1759 年，有 4 匹"用于墙纸"的彩绘和裁剪塔夫绸被出售（Lot. 5/2220，Försäljningskatalog Vol. 21，1759，KA，RAS）。

③ *The Dictionary of Fashion History*，p. 263.

④ Lot. 103-130，Försäljningskatalog Vol. 1，1733，KA，RAS. See also Lot. 30-41 in the hand-written section of the same catalogue，which refers to "338 Taften oder Pequins".

则为"常规宽度"，以 50 匹为一组出售。销售目录中没有提到纹样，但颜色的分类丰富，列出的颜色达到 14 种，但按组销售的丝绸中有 1/3 是黑色的塔夫绸。①

丹麦的情况几乎全然相反，仅在 1739 年、1753 年、1754 年和 1757 年这四年时间里，丹麦亚洲公司订购并收到了一宗他们在广州标为塔夫绸的丝织品。在其他年份，他们只买进了他们称为"北京绸"（Penquin）的绸子。然而，丹麦塔夫绸和北京绸的尺寸非常相似。例如，1745 年丹麦亚洲公司购买的 707 匹北京绸，长度均为 13.54 米，重量为 1.020 千克至 1.058 千克，与 1739 年的塔夫绸相同，而该年没有购买北京绸。最重要的是，丹麦亚洲公司的大量北京绸和塔夫绸的宽度相同，都是 78 厘米，这也是英国塔夫绸的标准宽度。② 根据莉安娜·李-惠特曼的说法，英国东印度公司购买的货物中只有塔夫绸是这种宽度。③

最能体现塔夫绸和北京绸为同类，甚至是相同商品的证据，是它们有着相似的价格。1739 年，丹麦人为每匹北京绸支付 4.8 两白银，1745 年为 5 两白银至 5.6 两白银，而 1739 年丹麦王室所用的塔夫绸的价格为每匹 6.5 两白银至 7.5 两白银。丹麦东印度公司的货物一般是无装饰的纺织品，

---

① Lot. 266/1729-330/1793，Försäljningskatalog Vol. 7，1745，KA，RAS. 1742 年出售的第二大批塔夫绸共 1896 匹，其尺寸、颜色分类都与前者相似（Lot. 204/2528-241/2566，Försäljningskatalog Vol. 4，1742，KA，RAS），在后者的销售目录描述中也提到了丝线数；在这种情况下，塔夫绸有 6 根线。在列出塔夫绸的帖子中经常提到丝线数，丝线数的不同确实对价格有影响。根据销售目录，1736 年，有 8 根线的塔夫绸的售价比有 6 根线的高出 10%，尽管在其他方面都是一样的（compare Lot. 144-148 with Lot. 149-153 in Försäljningskatalog Vol. 3，1736，KA，RAS）。

② Compare Kasse-og hovedboger fra kinaskibene 2193，pp. 38，40，with（General reigning）Kasse-og hovedboger fra kinaskibene 2196，p. 6，DAC，RAC. 直到 17 世纪 50 年代末，13.54 米乘 78 厘米的塔夫绸和北京绸在丹麦贸易中仍然很常见，但也有更长和更宽的塔夫绸和北京绸。例如，在 1755 年丹麦亚洲公司购买的一大批北京绸中，有 550 匹长 16.04 米、宽 71 厘米、重 1.058 千克，与 1757 年购买的 100 匹窄塔夫绸的尺寸和重量相同，参见 Kasse-og hovedboger fra kinaskibene 2209b，p. 70，and Kasse-og hovedboger fra kinaskibene 2210，p. 68，DAC，RAC；Kasse-og hovedboger fra kinaskibene 2209b，p. 70，and Kasse-og hovedboger fra kinaskibene 2210，p. 68，DAC，RAC。

③ 有关英国东印度公司塔夫绸货物的信息，请参阅 Lee-Whitman，"The Silk Trade,"pp. 34-35. 还要注意的是，荷兰丝织工模仿中国丝织品的宽度，当这些丝绸出口到国外时，法国海关认为它们是非法的中国货，参见 Sjoukje Colenbrander，*Zolang de weefkunst bloeit: zijdeweverijen in Amsterdam en Haarlem, 1585-1750*，Academisch proefschrift（Amsterstam：Gw：Instituut voor Cultuur en Geschiedenis，2010），pp. 163-173。

而后一宗货物包括彩绘绸缎。[1] 通过对整个时期的研究，我们可以发现素色北京绸与彩绘的、条纹状的北京绸之间存在类似的价格差异。装饰方式的差异似乎是北京绸与塔夫绸之间最明显的区别，大约 1/4 的北京绸是彩绘的，不到 1/10 的是有条纹的，其余的是普通的。相比之下，丹麦亚洲公司的所有塔夫绸都是有条纹的，除了 1754 年购买的一箱 17 匹带有刺绣的货物。[2] 关于塔夫绸和北京绸如何装饰得更精确的信息基本缺失。瑞典的目录提供了一些线索。1749 年，在 100 匹被出售的彩绘塔夫绸中，一些白色的塔夫绸被说成是用"水墨画"装饰的，而另一些则是使用"彩绘"装饰的。[3] 1742 年，有装饰着"风景纹样"和"花朵纹样"的塔夫绸在市场上开售，其底色各异（白色、水仙黄色、天蓝色和稻草色）。[4]

综上所述，虽然一些塔夫绸和北京绸点缀着纹样，但大多数是单色的。像花纹锦缎这样运抵斯堪的纳维亚半岛的货物有各种各样的颜色，这凸显了颜色的多样性与衣用纺织品之间的联系。除了宽度和长度不同，塔夫绸和北京绸与花纹锦缎的区别在于价格，它们都是比花纹锦缎更便宜的纺织品。

光亮绸、棱纹花绸、高哥纶

虽然花纹锦缎和床用锦缎通常比在广州和哥德堡交易的塔夫绸和北京绸贵，但它们在大宗进口绸缎中并不是最昂贵的。光亮绸指"轻纱绸"（Light Crisp Silk），它是 18 世纪欧洲丝绸礼服的标准材料，也用于制作旗帜。英国生产的一些最时髦的丝绸会被当作光亮绸出售。这个名字源于经纱的"上光工艺"（Process of Lustriating），在织造之前经纱（warp）会被涂层、加热和拉伸。成品织物也可能以类似的方式进行处理。[5] 丹麦亚洲

---

① Compare Kasse-og hovedboger fra kinaskibene 2193, pp. 38, 40, with (General reigning) Kasse-og hovedboger fra kinaskibene 2196, p. 6, DAC, RAC. For the EIC imported taffeta cargo see Lee-Whitman, "The Silk Trade," pp. 34-35.

② Kasse-og hovedboger fra kinaskibene 2209a, p. 80, DAC, RAC.

③ Lot. 28/3574-30/3576, Försäljningskatalog Vol. 10, 1749, KA, RAS.

④ Lot. 254/2579-263/3588, Försäljningskatalog Vol. 4, 1742, KA, RAS.

⑤ Rothstein, *Silk Designs*, p. 291; Kristina Söderpalm, "Auktionen på den första lasten från Kina," in *Ostindiska Compagniet: affärer och föremål*, 2nd ed. (Göteborg: Göteborgs stadsmuseum, 2003), pp. 88-105.

公司购买的最昂贵的纺织品是光亮绸。1755 年，这家公司以每匹 17 两白银的价格购买了 20 匹"用于衣服面料"的彩绘光亮绸。它们长 15.68 米，宽 71 厘米。最大的一宗货物中有 250 匹纯色光亮绸，尺寸为 16.40 米乘 71厘米，其中的颜色有 11 种，每匹售价为 9.3 两白银。而 1755 年带有刺绣的光亮绸，同一尺寸有两种设计，每匹售价为 12.7 两白银。[①]

　　瑞典贸易中只是偶尔出现光亮绸。比如 1736 年哥德堡以 121 银元至122 银元的价格售出 49 匹长 23.13 米的光亮绸。[②] 带刺绣的光亮绸售价更高。1733 年，一宗带有白色刺绣的白色光亮绸售价达到 241 银元，但目录中没有提供这些绸缎的详细尺寸。[③] 也许刺绣从根本上改变了纺织品的价值，以至于尺寸在某种程度上变为次要因素。

　　棱纹花绸是一种缎面织物，上有"精巧的横纹"，有时售价极高。[④] 丹麦交易的棱纹花绸的标准长度为 22.10 米，尽管有的绸缎例外（长度为16.04 米），棱纹花绸的标准宽度为 53 厘米和 57 厘米。[⑤] 很多批次的棱纹花绸有各种各样的颜色，有些还有刺绣，价格因装饰差异而不同。1757年，有丹麦人以 17.2 两白银的价格买了 50 匹标准尺寸带刺绣的棱纹花绸，花费了 13.2 两买素色棱纹花绸。[⑥] 1748 年，瑞典东印度公司在哥德堡出售了 750 匹棱纹花绸，这是最大的一宗棱纹花绸货物。它们比标准的丹麦货物短得多，长度只有 16.31 米，宽度比丹麦货物标准尺寸宽一点，每匹平均售价为 60.55 银元。[⑦] 然而，1745 年出售的另一大宗瑞典货物与丹麦货物的长度相似，尺寸为 23.13 米乘 59 厘米，售价为每匹 69.24 银元至

①　Kasse-og hovedboger fra kinaskibene 2209b, pp. 66, 67. 69, DAC, RAC.

②　Lot. 236-240, Försäljningskatalog Vol. 2, 1736, KA, RAS. 塔夫绸和光亮绸偶尔会被当作相同或近乎相同的商品展示。1754 年，哥德堡出售的 50 匹丝绸被称为"塔夫绸或光亮绸"（Lot. 143/1572-144/1574, Försäljningskatalog Vol. 15, 1754, KA, RAS）。后面的丝绸被列为塔夫绸。

③　Lot. 20, Försäljningskatalog Vol. 1, 1733, KA, RAS.

④　Lee-Whitman, "The Silk Trade," p. 30.

⑤　价格较高的那批商品重量相对要多 8%，这可能是刺绣工艺的原因，但也可能是因为线数较多——12 根线，而价格较低的那批只有 10 根线。参见（General reigning）Kasse-og hovedboger fra kinaskibene 2195, p. 5, DAC, RAC；Kasse-og hovedboger fra kinaskibene 2210, p. 67, DAC, RAC。有一件 71 厘米宽的棱纹花绸被列出，参见 Kasse-og hovedboger fra kinaskibene 2208, p. 39, DAC, RAC。

⑥　Kasse-og hovedboger fra kinaskibene 2210, p. 67, DAC, RAC.

⑦　Lot. 170/1053-207/1090, Försäljningskatalog Vol. 10, 1748, KA, RAS.

75.21 银元。颜色种类有限，每宗 30 匹中有一半以上是黑色的，根据莉安娜·李-惠特曼的说法，黑色是英国东印度公司棱纹花绸货物的标准颜色。[1] 单匹装饰华丽的棱纹花绸也可以卖到很高的价格。1733 年，科林·坎贝尔以 260 银元的价格买到了 1 匹带有白色刺绣的白色棱纹花绸，这是当年在哥德堡出售的价格最高的 1 匹纺织品。[2] 我们发现 1742 年 6 匹有装饰的棱纹花绸，平均售价为 290 银元。这一次，单匹的尺寸被规定在 18.53 米和 18.98 米。[3] 就像上文讨论的刺绣绸缎和光亮绸一样，刺绣点缀显然会使商品的价格上涨几百倍。

高哥纶源自纺织品名词"Grogram"，由粗丝衍生而来，在亚洲，这种粗丝有时与其他纤维（如羊毛）混在一起。何西阿·巴卢·莫尔斯（Hosea Ballou Morse），一位 20 世纪早期的英国东印度公司编年史家，将其描述为"结实的绳状丝绸材料，没有什么光泽，是更耐用的丝织品之一"。[4] 丹麦人进口了少量的高哥纶。1739 年最大一宗高哥纶货物包含了 140 匹不同颜色的高哥纶，每匹长 16.04 米，售价 6.5 两白银。同年，一小宗高哥纶货物包含了 40 匹尺寸相同的高哥纶，但都是深红色的，每匹售价 8.6 两白银。[5] 有关资料中没有显示宽度的具体数据，但 1745 年有丹麦人购买了 100 匹相同长度的高哥纶，具体宽度为 71 厘米。[6] 高哥纶在瑞典东印度公司更受欢迎，第一次远航时进口的最大一宗高哥纶货物有 1195 匹，每匹长 16.60 米，颜色有七八种，每匹售价为 34.16 银元至 42 银元。[7] 之后瑞典进口的高哥纶有更长的，比如 23.42 米；还有更短的，比如 13.79 米；也有不同的宽度，比如 59 厘米和 79 厘米。[8]

光亮绸和棱纹花绸的相关个案尤其凸显了从中国进口的丝绸的多样性，这些刺绣品在广州和斯堪的纳维亚都能卖出最高价。加工这些绸缎的工艺费钱，因此价格也更高。就最昂贵的绸缎而言，纺织品的尺寸似乎不

---

① Lot. 197/1660–215/1678, Försäljningskatalog Vol. 7, 1745, KA, RAS.

② Lot. 24, Försäljningskatalog Vol. 1, 1733, KA, RAS.

③ Lot. 270/2595–275/2600, Försäljningskatalog Vol. 4, 1742, KA, RAS.

④ Morse quoted in Lee-Whitman, "The Silk Trade," p. 28.

⑤ Kasse-og hovedboger fra kinaskibene 2193, p. 38, DAC, RAC.

⑥ （General reigning）Kasse-og hovedboger fra kinaskibene 2195, p. 5, DAC, RAC.

⑦ Lot. 44–87, Försäljningskatalog Vol. 1, 1733, KA, RAS.

⑧ Lot. 104/2121–116/2133, Försälningskatalog Vol. 13, 1752, KA, RAS.

再重要，好的成品本身就是广告。

多样化的货物、利润和价格概述

如前文所述，斯堪的纳维亚丝绸货物是一个有点问题的标签，因为所涉及的货物多种多样。不过，值得强调的是，这种多样性得到了从业者的认可。丹麦亚洲公司与十三行的商人签订的合同，明确规定了丝绸的宽度、长度、重量和颜色搭配，分包的制造商似乎在很大程度上满足了这些要求。斯堪的纳维亚贸易的组织方式表明，大宗货物包装的是规格统一的同类货物，1748 年在哥德堡出售的 4310 匹花纹锦缎就是如此。这些丝绸因为尺寸相同，所以在销售目录中被列在同一子目录之下。根据我们从丹麦材料中了解到的情况，很可能有多个不同的中国丝绸制造商和交易商向瑞典人运送货物。如果中国商人的不同产品不符合大致统一的标准，那么这些货物被出售后，4310 匹货物就不可能被列在同一子目录下。

丹麦王室的订单也说明了中国丝绸被视为标准化商品的程度。例如，国王克里斯蒂安六世（King Christian VI，1699-1746）收到几套来自中国的独家瓷器，还有一些用玫瑰木制成的家具，上面有漆和珍珠母装饰。这些订单由个别商船商务总管完成，他们私人单独向国王收款。[1] 这样的方式常见于中国贸易，商船商务总管常在贸易中为私人客户提供更为特别的货物。[2] 然而，丹麦亚洲公司的工作人员共同代表王室购买这两类商品。这家公司几乎每年都采购一些茶叶品种运回国内，从最便宜的武夷茶到最贵的熙春茶，还有一些不常采购但更重要的货物，即大量丝绸。每年王室订购的丝绸货物通常包含大约 30 匹床用锦缎、100 匹花纹锦缎，以及 60匹各种颜色的北京绸。丹麦亚洲公司的账簿表明，1734 年至 1760 年，王室收到 3458 匹床用锦缎、花纹锦缎和北京绸，这里不包括其他不定期运送

---

① Clemmensen and Kina Mackeprang, pp. 129, 136-137, 142, 144.

② Meike von Bresicus, "Worlds Apart? Merchant, Mariners, and the Organization of the Private Trade in Chinese Export Wares in Eighteenth-Century Europe," in *Goods from the East, 1600-1800: Trading Eurasia*, ed. by Maxine Berg (Basingstoke and New York: Palgrave Macmillan, 2015), pp. 168-182.

的丝绸。① 鉴于丹麦王室可以选择通过商船商务总管私下订购这种丝绸，我们可以假定他们通过公司渠道收到的丝绸符合要求。换句话说，中国丝绸的交易方式表明，它们符合要求，而且除了刺绣品之外，它们是类型相当统一的商品，具有标准化的特征。

如果斯堪的纳维亚人能够收到符合他们特定要求的货物，那么为什么会出现如此大的差异呢？尽管进展缓慢，近代早期的长途贸易仍推动了贸易的标准化，因为它有助于降低风险和成本。标准化意味着买家可以更容易地获得他们知道有市场的商品，包装和运输也变得更便宜。② 如果不研究中国出口丝绸的生产情况，就很难对前文列举的变化及其原因得出结论。一种可能是，他们对广州的贸易组织方式进行了反思。如下所述，斯堪的纳维亚公司有时会提前很长时间向中国商人订货，有时从"货架上"购买中国丝绸制造商生产的现成产品。据推测，其他欧洲公司也会考虑到这一点。换句话说，运回欧洲的货物在尺寸上的差异可能反映了中国丝绸在欧洲市场的多样性。在瑞典的案例中，前文列出的一些丝绸商品是用公司职员的私人账户购买的，这也可以解释这些商品的差异。

对斯堪的纳维亚公司进口的丝绸进行量化的任何有意义的尝试，当然都会受到各种宽度、长度、重量和价格的影响。图 3.1 是根据附录 2 中列出的两家斯堪的纳维亚公司交易的数量绘制的。短件商品，尤其是"北京缎"（Peeling）以及丝绸绢帕和丝绸服装也被排除在外。③ 大件商品严格遵循了前述的长度、宽度和重量标准。由于我们没有斯堪的纳维亚贸易的完整记录（尽管下面会详细介绍），图 3.1 中所示匹数的参考价值有限。然而，图 3.1 能相对准确地反映 18 世纪中叶斯堪的纳维亚丝绸货物的总体构成，即斯堪的纳维亚公司交易的不同类型丝绸的比重。

---

① Kasse-og hovedboger fra kinaskibene 2190, 2192–2195, 2197–2211, 2213–2214, 2216, DAC, RAC. On the Swedish royal silk cargo see Söderpalm, "Svenska Ost-Indiska Compagni-etoch den kinesiska vågen," pp. 275–277.

② Nuala Zahedieh, *The Capital and the Colonies: London and the Atlantic Economy, 1660–1700* (New York: Cambridge University Press, 2010), pp. 177, 277.

③ 请注意，所有被称为"绸缎"的货物都被包括在内，尽管这有时指的是较短和较便宜的单匹货物，类似于 Pelongs；相关例子请参见 Lot. 190/1530–194/1534, Försäljningskatalog Vol. 13, 1753, KA, RAS 所列的绸缎货物。另一种不包括在内的货物是被称为"Gazes"的纺织品（参见 Lot. 594, handwritten section of Försäljningskatalog Vol. 1, 1733, KA, RAS）。

因此，我们可以得出结论，斯堪的纳维亚进口商品的 1/2 多一点，即 56% 的斯堪的纳维亚进口商品由两类丝绸组成，这两类丝绸都主要用于服装。1/5 多一点是相对便宜的塔夫绸或印花布，另外是价格稍高的花纹锦缎。

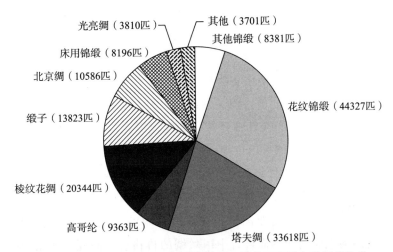

光亮绸（3810匹）　　　　其他（3701匹）
　　　　　　　　　　　　其他锦缎（8381匹）
床用锦缎（8196匹）
北京绸（10586匹）
　　　　　　　　　　　　　　花纹锦缎（44327匹）
缎子（13823匹）

棱纹花绸（20344匹）

高哥纶（9363匹）
　　　　　　　塔夫绸（33618匹）

图 3.1　1733—1759 年斯堪的纳维亚公司与中国贸易中的丝绸种类
图片来源：附录 2。

这些丝绸的标准宽度为 71 厘米至 78 厘米，总体长度足以制作 306251 条短裙（每条短裙需要长 4 米的布料），或者制作两倍数量的长马甲（Waist-coat）（每条马甲耗布 2 米），这两者是 18 世纪早期的典型服装。[1]

一些丝绸类型比较统一，床用锦缎的差异似乎很小。纹样种类的减少甚至表明，这种类型的丝绸随着时间的推移变得更加单一。其他类型的丝绸则有更多样的变化，尤其是在颜色组合方面，货物中的花纹锦缎、塔夫绸和北京绸多样性引人注目。它们通常有十多种颜色。换言之，斯堪的纳维亚公司运回国的丝绸注定要做成五颜六色的衣服。从价格上看，不同种类的丝绸之间存在巨大的差异，从廉价的"衬里缎"到昂贵的光亮绸、棱纹花绸与绸缎，价格相差数千倍。然而，保存至今的中国丝绸，比如波莱特·玛丽亚·哈布的刺绣婚纱，只是丝绸货物的少数。相反，北欧进口的"大众轻奢品"——以单色为主，带有不连续的编织或彩绘纹样——是用广州本地的廉价生丝制成的，占了斯堪的纳维亚货物的绝大部分。

---

[1]　具体数据见附录 2。这一计算基于塔夫绸的平均尺寸为 12 米乘 78 厘米，而花纹锦缎的平均尺寸为 16 米乘 71 厘米。感谢 Annika Windahl-Ponten 为我提供了所需布料的估算数据。

关于瑞典人在广州购买丝绸的价格和丹麦人在哥本哈根购买丝绸的价格的信息寥寥，很难精确计算丹麦亚洲公司和瑞典东印度公司在丝绸贸易中的利润率。如果我们将丹麦对丝绸的收购价与瑞典的销售价结合起来看，或许可以进行粗略的估算。丹麦人于 1753 年在广州购买的 250 匹花纹锦缎和 1754 年在哥德堡出售的 327 匹花纹锦缎，是两宗可供比较的丝绸货物，可以作为一个例子。这些丝绸的长度（16.04 米和 16.31 米）和宽度（71 厘米）都差不多。这两宗货物都有 6 种至 12 种颜色的丝绸。丹麦人在广州以每匹 9.2 两白银的价格购买丝绸。以科宁克斯主张的每两白银等于4.5（最少）瑞典银元的换算率计算，这匹丝绸在广州的价格相当于 36.8 瑞典银元。[①] 次年在哥德堡出售同样的丝绸平均每匹售价为 91.8 银元，利润率为 150%。[②] 虽然这样算没有扣除运输和交易的成本，但这一年的利润水平显然高于荷兰东印度公司平均 7.5% 的丝绸货物利润率。[③]

虽然中国丝绸对丹麦亚洲公司和瑞典东印度公司来说利润极其可观，但对斯堪的纳维亚消费者而言，中国丝绸的价格有多高呢？根据哥德堡的丝绸批发价，不把邮费和税额计算在内，我们可以计算出，在 1754 年的瑞典，一个非专业技工需要工作四个半月的时间，才能挣到足以购买一匹标准尺寸的花纹锦缎的钱，工作两周多一点才足以挣够一件马甲的材料费。[④]

然而，值得指出的是，1754 年哥德堡的丝绸价格异常高。六年前，同样尺寸的花纹锦缎的平均价格是每匹 54.69 银元，相当于一个非专业技工两个月零三周的工资。[⑤] 这可能是因为瑞典即将对所有中国丝绸颁布进口禁令，所以这表明我们上述 150% 左右利润水平的判定也许不是普遍情况，具有特殊性。

以 1754 年为例计算的利润率在多大程度上准确反映了斯堪的纳维亚丝绸的情况，或许不那么重要。更重要的是，丝绸贸易是有利可图的，甚至

---

① 原文数据如此。（译者注）

② 原文数据如此。（译者注）

③ Kasse-og hovedboger fra kinaskibene 2208, p. 39; 21 Aug. 1753, Neg. prot. Vol. 1132, DAC, RAC; Lot. 1/1713-17/1729, Försäljningskatalog Vol. 15, 1754, KA, RAS. Currency conversion rates from Koninckx, *The First*, p. 442.

④ Johan Söderberg, "Daily Wages of Unskilled Labourers 1540-1850," internet resource, http://www.riksbank.se/sv/Riksbanken/Forskning/Historisk-monetarstatistik/Loner/Dagsloner-for-hant-langare-i-Stockholm-15011850/2007.

⑤ Lot. 1/884-143/1026, Försäljningskatalog Vol. 10, 1748, KA, RAS; Söderberg, "Daily".

是利润极其可观的，而且所交易的商品是斯堪的纳维亚广大消费者在经济上可以承受的。自然，这就提出了我们将在下一节讨论的问题：丹麦亚洲公司和瑞典东印度公司进口的中国丝绸在斯堪的纳维亚的消费情况是怎样的？

第三节　斯堪的纳维亚市场的异常与分化

虽然丝绸产品的多样性很容易被任何旨在量化的表格或图表掩盖，但对丝绸匹数的统计不仅可以帮助我们看到不同面料的进口比重，还能让我们比较丹麦和瑞典的贸易，研究丝绸贸易随着时间的推移是如何变化的。附录2中汇总的更完整的资料表明，1733年至1759年，丹麦在广州总共购买了约27000匹丝绸，这一数字只包括较大的丝绸产品，如前文讨论的那些类型，不包括北京缎之类的产品，王室订单和私人贸易的商品也未包括在内，关于后者，丹麦亚洲公司的账簿上几乎没有什么信息可循。然而其他信息资料确实表明，商船商务总管的伴手货规模可能相当大。例如，英国东印度公司的代理人和驻阿姆斯特丹的商业银行家乔治-克利福德父子，与欧洲东印度公司有广泛的联系。据估计，他们1747年运抵欧洲的丹麦伴手货有12000匹，是同年丹麦亚洲公司货物量的两倍多。[1] 其他的记载就不那么具体了：1737年的一份丹麦资料列出了许多箱的丝绸，这些丝绸是分别由船长和商船货物经管员在广州购买的。[2] 从这个角度来看，人称"中国商人"的林特鲁普于1742年8月在哥本哈根出售了120匹花纹锦缎、58匹高哥纶和120匹北京绸就显得微不足道了。不过，他经营的茶叶和瓷器贸易规模比较大。[3]

瑞典东印度公司的资料相较于丹麦亚洲公司的更为零散。然而，不完整的销售记录的数据显示，1733年至1759年的瑞典丝绸进口量超过129000匹。与丹麦相同，较小的布匹和衣服，比如手帕或长袜被排除在

---

① Clifford & Sons to C. Irvine, 30/9/1747, IC, JFB Library, MUL.

② See for example 26 Dec. 1737, 3, 8, 10 Dec. 1738, Neg. prot. Vol. 1117, DAC, RAC.

③ "Special Beregning of Forkearing" dated 1 Dec. 1742, in Brevkopiebog 1738-1743, 1746, 1751, 1753-1758, Christen Jensen Lindencrone arkiv, RAC.

外。不过，瑞典的数据包括私人交易的丝绸。销售目录上的清单往往令人难以将公司货物与私人货物区分开。克里斯蒂娜·索德帕尔姆计算出，在1733 年的拍卖会上，私人贸易纺织品的销售额为 132026 银元，相当于该公司纺织品贸易收入的约 40%，尽管两种情况下的数据都包括长袜、手帕和一些非丝绸的销售收入。[①] 1749 年颁布了禁止私人贸易的禁令；此前的数据表明，商船商务总管伴手货贸易的价值占了瑞典东印度公司进口货物价值的 21.5%—42.2%。[②] 当然，并非全部的伴手货都是丝绸织品，就像林特鲁普的伴手货一样，茶叶和瓷器也是经常私下交易的商品。

除了突出丹麦和瑞典丝绸贸易规模之间的差异外，附录 2 中的数据（这些数据构成图 3.2 的基础）还表明了斯堪的纳维亚从中国进口的丝绸的变化程度。每年运抵斯堪的纳维亚的中国丝绸规模并不均衡。

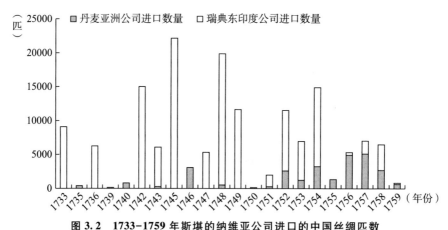

图 3.2　1733-1759 年斯堪的纳维亚公司进口的中国丝绸匹数

图片来源：附录 2。

斯堪的纳维亚丝绸货物规模的变化比茶叶贸易的变化要大得多（见图3.2）。

我们在上一章中了解到，广州市场竞争激烈，这可以解释其中的一些不正常现象，来自欧洲的船只数量决定了货物的价格和购买数量。当商船商务总管抵达中国时，他们的首要任务是购买数量最多的武夷茶。武夷茶

---

① Söderpalm, "Auction," p. 100. The company goods brought in 320189 silver dollars.

② Koninckx, *The First*, p. 326. Note however there were still silk pacotille goods being put up for sale in 1756, albeit in small quantities; see Lot. 26/2049-29/2052, Fösäljningskatalog Vol. 18, 1756, KA, RAS.

的价格可以决定用于购买其他商品剩余资金的多少。瓷器贸易，作为货物中第二重要的组成部分，相对来说没有问题。在广州，通常有大量的杯子、盘子等餐具等待着商船商务总管，这些货物一经购买，就会被包装和装船，充当货船底部的保护层。①

相较而言，商船商务总管如果想囤积特定尺寸、颜色和纹样的丝绸，则需提前订购。收到订单的中国商人将其转发给地方制造商。一匹丝绸要经过许多人之手，才能送达欧洲的大货仓。织工负责制作设计简单的丝绸，画家和刺绣工进行更精细的装饰。② 与茶叶货物的情况一致，丹麦的商船商务总管被要求谨慎地签约和选择丝绸，因为低质量的货物可能会破坏公司在欧洲的声誉。③

根据丹麦的协议判断，直到 18 世纪 50 年代，丝绸的缺乏或它们的价格，鲜少阻碍丹麦在广州的丝绸贸易。④ 阻碍其的反而是购买武夷茶后剩余资金的多寡。⑤ 另一个影响因素是收到商船商务总管订购的丝绸所需的时间。⑥ 80 天至 90 天是标准的合同与交货之间的规定时间。根据丹麦船只抵达的早晚，这一时间可延长或缩短。有些丝绸货物是从现有库存中购买的，交货期只有 10 天或 20 天。⑦ 时间少意味着无法满足哥本哈根的设计要求。⑧ 商船商务总管通常要自己决定是提前订购货物，还是稍作等待购买现成的货物。无论哪种情况，丹麦亚洲公司都要求他们注意质量和尺寸，尽管在购买现成的货物时，选择余地更小。⑨

---

① 有些年份，丹麦的商船商务总管一直在努力购买带有"新"图案的瓷器。相关例子参见 14 Sep. 1752, Neg. prot. Vol. 1130, DAC, RAC。

② Van Dyke, "Weaver".

③ § 18：2 (Instructions), signed 28 Dec. 1735, Neg. prot. Vol. 1116, DAC, RAC.

④ 不同季节的价格变化是有迹可循的，相关例子参见 11 Jan. 1738, Neg. prot. Vol. 117, DAC RAC。

⑤ § 28 (Instructions), signed 9 Jan. 1737, Neg. prot. Vol. 1117, DAC, RAC; § 17 (Instructions), signed 30 Dec. 1741, Neg. prot. Vol. 1121; 28 Aug. 1751, Neg. prot. Vol. 1129, DAC, RAC.

⑥ 18 Oct. 1740, Neg. prot. Vol. 1119, DAC, RAC.

⑦ 28 Aug. 1737, Neg. prot. Vol. 1117, DAC, RAC; 27 Aug. 1751, Neg. prot. Vol. 1129, DAC, RAC; 28 Jul. 1752, Neg. prot. Vol. 1130, DAC, RAC; 27 Nov. 1753, Neg. prot. Vol. 1132, DAC. RAC. See also Van Dyke, "Weaver," p. 111 for contracts and delivery times.

⑧ 29 Oct. 1754, Neg. prot. Vol. 1134, DAC, RAC.

⑨ 16 Nov. 1751, Neg. prot. Vol. 1129, DAC, RAC; § 18.2 (Instructions), signed 7 Dec. 1748, Neg. prot. Vol. 1127, DAC, RAC.

丝绸货物通常是在最后才装到船上，延误的可能性让丹麦的商船商务总管忧心忡忡。[1] 迟返欧洲代价高昂，在最糟糕的情况下，航船会错过有利的季风，不得不再等待一年才能返航。

如果丝绸订单不大，延误的风险不大；然而，大量的订单一定会改变游戏规则。1757 年运达哥本哈根的最大宗的一个丹麦丝绸货包里有 5000 匹丝绸。丹麦亚洲公司为此耗费近 53000 两，占 1756 年广州货物贸易总额的 32%。只有茶叶货物花费比丝绸高，为 94000 两，约占贸易总额的 55%，而瓷器占 7%，这与 18 世纪荷兰从广州运走的瓷器货物贸易额在贸易总额中平均占 6% 的比重相似。[2] 很难找到瑞典的相关数据，但我们知道在 1742 年，瑞典的瓷器贸易额占了其与广州贸易总额的 9%。而丝绸和茶叶分别占 21% 和 60%。[3]

换言之，装载货物的物流情况有助于解释瓷器在贸易总额中所占份额的稳定性。丝绸的体积要小得多，因此丝绸货物的规模并不取决于可装载货物空间的大小。正如保罗·范岱克所言，虽然丝绸贸易在贸易中所占比重不小，但其数量少的特点可以解释为什么从事欧亚海上贸易的人对其关注相对较少。[4]

总而言之，丝绸贸易似乎没有像茶叶贸易那样产生那么多的冲突，可能是因为竞争不那么激烈，至少对丹麦的商船商务总管来说是这样，他们代表丹麦亚洲公司购买的丝绸数量相对不多。不过，也有例外。1751 年 11 月，丹麦的商船商务总管记录了几次交错货物的情况。他们订购的绸缎缺少深红色、蓝色和黑色的。此外，一些棱纹花绸也不合格。这些问题让丹麦人改变了贸易策略。与其在短期合同上订购更多的丝绸，冒着收到更多次品的风险，不如选择在最后一刻购买茶叶。[5] 更多关于质量的投诉出现在 1755 年，这一年丹麦亚洲公司也购买了大量丝绸。[6] 到 18 世纪 50 年代

---

① 16 Sep. 1753, Neg. prot. Vol. 1132, DAC, RAC.

② Jörg, "Chinese," p. 12.

③ 贸易总额为 1064494 银元，其中 218270 银元为丝绸，640165 银元为茶叶，100786 银元为瓷器。参见 Sven T. Kjellberg, *Svenska ostindiska compagnierna 1731–1813: kryddor, te, porslin, siden* (Malmö: Allhem, 1975), p. 64。

④ Van Dyke, "Weaver," p. 109.

⑤ 21 Nov. 1751, Neg. prot. Vol. 1129, DAC, RAC. See also 19 Dec. 1753, Neg. prot. Vol. 1132, DAC, RAC.

⑥ 20, 21, 23, 24 Dec. 1755, Neg. prot. Vol. 1135, DAC, RAC.

中期，丹麦的商船商务总管也抱怨丝绸的价格普遍上涨，但这无济于事，因为丝绸价格在 18 世纪下半叶就已经上涨了。[①] 价格变动也更早一些。在 1744 年一份罕见的、发自广州的瑞典报告中，查尔斯·欧文向其商业伙伴说："据我了解，今年的丝绸价格比以往任何时候都要高。"[②]

然而，除了 18 世纪 50 年代丝绸价格的上涨，斯堪的纳维亚丝绸贸易的主要推动力似乎也来自欧洲市场的变化。当然，斯堪的纳维亚的茶叶贸易也是如此，1784 年的《减税法案》大幅降低了英国的税收，从而打击了几乎只销售中国商品，尤其是茶叶的瑞典东印度公司。凭借多元化的贸易，丹麦亚洲公司存活了下来，直到欧洲革命战争造成了更多的阻碍。决定斯堪的纳维亚丝绸贸易态势的环境变化发生得更早。此外，这些变化都导致了截然不同的结果，至于不同之处在哪里，取决于我们所关注的是丹麦还是瑞典的贸易。

1754 年，瑞典在国内全面禁止消费中国丝绸。这是其第二次尝试禁止中国丝绸进入国内市场，第一次是在 1745 年到 1747 年。1754 年立法的影响在图 3.2 中清晰可见：1733 年至 1759 年，瑞典东印度公司进口丝绸总量的 95%，即 122681 匹，在 1755 年之前运抵哥德堡。丹麦遵循相反的发展模式，1753 年的一项王室法令宣布，只有丹麦亚洲公司进口的丝绸才能进入丹麦市场。[③] 这至少在一定程度上可以解释丹麦贸易增长的原因。1733 年至 1759 年，在丹麦亚洲公司进口的货物中，已知有 71%，即 19071 匹是在 1753 年及以后运达的。1753 年的决议是第二个关于丹麦亚洲公司进口丝绸的决议。1736 年，丹麦颁布了为期两年的禁令，禁止所有浮花织

---

① 15 Aug. 1755, Neg. prot. Vol. 1135, DAC, RAC；23 Sep. 1756, Neg. prot. Vol. 1136, DAC, RAC；Van Dyke, "Weaver," pp. 107-108.

② C. Irvine to T. Wilkieson, 31/12/1744, C. Irvine's Letter Book December 1744 to 13 January 1748, IC, JFB Library, MUL.

③ Jacob Henric Schou, *Chronologisk register over de kongelige forordninger og aabne breve, som fra aar 1670 af ere udkomne, tillige med et nøiagtigt udtagaf de endnu gieldene, for saavidt amme i almindelighet angaae undersaatterne i Danmark og Norge*, Vol. Ⅳ〔Copenhagen：Sebastian Popp, 1795〕, p. 310. See also Tove Engelhardt Mathiassen, "Tekstil-import til Danmark cirka 1750- 1850," Den gamle By, *Danmarks Købstadsmuseum*（1996）, pp. 80 - 104, and "Luxurious Textiles in Danish Christening Garments：Fashionable Encounters across Social and Geographical Borders," in *Fashionable Encounters：Perspectives and Trends in Textile and Dress in the Early Modern Nordic World*, eds. by Tove Engelhardt Mathiassen and others（Oxford：Oxbow Books, 2014）, pp. 183-200.

锦、多色丝绸或带花丝绸的进口，但丹麦亚洲公司自身从中国带来的商品
除外。①

瑞典贸易的急剧萎缩可能促进了丹麦在广州的贸易。在 1756 年的谈判
协议中，丹麦的商船商务总管认为瑞典东印度公司当年不会购买丝绸。由
于这一年几乎没有法国的竞争，可能也没有普鲁士的竞争，他们推测若丹
麦商船购买大量丝绸返回欧洲或可畅销，尽管当时广州市场丝绸价格居高
不下。② 由于没有哥本哈根公开销售的价格数据，我们无法判断丹麦的丝
绸价格是否因为来自哥德堡的供应长期枯竭而上涨。1756 年，瑞典人确实
在广州购买了丝绸，尽管数量与 18 世纪 40 年代的交易量不同。也就是说，
我们难以确定丹麦亚洲公司和瑞典东印度公司同为斯堪的纳维亚市场供应
货物达到了什么程度。换言之，我们很难确定走私者在其中的角色。同样
值得注意的是，丹麦亚洲公司在 1753 年之前也进口了大量丝绸，特别是在
1746 年，反之亦然，瑞典东印度公司在 1754 年之后继续进口丝绸。至少在
官方层面上，货物需要进口后转口的前景并未对所有的贸易形成阻碍。就后
一种情况而言，值得注意的是，18 世纪 50 年代后期的七年战争影响了广州
贸易态势。广州可用信贷的增加可能是斯堪的纳维亚丝绸贸易增长的原因。

斯堪的纳维亚丝绸贸易的变化趋势为了解丝绸在哪里被消费提供了重
要线索。根据格拉曼的计算，1734 年至 1752 年，丹麦亚洲公司进口的中
国货物总值的 33% 是在丹麦国内消费的。1753 年至 1770 年，这一数字降
至 19%。③ 至于东印度公司从瑞典再出口的商品价值，我们只了解 1756 年
以后的情况。当时，占总价 10% 或更少的货物留在了瑞典，其余的则转口
到其他国家。④ 由于瑞典在 1756 年之前就禁止过消费中国丝绸，现有的统
计数据无法告诉我们 1754 年以前瑞典东印度公司进口的丝绸在瑞典被消费
的情况。

---

① Chronologisk Schou, Vol. Ⅳ, p. 259. This also explains why the Danish supercargoes were instructed to make sure wrought silk bought by the DAC was stamped in Canton with their company mark. On the use of stamps provided by the DACs, see for example § 29 (Instructions), signed 28 Dec. 1735, Neg. prot. Vol. 1116, DAC, RAC.

② 23 Sep. 1756, Neg. prot. Vol. 1136, DAC, RAC.

③ Kristof Glamann, "The Danish Asiatic Company, 1732-1772," *Scandinavian Economic History Review* 8. 2 (1960): 109-149.

④ Leos Müller, "The Swedish East India Trade and International Markets: Re-exports of Teas, 1731-1813," *Scandinavian Economic History Review* 51. 3 (2003): 28-44.

至少，有一些零散的数据可以帮助我们部分重建第一个特许状时期瑞典东印度公司若干年份的进口/国内消费与再出口之间的关系。根据凯尔伯格的记录，1744 年瑞典东印度公司公开出售瑞典女王号（Drottningen af Swerige）上的货物，其总价为 2228710 银元。① 据报道，同年，瑞典东印度公司有价值 1663787 银元的货物再出口，这表明 564023 银元的货物，相当于占总价 1/4 的货物，留在了瑞典。② 然而，由于从公开销售结束到再出口日期之间可能会有延迟，我们需要谨慎看待这种计算方法。此外，这种计算方法也无法告诉我们有多少丝绸留在瑞典。我们对到达瑞典的第一批丝绸货物的情况有了一些了解。根据凯尔伯格的摘录，克里斯蒂娜·索德帕姆计算得出，1733 年进口的所有丝绸中有 75% 留在了瑞典。③ 由于瑞典国王腓特烈号（Fredericus Rex Sueciae）的货物是第一批到达瑞典的，我们可以推断瑞典国内对船上的货物非常感兴趣。不过，即使商品比较新颖，也可能意味着当年这些货物在瑞典国内被消费的比重比之后的高，这些数据确实表明瑞典市场能够消费大量的丝绸。

从 1742 年起，我们可以在瑞典销售目录中追溯到法规对国内彩色丝绸消费的影响。这些丝绸货物被列在两个不同的子目录下，一个是瑞典允许消费的丝绸，另一个是必须再转口的货物。在后一子目录下，我们发现了条纹的布匹或双色的丝绸。虽然后一种货物表明瑞典东印度公司进口的丝绸在瑞典以外也有市场，但值得注意的是，被再出口的丝绸所占的比重从来就不高。

查尔斯·欧文是哥德堡东印度货物的商船商务总管和批发商，他的信件表明，中国丝绸在瑞典有相当大的市场。欧文与瑞典东印度公司持续进行进口丝绸的贸易表明，除瑞典以外，丝绸仍有市场，特别是在荷兰。④

① Sven T. Kjellberg, *Svenska ostindiska compagnierna 1731 - 1813: kryddor, te, porslin, siden* (Malmö: Allhem, 1975), p. 66.

② Johan Fredrik Nyström, *De svenska ostindiska kompanierna: historisk-statistisk framställningg* (Göteborg: D. F. Bonniers boktryckeri, 1883).

③ Söderpalm, "Auktionen," p. 100.

④ See Charles Irvine's correspondence with George Clifford & Sons; Jean Cossart & Isaac Bouwer; Thomas Wilkieson; Pye & Cruikshank, George Ouchterlony, and Edmond Roth. On the European market for silk and European silk smuggling see William Farrell, *Silk and Globalisation in Eighteenth-Century London: Commodities, People and Connections c. 1720 - 1800* (unpublished doctoral thesis, University of London, BirkbeckCollege, 2014), pp. 147-194.

然而，欧文的信件也证实，其中大部分是运往国内市场的。尤其能说明这一情况的是欧文在 1747 年 9 月初写的一封信。欧文当时结束了最后一次广东航行，在途经多佛尔（Dover）时，他向他的一位主要联络商，阿姆斯特丹的克利福德父子公司发了一封信。欧文当时显然还不知晓，1745 年瑞典国内消费中国丝绸的禁令已于三周前解除。他预计这批瑞典东印度公司的丝绸货物最终会被转运到国外，于是他告知克利福德父子公司的商船弗雷登号（Freden）运回的是什么货物。他还就如何将丝绸按批次进行分类征求其意见，表示会以适合荷兰批发商的方式来考虑分类方式。欧文也提出了一些关于质量的问题。除这些问题外，他还想了解关于买主对棱纹花绸上凸纹构造的消费偏好，问道："你们的买主喜欢大凸纹还是小凸纹的棱纹花绸呢？"① 到达哥德堡后，欧文意识到自己的错误，迅速给丝绸贸易联系人回信说："销售将在 40 天内开始，因为所有的丝绸都被允许进入瑞典，所以对外国人来说价格太高了。"② 对此，克利福德父子公司表示同意："我们认为，人们在哥德堡拍卖会上通常会被迷惑。因为不管是出于嫉妒，还是出于交易的决心，无论如何，对于国外市场来说，销售价格通常都太高了。"克利福德父子公司回复说，而今年的情况可能有所不同，因为"你们的船运来的丝绸数量，以及另一艘船上预计运来的丝绸数量，相对瑞典人的消费量而言，实在是太多了"。如果有好的贸易机会，他们鼓励欧文投资荷兰市场的丝绸，包括在荷兰"最受推崇"的"大批"棱纹花绸。③ 而欧文没有采取任何行动，克利福德父子公司在 1747 年 11 月 25 日的一封信中对此表示遗憾："遗憾的是，你没有决心做点什么，因为适当分类的效果应该会很好。"④

---

① C. Irvine to Clifford & Sons, 1（?）/9/1747（off Dover），C. Irvine's Letter Book December 1744 to 13 January 1748, IC, JFB Library, MUL. 原文如此。（译者注）

② C. Irvine to Cossart & Bouwer, 9/9/1747, C. Irvine's Letter Book December 1744 to 13 January 1748, IC, JFB Library, MUL. See also Irvine to Pye & Cruikshank, 9/9/1747 and C. Irvine to Clifford & Sons 9/9/1747, C. Irvine's Letter Book December 1744 to 13 January 1748, IC, JFB Library, MUL.

③ C. Irvine to Cossart & Bouwer, 9/9/1747, C. Irvine's Letter Book December 1744 to 13 January 1748, IC, JFB Library, MUL. See also Irvine to Pye & Cruikshank, 9/9/1747 and C. Irvine to Clifford & Sons 9/9/1747, C. Irvine's Letter Book December 1744 to 13 January 1748, IC, JFB Library, MUL.

④ Clifford & Sons to C. Irvine, 25/11/1747, IC, JFB Library, MUL.

克利福德父子公司与欧文之间的交易表明，就像茶叶一样，欧洲丝绸的市场是多样的。然而，虽然瑞典人拒绝中国茶，但通信表明他们对中国丝绸有着强烈的渴望。只有当进口丝绸的数量足够庞大时，它们才会溢出瑞典边境。值得注意的是，瑞典市场能够消费多少丝绸。将伦敦对中国丝绸的订单进行比较，最能说明瑞典进口的规模：1733 年至 1753 年欧洲共订购了 193000 匹当季的丝绸。① 同一时期，有超过 111000 匹丝绸运抵瑞典，占了英国东印度公司订单的 57%。荷兰东印度公司的数据显示，1733 年至 1759 年，约有 139000 万匹丝绸在荷兰出售。② 同期，有 129000 匹丝绸运抵哥德堡，仅比荷兰少 10000 匹。虽然瑞典丝绸货物中包括私人交易的货物，将荷兰东印度公司与英国东印度公司的数字进行比较时会出现偏差，但我们仍然可以得出结论：瑞典的中国丝绸市场规模很大。

值得注意的是，瑞典丝绸进口量最大的时期，正是广州生丝和丝绸价格相对低廉的时期。18 世纪下半叶，丝绸价格上涨。③ 18 世纪 50 年代中期瑞典进口丝绸数量的下降，不仅反映了进口禁令的影响，也可能预示了这些长期变化的最初迹象。就丹麦而言，中国丝绸在丹麦市场上的特殊地位抵消了其在广州的高价。不过，丹麦和瑞典进口丝绸之间的差异的确显著。丹麦亚洲公司进口量较小的一个合理解释是，丹麦消费者已经可以买到更多种类的纺织品，不仅包括棉布，还包括来自印度的丝绸。④ 另一种可能是，丹麦市场的供应来自商船商务总管大规模的丝绸伴手货贸易。私人的丝绸货物贸易对商船商务总管而言肯定方便，他们往往可以动用大量资金，只不过私人船只空间有限。瑞典东印度公司几乎只与中国进行贸易，瑞典的人口也多于丹麦。1770 年，包括芬兰在内的瑞典疆域内的人口约为 300 万人。到 19 世纪初有可靠人口普查数据时，丹麦、挪威和石勒苏益格-荷尔斯泰因的人口仍然只有 220 万人。⑤

---

① 这个数字不包括手帕和 Nankeens，因为手帕和 Nankeens 既可以指棉织品，也可以指丝织品。1707 年至 1750 年的英国东印度公司订单的摘要可在 "China" 页面下找到，http://www2. warwick. ac. uk/fac/arts/history/ghcc/eac/databases/english/。

② Jörg, "Chinese," p. 19.

③ Van Dyke, "Weaver," p. 108.

④ 感谢 Vibe Maria Martens 提出建议。

⑤ Jens Rahbek Rasmussen, "The Danish Monarchy as a Composite State," in *European Identities, Cultural Diversity and Integration in Europe since 1700*, ed. by Nils Arne Sørensen (Odense: Odense University Press, 1995), pp. 23-36.

换言之，丹麦和瑞典不同的进口政策、无从知晓的伴手货贸易规模以及国内市场规模方面的差异，可能是丹麦与瑞典进口中国丝绸之间存在不同的原因。最重要的是，尽管如此，图 3.2 所示的趋势仍（瑞典东印度公司进口量下降，丹麦亚洲公司进口量上升）表明，丹麦亚洲公司与瑞典东印度公司进口的大量中国丝绸在斯堪的纳维亚半岛被消费，可能尤其是在瑞典。商人们的信件证实了这一点，至少对瑞典来说是如此。有鉴于此，现在是我们转而关注北欧对中国丝绸接受和消费情况的时候了。

第四节　有争议的大众轻奢品

前文引用的克利福德父子公司写给欧文的信表明，瑞典市场对来自中国的丝绸织品着迷，至少在一定程度上，瑞典的价格使丝绸织品向荷兰的再出口无利可图。遗憾的是，很少有资料可以帮助我们追溯运抵哥本哈根和斯德哥尔摩的丝绸织品的去向。其中一个例外是围绕瑞典东印度公司及最初几十年贸易法规的争论。通过仔细研究斯堪的纳维亚有关奢侈品消费的立法，以及这些法规实施过程中的一些轶事证据，我们可以概括出中国丝绸进入北欧的一些方式并解释其过程。

"自由时代"①（Age of Liberty），即 1719 年至 1772 年，与瑞典出现了新的、相当大的言论自由有关。专制主义的终结和大北方战争见证了新的政治、经济。在瑞典开始支持国内纺织业的同时，主要是受英国走私茶叶市场繁荣的推动，中国和瑞典之间也开始了直接贸易。瑞典实行典型的重商主义政策，目的在于用国内生产的纺织品取代国外进口，从而促进贸易的良性平衡。通过向制造商提供廉价贷款、支持采购和垄断以及提供特权，国家鼓励生产毛纺织品、亚麻纺织品、棉纺织品和丝绸纺织品。从改革前几年的生丝进口量来看，瑞典的丝绸制造业已经跌入低谷。到 18 世纪中

---

① 1719 年到 1772 年被称作瑞典的"自由时代"，其间瑞典国会的权力扩大，国会中两个派系"礼帽党"（Hattarna）和"便帽党"（Mössorna）主宰瑞典政治，使瑞典的外交政策摇摆不定。（译者注）

叶，丝绸制造业急剧扩张，尤其是在斯德哥尔摩。① 瑞典丝织厂此时雇了
790 名员工，拥有 183 台织机，其中大部分位于首都。②

瑞典政府决定给予瑞典东印度公司与亚洲贸易的垄断权，以及在瑞典
市场上销售亚洲商品（尤其是纺织品）的专营权，由此引发了一场激烈的
时代辩论。托马斯·马格努森（Thomas Magnusson）最近对这场辩论进行
了分析。这在近代早期政治经济学的框架内，代表了几种不同的观点。到
18 世纪 50 年代中期，支持瑞典纺织业的人取得了胜利，前文讨论中国丝
绸进口禁令时说明了这一点。结合对中国丝绸的描述，以及这些丝绸与瑞
典和欧洲制造的同类产品的区别，了解导致这一变化的争论不仅可以帮助
我们了解对从中国进口的政治反应，还可以说明人们是如何从更广的角度
看待这一变化的。

讨论的结果是认为中国丝绸大多质量低劣，更重要的是价格低。③ 虽
然这一观点被广泛接受，但反对者对其影响持不同意见。瑞典东印度公司
的反对者认为，中国丝绸的廉价造成浪费，因为它鼓励人们，尤其是女
性，更频繁地更换服装。瑞典东印度公司的捍卫者认为，该公司交易的丝
绸填补了瑞典制造商无法填补的国内市场的空白。④ 卡尔·卡莱森（Carl
Carleson）认为，瑞典的丝绸市场是分裂的。平民购买廉价的中国丝绸，
而富人则购买瑞典制造的丝绸。⑤ 此外，卡莱森声称，进口的法国生产的
丝绸而非中国生产的丝绸，对瑞典制造商构成了真正的威胁，但对于购买
亚洲商品的"普通和不太富裕的人"来说，这并不重要。⑥ 持这种观点的
并非只有卡莱森一人，在回答瑞典城市马尔默市（Malmö）商业委员会的

① Lars Magnusson, "Merkantilismens teori och praktik：utrikeshandel och manufakturpolitik i sitt idéhistoriska sammanhang," in *Till salu: Stockholms textila handel och manufaktur 1722 – 1846*, ed. by Klas Nyberg（Stockholm：Stads-och kommunhistoriska institutet, 2010）, pp. 27 – 45; Klas Nyberg, "Stockholms handlande borgerskap och manufakturister," in *Till salu: Stockholms textila handel och manufaktur 1722 – 1846*, ed. by Klas Nyberg（Stockholm：Stads-och kommun-historiska institutet, 2010）, pp. 47 – 62; Aldman, *En merkantilistisk*, pp. 284 – 286.

② F. Hechscher Eli, "De svenska manufakturerena under 1700 – talet," *Ekonomisk Tidskrift* 39（1937）：152 – 221.

③ Magnusson, "…till rikets," pp. 75, 113, 120.

④ Magnusson, "…till rikets," pp. 71, 113.

⑤ Magnusson, "…till rikets," pp. 69, 119.

⑥ Magnusson, "…till rikets," pp. 74, 119.

一份问卷时，该市官员认为，中国商品不再被视作"奢侈品"。[1]

丹麦政府和瑞典政府一样，在 18 世纪初大力支持国内丝绸制造业；到 18 世纪中叶，共有 463 名工人操作 124 台丹麦织机。[2] 然而，审查制度阻碍了对丹麦亚洲公司的地位和权利的讨论。到 18 世纪中叶，审查制度开始自由化，允许发行有关政治经济学的出版物。1757 年，《丹麦和挪威经济杂志》（*Denmark's and Norway's Economic Magazine*）创刊。[3] 第一位编辑是政治经济学家、神学家和哥本哈根大学副校长埃里克·庞托皮迪安（Erik Pontoppidian，1698-1764）。庞托皮迪安公开质疑国内丝绸制造业的前景，强调进口中国丝绸的优势。1759 年，庞托皮迪安在写到丹麦亚洲公司每年运回国内的"大量"丝绸时，不仅强调其"韧度和声誉"略显薄弱，还强调其价格"略低"这一事实。[4]

换言之，斯堪的纳维亚似乎就中国丝绸的地位达成了共识，认为其非常符合大众奢侈品的特征，虽然有些人对中国丝绸引起的消费主义风潮心有不满，但他们都认为中国丝绸价格低廉，有些人甚至认为其对于精英阶层之外的人而言不再是奢侈品。人们还根据国内市场的分化和欧洲丝绸产品的质量来理解和评价中国丝绸，认为中国丝绸轻薄、不耐用。[5] 然而，

---

[1] Magnusson，"…till rikets，" p. 133.

[2] J. B. Bro. Jørgensen， *Industriens historie i Danmark. 2, Tiden 1730-1820*（Copenhagen：Selskabet for udgivelse af kilder til dansk historie，1975），pp. 115，185-186；Becker-Christensen，Henrik. *Dansk toldhistorie. 2, Protektionisme og reformer: 1660-1814*（Copenhagen：Toldhistorisk selskab，1988），pp. 337-448.

[3] Jørgensen， *Industriens*，pp. 160-120；Niels Kærgård，Bo Sandelin and Arild Sæther，"Scandinavia，Economics，" in *The New Palgrave Dictionary of Economics*，eds. by Steven N. Durlauf and Lawrence E. Blume（The New Palgrave Dictionary of Economics Online：Palgrave Macmillan，2008）. http：//www. dictionaryofeconomics. com/article？id=pde2008_S000520>doi：10. 1057/9780230226203. 1479.

[4] Erik Pontoppidan， *Oeconomiske balance eller uforgribelige overslag paa Dannemarks naturlige og borgerlige formue til at giöre sine inbyggere lyksalige, saavidt som de selb ville skiönne derpaa og benytte sig deraff*（Copenhagen：printed by Andreas Hartwig Godiche，1759），p. 267.

[5] 查尔斯·欧文的书信对瑞典丝绸市场的细分进行了反思，这种反思的意识形态色彩较淡。1754 年，阿伯克龙比就中国丝绸即将被禁一事写道："我很遗憾有如此多的人反对中国丝绸。我敢说，任何在国内生产的丝绸都是昂贵的，因为大量的法国丝绸会被走私进来，它们不可能由自己的工厂供应，或者说，自从我离开这个国家以来，它们一定得到了真正的改进。"（A. Abercromby to C. Irvine，8/3/1754，IC，JFB Library，MUL）。研究近代早期纺织品的历史学家在其他地方也发现了瑞典市场上的法国丝绸以及丹麦和挪威市场上的英国丝绸，参见 Rothstein， *Silk Designs*，p. 24 and Anne Kjellberg，"English 18th-century Silks in Norway，" in *18th-century Silks: The Industries of England and Northern Europe*，ed. by Regula Schorta（Riggisberg：Abegg-Stiftung Riggisberg，2000），pp. 135-145。

当那些反对瑞典东印度公司进口的人将国内丝绸制造业的产品和中国丝绸相提并论时，前者似乎让后者合法化了。

瑞典在支持国内丝绸制造业的同时，也放宽了对丝绸穿着的规定。1736年，一项新法令规定，除最低级的女仆外，所有社会阶层的妇女穿着各种国产丝绸纺织品都合法。地位较低的妇女只允许戴丝绸帽子和披丝绸披肩。① 在连续颁布的法令中，时而增加、时而取消了一些许可与限制。例如，1746年年轻妇女和13岁以下儿童被禁止穿戴丝绸织品。②

瑞典法令中没有提到任何瑞典东印度公司进口的丝绸织品的例外情况。事实上，任何不了解1755年前瑞典东印度公司在瑞典市场上拥有销售中国丝绸的权利的人，很容易误以为在瑞典国内禁止使用所有中国丝绸。然而，从实施禁令的证据来看，中国丝绸不仅被当局接受，还广泛流通。一个特别能说明问题的例子是与18世纪40年代赫尔辛基遵守服装法有关的文件。使用由丝绸和其他材料制成的衣服受限制，丝绸和其他材料制成的衣服需要经过地方当局的检查、登记和盖章。这些文件包含私人财产和商店存货中大量的"东印度"锦缎织品，提供了约300人（约占赫尔辛基人口的20%）的衣橱剪影。③ 然而，来自中国（或许还有印度）的彩

---

① "Den 28. Sept. Angående inrikes tillwärkade siden-warors friare bruk，än de förre förordningar mot yppighet innehålla，"（from 28/9/1736）in *Utdrag utur alle ifrån 1729. års slut utkomne publique handlingar, placater, förordningar, resolutioner ock publicationer som riksens styrsel samt inwärtes hushållning och författningar i gemen, jämwäl ock Stockholms stad i synnerhet, angå med nödige citationer af alle paralel-stellen, som utwisa hwad ändringar tid efter annan i ett eller annat mål kunnat wara giorde. Hwarförutan de uti desse handlingar åberopade äldre acters innehåll korteligen anföres, så ofta nödigt warit. Följande efterst wid hwar del ett fullkomligt orda-register öfwer des innehåll D. 2, Til år 1740*（Stockholm：printed by Lorentz Ludewig Grefings，1746），pp. 1302–1303.

② "Förnyad förordning emot en och annan yppighet，"（from 20/1/1746）in *Utdrag utur alle ifrån 1729. års slut utkomne publique handlingar, placater, förordningar, resolutioner ock publicationer som riksens styrsel samt inwärtes hushållning och författningar i gemen, jämwäl ock Stockholms stad i synnerhet, angå med nödige citationer af alle paralel-stellen, som utwisa hwad ändringar tid efter annan i ett eller annat mål kunnat wara giorde. Hwarförutan de uti desse handlingar åberopade äldre acters innehåll korteligen anföres, så ofta nödigt warit. Följande efterst wid hwar del ett fullkomligt orda-register öfwer des innehåll D. 3, Til 1747 års slut*（Stockholm：printed by Lorentz Ludewig Grefings，1749），pp. 2274–2282.

③ Bo Lönnqvist，"Siden，sammet，trasa，lump ⋯ Klädestilar i Helsingfors på 1740-talet，" in *Narika 1981*，ed. by L. Arkio and M. -L. Lampinen（Helsinki：Helsingin kaupunginmuseo，1982），pp. 98–122.

色丝绸服装，在很大程度上仅限于赫尔辛基最富有的市民消费，而灰色和黑色羊毛服装则在下层阶级的消费中占主导。[①] 1740 年在乌普萨拉的一份服装清单上也有类似的彩色丝绸服装，其中有几种材料的原产地是"东印度"。[②]

数十年后，丝绸被官方认可作为日常着装的时代结束。1766 年，瑞典颁布一项新法令，规定一般女仆，士兵的妻子、寡妇和子女以及其他低级军事人员只有帽子能使用丝绸。对"荡妇"和 40 岁以下没有工作的女仆则全面实施禁令。她们被禁止在包括帽子在内的所有服装中使用丝绸。男装中的丝绸和天鹅绒（包括衬里，但不包括配饰）也被禁用。[③] 我们可以将 18 世纪 60 年代的这些变化理解为政治权力的转移。1766 年，"礼帽党"被另一个政党"便帽党"取代，瑞典的政治经济发生变化。从更长远的角度来看，我们可以追溯到贵族政治的影响，贵族政治推动了瑞典从制造业和商贸向农业生产的转变。当然，到 1766 年，新法规对瑞典市场上的中国丝绸来说已经不那么重要了，因为它在 1755 年就被禁止了。

更重要的是，18 世纪中叶的斯堪的纳维亚市场为中国丝绸打开了机会之窗。这里的讨论涉及国家对瑞典国内丝绸制造业的支持，事实上是如何帮助中国丝绸合法化。广大民众普遍接受在日常服装中使用丝绸，这反映了瑞典支持国内纺织业的雄心，使精制中国丝绸得以进入市场。虽然瑞典的服装立法中没有提及中国丝绸，但瑞典东印度公司的法规明确认可国内贸易和消费。"东印度"纺织品的法律地位还体现在相关禁奢法规的执行

---

① Lönnqvist，"Siden，" p. 120.

② "Förteckning på siden kläder af klara couleurer som i följe af kongl. förordningen， blifwit hos följande af academie staten stämplade，" upprättad 14–16 april 1740， in E IIIa Vol. 39， 1740， pp. 1505–1515， Uppsala uni versitets arkiv. I would like to thank Annika Windahl Ponten for sharing the content of this list with me.

③ "Kongl. Maj：ts förordning emot yppighet och överflöd，"（from 26/6/1766）in *Utdrag utur alle ifrån 1729. års slut utkomne publique handlingar, placater, förordningar, resolutioner ock publication-er som riksens styrsel samt inwärtes hushållning och författningar i gemen, jämwäl ock Stockholms stad i synnerhet, angå med nödige citationer af alle paralel-stellen, som utwisa hwad ändringar tid efter annan i ett eller annat mål kunnat wara giorde. Hwarförutan de uti desse handlingar åberopade äldre acters innehåll korteligen anföres, så ofta nödigt warit. Följande efterst wid hwar del ett fullkomligt orda-register öfwer des innehåll D. 8, Til 1767 års slut*（Stockholm：Kongl. Tryckeri-et， 1795），pp. 131–137. For a longer and more recent discussion of Swedish sumptuary legisla-tion see Runefelt， *Att hasta*， pp. 187–202.

方式上。

丹麦的情况有些不同。如上节所述，1736 年和 1753 年的丹麦禁奢法令赋予了丹麦亚洲公司进口中国丝绸至国内市场的特权。1736 年的丹麦法令甚至明确允许普通人穿丝绸，特别是塔夫绸等廉价丝绸，尽管工匠和社会地位较低的人被禁止穿丝绸和与其他纤维混合的丝绸。[1] 与瑞典东印度公司相比，丹麦亚洲公司的地位更为优越，这可能反映了该公司在国内的投资率更高，包括第一章中讨论的丹麦王室对其的投资。丹麦丝绸制造商确实提出了抗议，讨论在 18 世纪 60 年代后半期和随后的数十年变得激烈。到了 18 世纪 60 年代中期，中国丝绸的进口量在历经数年的沉寂后复升。更重要的是，丹麦亚洲公司的特许状在 1772 年进行了更新。

在新的特许状中，国王保留了提高丝绸和咖啡关税的权力。1773 年，英国开始征收 24% 的关税；1774 年，中国丝绸被禁止进入丹麦国内消费市场。政策的改变，反映了国内保护丝绸制造业的雄心。丹麦对国内消费的限制也有所收缩。1783 年，丹麦命令农民只能使用自产布料。丝绸仅仅被允许用于制作妇女的头饰。[2]

总之，瑞典和丹麦关于东印度贸易的辩论以及国内丝绸制造业的地位表明，人们对中国丝绸的理解符合对大众奢侈品的理解。与欧洲制造的丝绸相比，中国丝绸既便宜又轻，而且不怎么耐用；在某种程度上，中国丝绸甚至不被视为奢侈品。虽然我们还需要进一步探讨中国丝绸在斯堪的纳维亚半岛的传播和消费情况，但从禁奢法令实施中获得的证据证实了上一节的结论，即斯堪的纳维亚市场吸收了大量纺织品。瑞典与丹麦独立但同时展开的对外贸易，帮助中国丝绸进入了北方消费者的视野：斯堪的纳维亚与中国之间直接贸易的开放，主要是由以英国消费者为代表的茶叶贸易的繁荣推动的。更具包容性的禁奢法令，反映了斯堪的纳维亚国家对在各自领土内扩张的国内丝绸制造业的支持。有鉴于此，让我们将关注点从供应方转移到需求方，回到实物层面，转而关注运抵哥本哈根和哥德堡的丝绸的各种宽度、长度、重量和织法，但最重要的或许是丝绸颜色的多样性。这些颜色特征在丝绸时尚、消费趋势方面能告诉我们什么

---

① Engelhardt Mathiassen, "Luxurious," pp. 196-197.
② Kjellberg, "English," p. 144. 请注意，这些政策上的相似之处并不代表 18 世纪末丹麦和瑞典在经济思想和实践上的分歧（Becker-Christensen, *Dansk*, p. 470）。

信息？能否让我们从中知道斯堪的纳维亚的消费者想要的是什么？

第五节　从名称看丝绸花色

丝绸不但是一种具有特定触感、光滑度的纤维，而且有特殊的光泽，这使其具有特殊的光芒。视觉维度也是中国丝绸贸易的一个核心方面，尽管目前尚未得到充分研究。1733年，第一艘瑞典东印度公司的商船腓特烈国王号返回，对其丝绸货物不同颜色的描述词语达到了38种。虽然随着时间的推移，这种多样性有所减少，但1748年商船克朗普林岑号上大型丝绸货物有28种特定色调，色彩非常丰富。

斯德哥尔摩北欧博物馆收藏了安德斯·贝希（Anders Berch）的纺织品藏品，其中包括61件塔夫绸、高哥纶、缎子、锦缎和其他"东印度"的纺织品，所有藏品都可追溯到18世纪。① 荷兰东印度公司的档案保存了一批独特的18世纪中国纺织品样品。克里斯蒂安·约尔格在一篇文章中转载了两件样品，为我们在色调与颜色名称的匹配上提供了一些引导。②

如表3.2所示，在瑞典贸易最初的几十年里，瑞典东印度公司销售目录中使用的颜色参考目录是以德语出版的。与丹麦、英国和荷兰公司的材料进行比较，可以看出欧洲与中国丝绸贸易中使用的颜色命名法既成熟又通用。中国丝绸颜色命名法通常只将色调分为基本原色，斯堪的纳维亚地区与中国丝绸贸易的颜色命名法相当详细，可以区分出许多不同的色调。③

表3.2中的名称也表明，这种泛欧色彩词语在很大程度上源自法国。法文"朱红"（Ponceau）或"罂粟花红"（Poppy）是鲜红色丝绸贸易中的标准词语。"玫瑰色"（Couleur de Rose）和"肉色"（Couleur de Chair），或瑞典语中的"浅红色"（Incarnat）也被用来描述不同色调的红色和粉红色。"草黄色"（Paille）是欧洲大陆和斯堪的纳维亚公司使用的另一个法

---

① Nordiska museet. *1700-tals textil: Anders Berchs samling i Nordiska museet* (Stockholm：Nordiska museet，1990) pp. 178-185.

② Jörg，"Chinese，" pp. 15-16.

③ 与印度贸易中使用的颜色词语的相关例子，请参阅英国东印度公司发往孟加拉地区、孟买和马德拉斯的订单。参见"English"条目，http://www2. warwick. ac. uk/fac/arts/history/ghcc/eac/databases/。

文词语，而英国东印度公司则使用"淡黄色"（Junquille）。另一个与法国有着密切联系的颜色词语是"绿松石"（Turqvin），它可能指的是蓝灰色或石板色，其色泽类似于意大利和法国开采的绿松石，在近代早期和18世纪的精美装饰品中使用。[①] "马扎林蓝"（Mazarine）是一种深蓝色，其名称很可能来自马扎然公爵夫人诺顿斯·曼奇尼（Nortense Mancini，1646-1699）。[②] 在英语中最早出现"马扎林蓝"的记录是在17世纪80年代，其中提到了一种马扎林蓝色天鹅绒。英国东印度公司的订单中首次提到"马扎林蓝"是在1726年，与200匹塔夫绸订单有关。七年后，瑞典东印度公司带回了一些马扎林蓝或深蓝色的（Mazarine oder Dunckelblau）北京绸。[③] 或许有必要澄清一下，因为人们似乎有些混淆"马扎林蓝"的含义。1747年，克利福德父子公司希望至少有一部分瑞典货物能便宜到值得再出口的程度，公司在写给查尔斯·欧文的函件中详细描述了他们想要的品种，并补充道："这里所说的马扎林蓝，就是我们这里所说的土耳其蓝（Turkish Blue）。"

表 3.2　东印度公司与中国贸易中使用的颜色命名法

英语 （英国东印度公司）	德语 （瑞典东印度公司）	瑞典语 （瑞典东印度公司）	丹麦语 （丹麦亚洲公司）	荷兰语 （荷兰东印度公司）
灰色 （Ash）	Asch	Askfärgad	Aske Graa	
樱桃色 （Cherry）	Kirschen	Körsbär		
深红色 （Crimson）	Carmoisin Coul. de chair	Carmoise Coul. de chair or Incarnat	Carmoisin Inkarnat	Inkarnat
淡黄色 （Junquille）	Jonquille	Jonqville	Jonquille	Jonquille
香橼 （Citron）	Citron	Citrongohlt	Citron	Citroen

---

①　"Turchin"和"Thurchino"在17世纪末的德国—意大利丝绸贸易中被用于指蓝色色调。William Jervis Jones, *German Colour Terms: A Study in Their Historical Evolution from Earliest Times to the Present*（Amsterdam：John Benjamins Publishing, 2013），p. 122。

②　"mazarine, adj. and n. 2," Oxford English Dictionary Online（accessed 17 November 2013）.

③　See E/3/103/08, excel sheet "China" available from http://www2.warwick.ac.uk/fac/arts/history/ghcc/eac/databases/english/；Lot. 160, Försäljnings katalog Vol. 1, 1733, KA, RAS.

续表

英语 （英国东印度公司）	德语 （瑞典东印度公司）	瑞典语 （瑞典东印度公司）	丹麦语 （丹麦亚洲公司）	荷兰语 （荷兰东印度公司）
马扎林蓝 （Mazarine）	Mazarin blau Bleumourant	Mazarinblå Blomerant	Bleumerant	Bleumerant
珍珠色 （Pearl）	Perle Ponso	Perlfärg Ponceau	Perle Ponceau	Perl（or Paarl） Poncon
紫色 （Purple）	Purpur	Purpur		
粉色 （Pink）	Coul. de rose	Coul. de rose	Roesa	Rose
鲜红色 （Scarlet）	Scharlaken	Skarl. färg		
天蓝色 （Sky Blue）	Himmel blau	Himmelsblå		
稻草黄 （Straw）	Paille	Paille	Paille	Pailla
绿松石 （Turqvin）	Turquin Blau	Turqvinblätt	Turkin or Donker blauw	

资料来源：关于英国东印度公司使用的颜色词语，请参见表"中国"，可从 http://www2. warwick. ac. uk/fac/arts/history/ghcc/eac/databases/english/获取。

注：关于德语、瑞典语和丹麦语颜色词语，请参见附录 2 中列出的资料来源。关于荷兰东印度公司使用的颜色词语，参见 Canton 187，Nationaal Archief，NAN。

此外，欧文还被告知，瑞典人所说的"朱红"在阿姆斯特丹被称为"深红"（Scarlet）。① 法国是欧洲的时尚中心，因此许多颜色词语源自法语也不足为奇。法国在颜色词语方面的主导地位并非在对中国贸易中独有，而是包括瑞典在内的整个欧洲的标准。② 中国丝绸贸易是否引入了瑞典以前未曾使用的法文颜色名？蓝色是中国贸易中最多样化的颜色类别之一：瑞典目录中的丝绸被描述为天蓝、蓝莓蓝、深蓝、马扎林蓝、中蓝、浅蓝、米兰蓝和绿松石蓝。当然，后一种颜色也可以被称为灰色，并与珍珠灰、灰白色、铅灰色、银灰色和纯灰色的丝绸放在一起。不过，蓝色与瑞典染工使用的颜色参考目录有所重叠。伊娃·伯格斯特伦（Eva Bergström）

---

① Clifford & Sons to C. Irvine，30/9/1747，IC，JFB Library，MUL.

② Jones，*German*，pp. 121-124；Eva Bergström，*Den blå handen：om Stockholms färgare 1650-1900*（Stockholm：Nordiska museets förlag，2013），pp. 46-47.

在对斯德哥尔摩近代早期染工的研究中列出了天蓝和蓝莓蓝。其中没有提到马扎林蓝和米兰蓝，而这些颜色可能有其他的名称。

除了天蓝和蓝莓蓝，瑞典染工还提供了"拉祖尔蓝"（Lazur Blue）、"宝石蓝"（Sapphire Blue）、"瓷器蓝"（Porcelain Blue）、"翡冷翠蓝"（Faience Blue）和"靛蓝"（Indigo Blue）。① 由于很难找到样品，因此无法确定只有词语是新的，还是说中国货物也给瑞典带来了新的蓝色色调。

由于大多数运抵欧洲的中国丝绸都来自广州，因此我们可以合理地推断，当时的颜色名称都是相当严格且固定不变的。除了克利福德父子公司指出的一两处差异外，中国丝绸贸易甚至可能统一和规范了西方世界对颜色的认识，至少在中国丝绸大量进入的斯堪的纳维亚和荷兰等地区是这样，但可能在北美也是如此，因为大量的英国东印度公司贸易的丝绸最终被运到那里。②

颜色名称的变化提供了更多线索。虽然在某些情况下，如蓝色和灰色的深浅，可以细分不同的色调，但其他常用的颜色名称却出奇地不具体。例如，表示棕色不同色调的名称非常缺乏。在瑞典和丹麦的材料中，"棕色"或"各种棕色"是订购、签约或出售棕色丝绸的标准参考名称。③ 在广州的英文订单中，我们发现有"深棕色、棕色、浅棕色、浅浅棕色、极浅棕色"以及"不同棕色"的要求。④ 安德斯·贝希收藏的样品证实中国丝绸货物中包含不同色调的棕色。⑤

当然，因为缺乏有力的参考目录，所以也可能缺少更精确的词语来区分不同色调的棕色。罗伯特·芬利（Robert Finlay）在他的文章《编织彩虹：世界历史中的色彩愿景》中列举了一些近代早期的英语和法语的颜色词语，包括"马肉色"（Horse Flesh）、"鹅粪色"（Goose Turd）、"鼠皮色"（Rat's Colour）、"豌豆粥色"（Peas Porridge）、"令人作呕色"（Puke）⑥、

---

① Bergström, *Den blå*, p. 32.

② Bergström, *Den blå*, p. 32.

③ See for example Lot. 1/736, Försäljningskatalog Vol. 9, 1748, KA, RAS; Lot. 160, Försäljningskatalog Vol. 1, 1733, KA, RAS.

④ 1707 年至 1750 年英国东印度公司订单的记录，请参见"China"条目，http://www2.warwick.ac.uk/fac/arts/history/ghcc/eac/databases/english/。

⑤ Nordiska museet, *1700-tals*, p. 179.

⑥ 可能指黄绿色，即胆汁色。（译者注）

"跳蚤肚皮色"（Flea's Belly）和"巴黎土色"（Paris Mud）。这些词语都是指褪色的棕色、蓝色和灰色。① 不过，中国丝绸贸易中没有使用这些古老的词语，而是倾向于使用更中性但不具体的词语"棕色"。

不过，我们可以发现，区分和销售棕色纺织品的更具体的颜色命名法发生了变化。瑞典东印度公司的第一份销售目录中有两匹天鹅绒被描述为巧克力色和肉桂色，后者售价为 117 银元，对于一匹没有刺绣的天鹅绒而言，这是一个非常高的价格。② 这两匹天鹅绒均列于销售目录的手写部分，很可能是私人交易物品。这些并不是唯一的例子，以类似方式提到的、不那么独特的商品不断被运达。1742 年在哥德堡出售的丝绸货物中有肉桂色的花纹锦缎，1745 年和 1751 年有巧克力色和咖啡色的棱纹花绸出售。③ 丹麦材料中较少提及特定棕色色调，但即使在这里，我们也可以找到 1755 年时对肉桂褐色（Caneel Brun）丝绸的要求。④

虽然棕色这个词语并非中国贸易独有，但它表明亚洲为欧洲人提供的不仅仅是纺织品。其他明显起源于亚洲的商品，如肉桂和咖啡（尽管其种植迅速传播到大西洋世界），也被用于中国丝绸的颜色标识。⑤ 它们与巧克力（另一种全球商品）一起，被用于区分不同类型的棕色。

值得注意的是，肉桂色、咖啡色和巧克力色是瑞典东印度公司销售目录中使用的词语，在瑞典东印度公司向批发商宣传时使用。值得注意的是，丹麦亚洲公司档案中来自广州和哥本哈根两地的丝绸订单中，相对少有颜色可供参考。后者的情况令人惊讶，因为潜在购买者在拍卖会上会接触到数以百计的丝绸。人们会认为，即使不在广州，哥本哈根也会要求使用更具体的词语来描述和列出颜色。也许是因为瑞典的货物规模更大，所以词语更丰富，或者其可能反映了瑞典的特定策略。

正如 1733 年在哥德堡出售的肉桂色和巧克力色天鹅绒所表明的那样，

---

① Robert Finlay, "Weaving the Rainbow: Visions of Color in World History," *Journal of World History* 18. 4 (2007): 383–431.

② Robert Finlay, "Weaving the Rainbow: Visions of Color in World History," *Journal of World History* 18. 4 (2007): 383–431.

③ Lot. 117/2242, Försäljningskatalog Vol. 4, 1742, KA, RAS; Lot. 95/560, Försäljningskatalog Vol. 7, 1745; Lot. 222/4819, Försäljningskatalog Vol. 11, 1749, KA, RAS.

④ § 16 (Instructions), signed 20 Dec. 1754, Copibog Vol. 187, AKA, RAC.

⑤ Bergström, *Den blå*, p. 40.

私人交易的丝绸以略有不同且更具体的词语描述。在 1745 年广州的一份私人丝绸订单的摘要中，有在查尔斯·欧文监督下"为达夫医生（Doctor Duff）包装"的四个箱子，从中我们发现了"深色天空"、"浅色天空"、"浅色樱桃"和"深色樱桃"颜色的棱纹花绸。在另一个订单中，欧文还购买了"法国绿"的花纹锦缎。① 瑞典东印度公司在贸易中没有使用这些颜色。

丹麦商船货物经管员在订购丝绸时，常常被鼓励考虑本国和其他欧洲国家的服装样式，并在订货中"尽可能小心"。② 换言之，当选择订购和购买什么时，商船商务总管的自由裁量权很重要。他们在货比三家采购时，很可能使用了他们带来的颜色和图案样品，或是由中国商人提供的样品。商船货物经管员林特鲁普的女儿穿着用中国丝绸制作的象牙色"法式长裙"出嫁。1741 年，他在广州和澳门逗留期间，丹麦亚洲公司一艘商船延误，他在处理公司事务的同时，以淡季的价格为丹麦亚洲公司订购了一宗货物，其中购买的 60 匹绿色锦缎有一半参考了林特鲁普给商人的颜色样品。③

也许这种"无言的"交流可以解释为什么在中国贸易的颜色命名法中很少有提及中国文化或社会的词语。只有在不同色调的绿色中，我们才能找到这样一个颜色参考。与棕色一样，除了绿色、浅绿色或深绿色之外，瑞典产品目录中只有少数商品提供了更具体的绿色色调名称。在"草绿"、"橄榄绿"、"五月绿"、"海绿"和"青瓷绿"等不常见的绿色中，我们发现了一种名叫"鸳鸯绿"的色调，可能暗指中国的士大夫阶层。④

另一个例子是"茶色"（Tea Colour）一词，尽管它没有在斯堪的纳维

---

① 44-3d，45-3dl，Invoice for goods，*Calmarr*，Canton，18 and 20 Jan. 1745，C. Irvine's Shipping Documents，1733-1759，IC，JFB Library，MUL.

② §18：2（Instructions），signed 28 Dec. 1735，Neg. prot. Vol. 1116，DAC，RAC；§18：1（Instructions），signed 3 Jan. 1743，Neg. prot. Vol. 1121，DAC，RAC.

③ 2 Mar. 1741，Neg. prot. Vol. 1120，DAC，RAC.

④ Lot. 169/3115 and Lot. 218/4815，Försäljningskatalog Vol. 11，1749，KA，RAS；Lot. 160，Försäljningskatalog Vol. 1，1733，KA，RAS；Lot. 3/1672，Försäljningskatalog Vol. 12，1751，KA，RAS；Lot. 76/811，Försäljningskatalog Vol. 9，1748，KA，RAS；Lot. 400，Försäljningskatalog Vol. 2，1736，KA，RAS.

亚贸易中使用过。17世纪的中国丝绸染色手册中曾使用"茶褐色"一词。[①] 范岱克还在关于广州走私的材料中，发现了"茶色"的参考资料。要想获得黄色和红色等皇帝及其宫廷专用颜色的丝绸，需要通过一个复杂的关系网来贿赂受雇来监督欧洲东印度公司贸易活动的中国督察官员。范岱克认为，商人们把丝绸货物的颜色标记为"茶色"，是希望以这种方式向这些公司提供黄色和红色的丝绸而不受惩罚。[②] 除了18世纪晚期和19世纪早期的美国对华贸易外，没有其他证据表明东印度贸易在其他场合使用过这一词语。[③]

因此，虽然不同种类茶叶的中国词语随着货物传到欧洲，但中国颜色的叫法并没有渗透到丝绸贸易中，即使是关于茶叶的颜色也是如此。更重要的是，这或许可以告诉我们中国丝绸在欧亚贸易和欧洲市场上的地位。正如我们在"花纹锦缎"部分中所讨论的，没有迹象证明广州在引进新型的丝绸样式方面处于领先地位。以花纹锦缎、塔夫绸和北京绸为例，人们关注的焦点实际上似乎是丝绸的颜色，而不是图案和其他装饰。正是鉴于这一点，我想我们应该考虑广州可供选择的颜色有哪些。应对欧洲需求不断变化的最有效方法可能是给欧洲提供多种颜色，而不是试图追随或引领趋势。这就提出了一个问题：在广州提供的众多颜色中，哪一种在斯堪的纳维亚市场更受欢迎？

第六节　变幻的花色与固定的品类

中国丝绸的颜色分类取决于人们接受哪些类型。毫无疑问，床用锦缎是最显"色彩单调"（colour static）的丝绸。瑞典东印度公司的前两份销售目录，即1733年和1736年的目录，列出了7种和9种不同颜色的床用锦缎。但在接下来的数年中，3种或4种颜色成为标准。黄色、深红色、

---

① Sung Ying-Hsing, *Chinese Technology in the Seventeenth Century*, translated by E-tu Zen Sun & Shiou-chuan Sun（Minneapolis：Dover publications，1966），p. 74.

② Van Dyke，"Weaver," p. 110.

③ Shaw，" 'Shipped'," p. 124.

绿色、天蓝色、蓝灰色显然是最受欢迎的颜色。[①] 如果我们考虑到床用锦缎使用有限，那么如此少的选择并不令人惊讶。正如大卫·米切尔（David Mitchell）展示的那样，到 18 世纪初，室内设计中的配色方案可能很快发生变化，至少在国际环境中是如此。[②]

那像花纹锦缎这样可能被制成衣服的丝绸呢？运抵斯堪的纳维亚的花纹锦缎有各种各样的颜色。图 3.3 显示了瑞典东印度公司进口花纹锦缎的总匹数（37878 匹）及颜色类别。如果我们按颜色对最大批的货物进行细分，1733 年至 1761 年的前十名颜色如下：第一名是深红色，占货物的 14%；其次是白色，占 11%；琼脂色占 8%；天蓝色占 7%；绿色、黑色和棕色各占 6%；黄色占 5%；灰白色和深蓝色各占 4%。

随着时间的推移，颜色比重发生了多大程度的变化？我们将颜色分为七类，将不同色调的红色（深红色、罂粟色、猩红色和樱桃色）、蓝色（深蓝、中蓝、浅蓝、马扎林蓝、米兰蓝和天蓝）、黄色（橘黄色、柠檬色、亮片和黄色）、绿色（浅绿、深绿和青瓷绿）、灰色（珍珠灰、铅灰色和银色）、黑色、白色组合在一起，可以在一张图中看出一些变化。

图 3.4 展示了花纹锦缎七大颜色类别的相对占比。值得注意的是，18 世纪 40 年代出现了大量的黑色花纹锦缎。大约在同一时间，我们在其他纺织品的贸易中发现了相应的，甚至更突出的黑色流行趋势。在 1742 年的销售目录中，最大的一宗塔夫绸有 1896 匹，其中超过一半是黑色塔夫绸，即 1014 匹。[③]

我们可以发现，同年出售的几宗棱纹花绸和高哥纶货包中的黑色丝绸的比重相近。这标志着相对过去发生了变化。例如，1733 年订购的丝绸并没有那么"深暗"。在 812 匹被称作"塔夫绸或北京绸"的货物中，只有不到 12% 是黑色的。[④]

---

① 100 匹黄色、灰白色、天蓝色、浅绿色、草绿色、深蓝色、深红色锦缎（Lot. 1–5, Försäljningskatalog Vol. 1, 1733, KA, RAS）；495 匹深红色、大红色、琼脂色、浅绿色、深绿色、黄色、天蓝色、浅蓝色、绿色锦缎（Lot. 78–102, Försäljningskatalog Vol. 2. 1736, KA, RAS）。

② David M. Mitchell, "'My Purple will be Too Sad for that Melancholy Room': Furnishings for Interiors in London and Paris, 1660–1735," *Textile History* 40.1（2009）: 3–28.

③ Lot. 204/2528–241/2566, Försäljningskatalog Vol. 4, 1742, KA, RAS.

④ Lot. 103–130, Försäljningskatalog Vol. 1, 1733, KA, RAS.

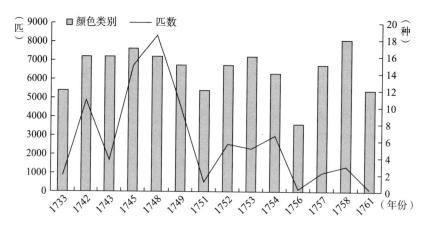

图 3.3　1733—1761 年瑞典东印度公司进口的花纹锦缎数量和颜色类别

图片来源：附录 2（瑞典销售目录）和斯德哥尔摩城堡销售目录（1761），Öijareds arkivet, A 406 FIII, 4, 1759-1761, Landsarkivet Göteborg。

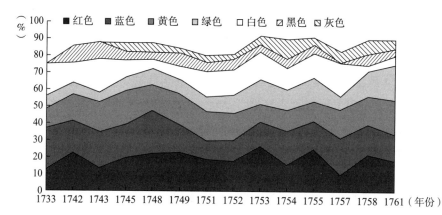

图 3.4　1733—1761 年瑞典东印度公司进口花纹锦缎的颜色占比

图片来源：附录 2（瑞典销售目录）和斯德哥尔摩城堡销售目录（1761），Öijareds arkivet, A 406 FIII, 4, 1759-1761, Landsarkivet Göteborg。

很难解释瑞典东印度公司普遍出现深黑色丝绸货物的原因。或许林特鲁普在概述 1741 年他代表丹麦亚洲公司为即将到来的销售季下丝绸订单并选择丝绸颜色的原因时指出，"黑色……很少过时"。[1] 林特鲁普可能暗指在公众哀悼期间使用黑色纺织品。在公众哀悼期间，除了黑色衣服以外，减少几乎所有衣服的需求，可能会严重影响那些依靠定期改变时尚来维持

---

① 26 Feb. 1741, Neg. prot. Vol. 1120, DAC, RAC.

生产的欧洲丝绸制造商。① 1735 年，瑞典开始限制在服装和家具中使用黑色纺织品，但并没有完全禁止这种颜色，允许将之作为在葬礼上的装饰品。② 1742 年和 1743 年黑色单品的大量增加，可能是为了满足乌尔丽卡·艾伦诺拉（Ulrika Elenora）去世后瑞典对丧服的需求。乌尔丽卡·艾伦诺拉出生于 1688 年，是普法尔茨王朝的最后一位成员，1741 年 11 月去世时是瑞典王后，其后进入了为期两年的官方悼念期。③

当然，丝绸贸易中使用的丰富的颜色命名法反映了区分颜色深浅的需要。在这方面，图 3.4 只告诉我们，人们经常穿的红色、蓝色和黄色衣服多于绿色、白色、黑色和灰色衣服。为了确定更具体的趋势，我们需要研究颜色类别内部而不是它们之间随时间发生的变化，例如，这种方法揭示了红色多样性的急剧减少。深红色在 1752 年至 1761 年的红色系列中占据主导地位：2/3—9/10 的红色纺织品都是深红色，而过去九年唯一交易的其他红色是罂粟红。深红色在这一时期早期也很流行，但并不占主导地位。在 1733 年售出的最大一批花纹锦缎中，深红色只占所有红色的 1/4，而罂粟红和浅红色各占 1/3 左右。在广州的丹麦人有时会以更高的价格单独订购深红色的瓷器。④ 如果瑞典人也需要为上涨的价格买单，那么我们就有理由认为，瑞典货物中出现的浓郁的深红色反映了国内需求。⑤

在蓝色丝绸中，我们发现近乎相反的发展趋势。天蓝色是这个时期之初最主要的色调。1733 年，几乎 4/5 的蓝色丝绸是天蓝色。其后出现了颓势，尽管到 1748 年，一般的蓝色丝绸仍然是天蓝色。然而第二年最大宗的货物里根本没有天蓝色的花纹锦缎。拍卖会新上的蓝色调是蓝莓蓝，这是一种淡蓝色，1749 年在蓝色丝绸中占 2/3，到 1751 年占 1/2 以上。⑥ 虽然天蓝色丝绸在 1757 年崛起，在所有蓝色产品中占 1/2 以上，但在 1752 年至 1755 年、1758 年至 1761 年的几年中，最大宗的货物中没有天蓝色或蓝

① Rothstein, *Silk Designs*, p. 24.

② Aldman, *En merkantilistisk*, pp. 151-152.

③ I would like to thank Ann Grönhammar, curator at Livrustkammaren, Stockholm, for suggesting this to me.

④ Kasse-og hovedboger fra kinaskibene 2193, p. 38, DAC, RAC.

⑤ Van Dyke, "Weaver," pp. 107, 109. On red trends in earlier imports of Swedish textiles, see Aldman, *En merkantilistisk*, pp. 113-114.

⑥ Bergström, *Den blå*, p. 32.

莓蓝的丝绸。取而代之的是由浅蓝色、米兰蓝和深蓝色组成的花纹锦缎，三者所占比重大致相同。

当然，当名称发生变化时，颜色也可能保持不变。也许难以捉摸的米兰蓝和天蓝色是一样的？没有迹象表明任何一批花纹锦缎中同时有这两种颜色。虽然黄色和琼脂色在 1749 年和 1751 年共同出现，但在其他所有年份中，其中一个颜色或另一个颜色在黄色锦缎中占据主导地位，有时占所有黄色锦缎的 9/10。稻草黄只在 1757 年这一年中数量较多，而柠檬黄则在 1742 年、1748 年和 1758 年几年内数量较多，当时约占黄色锦缎的 2/5。在灰色色调中，珍珠灰是占主导地位的：在 1754 年最大宗的花纹锦缎中，12% 的锦缎被标记为珍珠灰。直到 17 世纪 50 年代末，铅灰色和银灰色才出现在货物中。

因此，不同颜色所占比重发生了变化，可能是为了回应欧洲不断变化的需求，尽管我们对趋势是如何变化的只有零星的证据。克利福德父子公司在 1747 年写给欧文的信中写道："在各种东印度丝绸中最好的颜色是白色、蓝莓蓝和深红色。"这就是一个例证，也非常准确地反映了瑞典花纹锦缎货物颜色分类的一些趋势。然而，虽然丝绸的颜色比重发生变化，但库存中几乎没有添加新的颜色。

商品流行与否并非决定这些公司在广州库存量多少的唯一因素。1755年的一份丹麦和中国的丝绸合同规定，订购的货物必须用"中国土地上能获得的最好的、纯正的颜色"制成。① 染料的质量和染色效果很重要。例如，1747 年，灰色似乎出现了问题：49 匹灰色锦缎、高哥纶、棱纹花绸和塔夫绸被归到"损坏"类商品单独出售。② 在讨论 1752 年五份丝绸订单的颜色选择时，丹麦商船货物经管员认为本可以选择罂粟色的丝绸，因为它们"可能在欧洲很畅销"。然而，这种颜色难以"保存"，且罂粟色的丝绸比其他颜色的丝绸更贵，故他们选择不购买。③ 在 1741 年代表丹麦亚洲公司签署一份预付款合同时，林特鲁普也列出了他犹豫是否订购的几款颜色。其中，罂粟色并不是唯一有风险的选择，浅红色和琼脂色也同样具有

---

① 19 Aug. 1766, Neg. prot. Vol. 1135, DAC, RAC.

② Lot. 2133–2138, Försäljningskatalog Vol. 8, 1747, KA, RAS.

③ 27 Jul. 1752 Neg. prot. Vol. 1130, DAC, RAC.

风险。①

最后一个决定颜色分类，以及斯堪的纳维亚贸易对需求变化的回应程度的因素，与丝绸商品在欧洲的销售方式有关，即把几种颜色的丝绸分批包装在一起来销售的方式。在前文引述的 1747 年欧文从多佛尔写给克利福德父子公司的信中，他表示如果在阿姆斯特丹的联系人，能向他提供荷兰人消费偏好的信息，他可以尽力调整丝绸货物的颜色比重，以适应荷兰市场。② 我们从他处找到的证据表明，这样的策略的确奏效。

以 1748 年卡尔马尔号轮船运到哥德堡的 4310 匹花纹锦缎为例。③ 它们被分批出售，每批货内有 29 匹至 37 匹丝绸。价格最高的是 934 号到 964 号批次的货物，每宗货物都有 31 匹丝绸，内有 16 种不同的颜色，创下了纪录，每宗货物平均售价为 55.89 银元。价格最低的是最后一批丝绸，每宗货物售价 44.75 银元，内有 37 匹丝绸，共 6 种不同的颜色。换言之，"越多越好"意味着颜色最具多样性的货物，获得的出价最高。哥本哈根的指令经常强调在购买丝绸时坚持选购不同颜色的重要性。订单对颜色类别的要求往往比购买的总匹数更具体。后者更多地取决于可用的资金，最后也由武夷茶的价格决定。不过，购买恰当的颜色类别的丝绸至关重要，丹麦亚洲公司的董事们通常竭力要控制的也是这一点。④

纺织品的使用方式、染料和着色剂的质量、价格和批次组成影响了来自中国的丝绸货物的颜色类别，斯堪的纳维亚的葬礼和不断变化的时尚对之也有影响。仔细研究最常见的丝绸纺织品花纹锦缎的颜色类别，可以发现需求和时尚的变化。18 世纪中叶，人们对深红色丝绸衣物的需求越来越大，而想要天蓝色丝绸衣物的人越来越少。根据琼脂黄和珍珠灰的流行程度，可知它们和黑色、白色一样，应该也是瑞典人衣服常见的其他颜色。虽然在欧洲东印度公司的货物中，中国丝绸的颜色类别似乎是统一的，但斯堪的纳维亚贸易中有些固定，甚至可能是保守的颜色类别可能特别适合国内某些消费者市场——如果他们像人们所说的那样抵制新时尚和新趋势

①　27 Jul. 1752 Neg. prot. Vol. 1130, DAC, RAC.

②　C. Irvine to Clifford & Sons, 1 (?) /9/1747 (off Dover), C. Irvine's Letter Book December 1744 to 13 January 1748, IC, JFB Library, MUL. 原文如此。(译者注)

③　Lot. 1/884-143/1026, Försäljningskatalog Vol. 10, 1748, KA, RAS.

④　§16 (Instructions), signed 28 Dec. 1735, Neg. prot. Vol. 1116, DAC, RAC.

的话。[①] 无论对变革的要求和抵制是什么，人们都会留下一个深刻的印象：早在 18 世纪中期，瑞典人就已经是一群衣着斑斓的人民了。

小 结

在广州出售的丝绸种类繁多的背景下，人们易于忽视中国丝绸在何种程度上符合标准。尺寸相同或接近相同的小批量订购丝绸在广州合成大货包。不过，这些丝绸到达欧洲后，又会被重新分配，按照目的地市场的需求，分成不同颜色的批次。斯堪的纳维亚公司运往欧洲的丝绸的确切数量无法计算。除了瑞典零星的资料外，我们对丹麦私人贸易的规模知之甚少。本章和附录 2 中提到的 1733 年至 1759 年到达哥德堡和哥本哈根的丝绸并不代表整体贸易的情况。不过，这些数字确实为我们提供了足够的材料来追溯变动的贸易条件的影响。中国丝绸在丹麦市场上的特权地位和在瑞典市场上的禁令创造了两种趋势。这两种趋势在 18 世纪 50 年代趋于一致，即 1754 年后瑞典的大宗进口货物数量下降，1753 年后较小规模的丹麦进口货物数量增加。

大多数从中国运来的丝绸都是由广州一带的廉价生丝制作的，而不是更昂贵、更精细的南京丝绸。将进口法规与贸易统计、商人通信、激烈辩论中表达的情绪以及服装立法的措辞和实践相比对，我们可以推断出，中国丝绸在斯堪的纳维亚也被视为一种廉价的丝绸、一种大众轻奢品。这种廉价的中国丝绸可能满足了更昂贵、更独特的法国和斯堪的纳维亚丝绸从未触及的市场。不过，国内丝绸占据重要地位，在大量的中国丝绸到达北欧时，丹麦和瑞典就开始投资自己的丝绸制造业。随着国家批准国内制造丝绸，亚洲丝绸似乎在斯堪的纳维亚取得了合法地位，至少在几十年内是如此的。

[①] Lili-Annè Aldman，"Customers and Markets for 'New' Textiles in Seventeenthand Eighteenth-Century Sweden," in *Selling Textiles in the Long Eighteenth Century: Comparative Perspectives from Western Europe*，eds. by Jon Stobart and Bruno Blondé（Basingstoke：Palgrave Macmillan，2014），pp. 46-66.

丝绸商品的颜色名称，为了解中国廉价丝绸在斯堪的纳维亚市场上扮演的角色提供了线索。运抵斯堪的纳维亚的这些丝绸货物数量庞大，为新客户提供了视觉和实物参考，让他们了解到传统上与法国和贵族消费相关的色彩和时尚。虽然丝绸货物的颜色丰富，至少蓝色和灰色色调是如此，但颜色名称非常固定。几乎没有引入什么新词语。与茶叶不同的是，在论及颜色名称时很少提到商品产自中国，这反映出广州扮演提供各种色调的彩色丝绸的角色，而不是 18 世纪欧洲新潮流的发源地。

我们可以推断，虽然比重不断变化，但从广州运来的各种颜色的丝绸符合了需求。作为大众奢侈品的中国丝绸的瑞典顾客想要深红色或天蓝色的衣服。花纹锦缎是一种难以捉摸但很受欢迎的纺织品，随着颜色的多样化，这种纺织品的价格也随之上涨。"多多益善"（More was more）意味着在公开拍卖中，拍卖品越多样化，越会卖出更高的价格。18 世纪上半叶，成千上万这种相对便宜且色彩鲜艳的丝绸遍布瑞典，可能会为半个世纪后棉花业的发展铺平道路。虽然单件丝绸是单色的，但当它们与马甲、裙装礼服和帽子混合在一起时，它们可能影响了当代穿"多色衣服"的新兴群体的观念。作为大众奢侈品的这些服装，与波莱特·玛丽亚·哈布的刺绣婚纱或其他留存至今的大量装饰品和独特的丝绸作品相比，有很大的不同。作为大众奢侈品的中国丝绸即使不是每天都在使用，也是经常使用的，这或许可以解释为什么这种大型彩色丝绸进口商品存世如此之少。虽然零散，但赫尔辛基和乌普萨拉当地遵守禁奢法令的证据表明，到 18 世纪 40 年代，中国丝绸已广泛传播。

瑞典东印度公司输入的中国丝绸，无论是在种类和颜色上，还是在数量上，与荷兰和英国输入的丝绸并无太大的差别。瑞典进口丝绸的规模也有助于我们调和关于瑞典东印度公司的不同研究传统。那些研究"易变质的"茶叶贸易的人将该公司置于跨国历史甚至全球历史中。在斯堪的纳维亚的语境中，中国生产的"耐用"商品一直处于领先地位，但主要集中在最昂贵的货品类型上，如独特的成套家具、纹章瓷器或休闲裙装。本章表明，除了精英消费的耐用品外，瑞典东印度公司还迎合了更广泛的人群，在 18 世纪 50 年代之前为其提供了相对便宜的丝绸商品。虽然我们没有太多关于广州茶叶与丝绸贸易比重的信息，但 18 世纪 40 年代瑞典的大件丝绸运输成本至少与茶叶运输成本一样高，甚至更高。换言之，在 1754 年前的几年里，茶叶和丝绸的规模有时几乎可以等量齐观，这影响了瑞典东印度公司的运作方式。如果我们把这两种货物放在一起考量，我们甚至会说，如果英国人不是如此喜欢喝茶，那么至少对瑞典人来说，转口贸易在物流上的缺口太大，以致他们无力开启从中国进口廉价丝绸的贸易。

|第四章|

茶树的移植与染料的替代

第一节　创造一个广州

　　据 17 世纪晚期菲律宾的一份记录，当时的广东省拥有 400 万人口、6 万台织机，生产的丝绸行销世界各地。① 广州，当时被欧洲人称为"Canton"，估计人口有 60 万人。这座大都市生产蚕桑、丝绸、食糖、茶叶和烟草，促进了广东地区经济发展。② 18 世纪上半叶，随着中欧海上贸易往来汇集于广州，商人们跋山涉水，将茶叶、丝绸和瓷器等货物从中国中东部地区运到十三行商区的茶瓷货栈，然后经由欧洲船只出口。③ 货栈位于广州港内，是欧洲人仅能涉足的几个地方之一。专门划设的外国人馆区筑有围墙，欧洲商贾须在区内活动，各东印度公司的商馆也设在其中。④ 除了十三行行商的宅邸（他们在市区也有居所）和经营的店铺，商区内还有一些作坊，售卖丝绸、壁纸、家具、瓷器等商品，还经营作画、刺绣、珍珠

---

① *The Philippine Islands 1493－1898*, ed. by Emma Helen Blair and James Alexander Robertson, with historical introduction and additional notes by Edward Gaylord Bourne (Cleveland, OH：Arthur H. Clark Co., 1903-1908), Vol. 42, 1670-1700, p. 150. I would like to thank Paul A. Van Dyke for providing me with this reference.

② Robert B. Marks, "Rice Prices, Food Supply, and Market Structure in Eighteenth-Century South China," *Late Imperial China* 12. 2（1991）：64-116.

③ Paul A. Van Dyke, *Merchants of Canton and Macao: Politics and Strategies in Eighteenth-Century Chinese Trade*（Hong Kong：Hong Kong University Press, 2011）, pp. 14-16.

④ 洋行商馆情况参见广东省文史研究馆《康熙"开海"：十三行凤凰涅——外国商馆如雨后春笋》, https://gdcss. gd. gov. cn/hdjl/wdzsk/ws/content/post_3149447. html。（译者注）

母加工及上漆业务。[1]

在 18 世纪瑞典人对中国经济地理的认知中，广州是一个重要参考点。瑞典东海岸的斯德哥尔摩附近有一个"模范村"就被命名为"广州村"。在 1766 年全盛时期，"广州村"有几家专门从事白铁、丝绸、袜子、丝带和蕾丝制造的作坊，雇员多达 40 人。18 世纪 50 年代，此处开始了养蚕试验，还雇一位法国技师协助管理桑树种植。虽然广州村可以生产一些生丝，但精丝制品还是需要从中国和法国进口。[2]

与中国的广州相比，瑞典的广州村微不足道。不过，考虑到北欧的大背景，这个模范村的意义就非比寻常了，因为它反映了 18 世纪早期的欧洲人对中国普遍痴迷。基于对欧亚大陆另一端生活的理想化想象，欧洲人创造出一系列的中国风。与许多其他大型的中国风工艺一样，广州村与王室的渊源颇深。广州村旁边有个好玩的中国宫（Chinese Pavilion、Kina slott），这个亭子是王后路易莎·乌尔莉卡（Louisa Ulrika，1720-1782）的生日礼物。广州村和中国宫都位于始建于 16 世纪末的德罗特宁霍尔姆皇家庄园内，即德罗特宁霍尔姆宫。中国的奢侈品，特别是丝绸，引起了路易莎·乌尔莉卡女王和她的丈夫阿道夫·弗雷德里克（Adolf Frederick，1710-1771）的极大兴趣。获赠中国宫那一年，她向瑞典皇家科学院捐赠了一些生丝样本，而这些生丝正是来自她亲自养的蚕。[3]

路易莎·乌尔莉卡是普鲁士国王腓特烈一世的妹妹，她对中国奢侈品的认知与德国土地上的丝绸和瓷器制造业密切相关，这些制造业通常见于由公国拥有并管理的庄园微观经济体中。[4] 但是，正如阿诺德·巴顿（Arnold H. Barton）所指出的，广州村也是 18 世纪中期瑞典经济的一个典型代表。它的组织和资金与许多其他致力于生产商品的作坊类似，否则这些商品就需要从国外进口。这些作坊通常在国外专家的帮助下运作，不受行会

---

① Lisa Hellman, "Social Relations in the Canton Trade: Information Flows, Trust, Space and Gender in the Swedish East India Company," *The Bulletin of the Institute for World Affairs and Cultures*, Kyoto Sangyo University 28 (2013): 205-225.

② Arnold H. Barton, *Canton vid Drottningholm. Ett mönstersamhälle för manufakturer från 1700-talet* (Borås: Arena, 1985); Arnold H. Barton, "Kanton," in *Kina slott*, ed. by Göran Alm (Stockholm: Byggförlaget/Kultur, 2002), pp. 306-326.

③ Barton, "Kanton," p. 310.

④ Barton, *Canton*, pp. 15-17.

的控制，但接受国家给予的补助、特殊待遇和垄断权，并受到国家的监管。并不是所有的作坊都与纺织品有关。烟草、纸张、大理石、瓷器和玻璃生产也受到国家保护和支持。虽然拥有8台织机的广州村的织造能力与中国同名的地区相比微不足道，但其规模与位于瑞典王国东部、芬兰最大的城镇图尔库（Åbo）相当。①

　　由于王室的赞助和政府的支持，广州村繁荣了好几年。由于政治权力的转移和政治经济思想的普遍转变，它衰败了，这影响了瑞典境内由国家补贴的经济，包括更著名的阿林萨斯工厂（Alingsås Workshop）。阿林萨斯工厂于1724年在瑞典西部建立，是18世纪早期最早的印花棉布及其他产品的制造中心之一。乔纳斯·阿尔斯特勒姆是这家公司的创始人，他与当时的政治精英关系密切，虽然业绩一直不佳，但他的生意得到了大量的财政支持。② 在1719年至1772年的大部分时间里，瑞典由两个准政党——便帽党和礼帽党轮流执政。后者是国家资助产业的热心支持者。1738年后者取得政权后，阿林萨斯工厂和其他工厂得以大大扩张。然而，正当1766年广州村的产能达到顶峰时，瑞典遭遇了一场经济危机。国会在斯德哥尔摩举行会议，执政权落入便帽党之手，瑞典随之发生经济政治巨变。③

　　1766年以后，阿林萨斯工厂和广州村迅速衰落，近代早期欧洲其他生产亚洲纺织替代品的工厂开始取代阿林萨斯工厂，并取得了更大的成功。18世纪早期，英国禁止从印度进口印花和彩绘棉布，这也许是进口替代获得成功的最著名的例子。在此基础上，英国的棉花生产技术得以发展，为棉花产业在19世纪的全球经济中占据中心地位铺平了道路。

　　英国的印花布禁令，以及上一章讨论的1754年瑞典对中国丝绸消费的禁令，都建立在主张对外贸易顺差和自力更生的近代早期经济理论之上。因此，国家的目标是尽可能多地出口，并用国内资源满足人民所需。国际贸易被视为零和游戏，一个国家的经济只有通过占领其他国家的市场或殖民地才能实现增长。在瑞典，这些思想通常被统称为重商主义，取代了早

---

① Barton, *Canton*, p. 35.

② Eli F. Heckscher, "Jonas Alströmer," in *Svenskt biografiskt lexikon*, http://sok. riksarkivet. se/sbl/artikel/5732.

③ Lars Magnusson, "Merkantilismens teori och praktik: utrikeshandel och manufakturpolitik i sitt idéhistoriska sammanhang," in *Till salu: Stockholms textila handel och manufaktur 1722–1846*, ed. by Klas Nyberg (Stockholm: Stadsoch kommunhistoriska institutet, 2010), pp. 27–45.

期为确保国家及其臣民所需物资供应而实施的鼓励进口和限制出口的经济政策。①

重商主义是 18 世纪晚期亚当·斯密（Adam Smith）和其他具有批判精神的经济思想家近代早期思想的标签。重商主义在历史发展中汇聚了英国和法国的经验。它也反映了这样一个历史现实，即英国的政治经济以及在制度和立法中的范式，为斯堪的纳维亚的政策提供了一个参照。英国《航海条例》可以追溯到 17 世纪下半叶，它规定只有英国船只和船员，包括生活在美洲的臣民，才能在英国属地之间及英国与其属地之间从事贸易，这重建了大西洋海上贸易。这些法案对荷兰的大西洋贸易打击尤其严重，被丹麦和瑞典效仿，其中最著名的是 1724 年瑞典颁布的《产品保护法》。②

其他大陆国家和经济体的经验也影响了斯堪的纳维亚的政治经济。官房学派，作为广义重商主义学派中的一种，也吸收了内陆国家的经验观点，成为一个重要的参照。官房主义是德语小国与荷兰、法国和英国等扩张的海运大国竞争的产物。官房学派中的"官房"（Camera）一词，泛指"国库"，这表明它与德国财政理论有关联，在促进国内积累方面处于核心地位，目的是促进国内自然资源的开发。早期官房学派形成的推动力是对拉丁美洲丰富白银资源的认知，以及上帝不允许全球财富不平均分配的想法，这促生了官房学派对中欧采矿和矿物学更浓厚的兴趣。矿物学只是官房学派体系下博物学的一个分支。例如，近代早期欧洲医学认为，国内生产的药物在成分上与从国外进口的外来药物相比，疗效较好，只要植物学家能找到它们。③

然而，近代早期欧洲的博物学家并没有把他们对搜罗有用的和有利可图的植物的研究局限在国内，随着欧洲影响力的增加，同样的技术也被用于在国外勘探资源。当然，从母国的角度来看，这种勘探也可以被合法

---

① Magnusson, "Merkantilismens," pp. 30–32.
② Stefan Carlén, "An Institutional Analysis of the Swedish Salt Market, 1720–1862," *Scandinavian Economic History Review* 42.1 (1994): 3–28; Hans Chr. Johansen, "Scandinavian Shipping in the Late Eighteenth Century in a European Perspective," *The Economic History Review* 45.3 (1992): 479–493. 该法令主要内容为进口商品必须由瑞典船只运输，或由原产国船只运输。（译者注）
③ Alix Cooper, *Inventing the Indigenous: Local Knowledge and Natural History in Early Modern Europe* (Cambridge: Cambridge University Press, 2007).

化，因为植物或动物可以被带回欧洲或海外殖民地，并以不同的方式用于丰富祖国的经济。近代早期关于植物移植的例子不胜枚举，其中一些对全球产生了重大影响。[1] 咖啡和糖都起源于亚洲，但没有局限于亚洲，产出这两种物品的植物漂洋过海被移植到了大西洋世界，在那里它们和烟草一起成为加勒比和美洲殖民地奴隶经济的支柱。虽然某些植物和作物在近代早期的传播反映了无意的或部分有意的生态交流，但有一些植物和作物的迁种，尤其是在 18 世纪和 19 世纪的迁种，具有明确的政治计划和实施方案。作为迁种和让植物适应当地环境的专家，博物学家开始从事运输和养护植物的实际工作，并围绕其经济价值做了讨论。[2]

本章的目标在于着重论述北欧政治经济、博物学、进口替代战略和相关植物的迁种。我们将回顾茶以及纺织品所带来的视觉冲击，从中我们也可以获悉斯堪的纳维亚茶和纺织品进口、再出口和国内消费的历史。对茶和纺织品过往的回顾，不但呈现了中国和斯堪的纳维亚半岛贸易影响历史的另一个版本，而且还使我们能够按照与迄今已经探索的历史不同的时空顺序，走出 18 世纪中间 30 年的时间框架。同样，将 18 世纪的中国广州与瑞典广州村进行比较，也有助于我们衡量全球范围内城市规模的差异，这些历史将帮助我们理解跨越时间的全球变化。

本章第一部分重点关注的不但包括茶树从中国移植到瑞典的亚洲贸易如何影响了博物学，而且包括对其遗产的研究，即瑞典与亚洲贸易如何联系了欧洲和世界的学术发展。第二部分关注的是斯堪的纳维亚北部地区染料的采购，这些染料被用来复制从亚洲和其他地方进口的纺织品的颜色。在这两部分下，关注的焦点都集中在瑞典的发展上，瑞典在 18 世纪是自然历史的温床。然而，博物学所属的学术文化在地理上分散在波罗的海周围。在这方面，下文所得的一些结论总体上更适合北欧。[3]

---

[1] Alfred W. Crosby, *The Columbian Exchange: Biological and Cultural Consequences of 1492* (Westport, CT: Praeger, 2003).

[2] Fredrik Albritton Jonsson, "Natural History and Improvement: The Case of Tobacco," in *Mercantilism Reimagined: Political Economy in Early Modern Britain and Its Empire*, eds. by Philip J. Stern and Carl Wennerlind (Oxford: Oxford University Press, 2013), pp. 117–133.

[3] Brita Brenna, "Natures, Contexts, and Natural History," *Science, Technology & Human Values* 37.4 (2012): 355–378.

第二节　国王茶与好望角茶

丹麦亚洲公司和瑞典东印度公司成千上万吨地进口茶叶是欧洲消费发生根本变化的反映。中国茶最初被认为是药用的，在 18 世纪则成为数百万欧洲人的日常饮料。茶当然只是几种新的异国饮料中的一种：热巧克力和咖啡是近代早期另外两种非酒精的提神饮料。茶和咖啡突出的特点是咖啡因含量高。对于那些崇尚理性讨论的启蒙思想的人来说，茶和咖啡是首选的庆祝饮料，但其吸引力并不仅限于此。在很大一部分欧洲人当中，尤其是低地国家的人和英国人当中，这种新型热饮与来自西印度群岛的糖一起饮用，取代了诸如麦芽酒等传统饮料。①

在贸易方面，咖啡和茶叶的主要区别在于他们来源地的不同。欧洲人喝的茶完全来自中国。相比之下，到 17 世纪，咖啡树种植已经从北非和中东向外扩大。18 世纪，咖啡生产已经向东和向西扩大到爪哇、西印度群岛和其他地方。咖啡树迁种和结果的成功为瑞典博物学家卡洛勒斯·林奈计划将中国茶树带到瑞典并在国内种植提供了重要的参考。林奈认为，正是阿姆斯特丹市长维岑（Witzen）的试验，将咖啡树从东方转移到了西印度群岛，以前"幸福"的阿拉伯福地（Arabia Felix）才失去了垄断地位。林奈提出，类似的事情也可能发生在茶叶上：中国可以"步阿拉伯的后尘"，"把大量财富和运气留给瑞典"。②

在我们了解针对茶的计划之前，需要对林奈做一个简短的介绍。林奈最为人称道的是他对动植物的分类进行了创新，其中最重要的是其现代化的科学命名法。1753 年，林奈所著《植物物种》（*Species Plantarum*）的出版常被认为是现代植物学诞生的标志。之后，他在世界上首次提出了动植物双名命名法（Twopart Name System）。这种目前仍在使用的命名法由两部

---

① Jan de Vries and Ad van der Woude, *The First Modern Economy: Success, Failure, and Perseverance of the Dutch Economy, 1500 - 1815* (Cambridge：Cambridge University Press, 1997), p. 321.

② From Linnaeus's Diet, p. 117, quoted in Linné, Carl von. *Linnés avhandling Potus theae 1765* (Uppsala：Svenska Linnésällskapet, 2002), p. 21.

分组成：一个是类属名（Generic Name），用来说明动植物的类属；另一个是种名（Specific Epithet），用于将一种动植物与其同一类属的其他动植物区别开来。例如 Thea 是类属名，Bohea 则是其种名，这两个名称共同组成了武夷茶的学名。林奈认为，中国人用于产茶的茶树种类（Species）有两个：武夷茶和绿茶。[①]

林奈的新命名体系相对稳定，易于记忆。它是成功的，因为它在全球范围内，促进了测绘学家与从事动植物群迁移研究的博物学家的交流。[②]然而这个命名体系并不是静态的。例如，当19世纪初的欧洲博物学家确信绿茶和红茶来自同一种茶株时，以前被认为是两个物种的茶变成了一个种类。它的新学名"中国茶"（Camelia Sinensis）反映了茶树在山茶属中的地位以及它和中国的渊源，"Sinensis"在拉丁语中是"中国"的意思。林奈认为，绿茶和红茶是两个不同的种类，事实上他所用的 Bohea 这个词，当然是指最受欢迎的红茶。这些事实均表明了近代早期贸易对博物学影响的程度。哈罗德·库克（Harold Cook）研究了这一联系，他特别地关注了16世纪和17世纪的荷兰。通过探索经验主义与日益增长的商业之间的联系，库克讨论了海外贸易如何促进了对相关事物的精确描述，这种描述在近代早期的学术中留下了印记，特别是在无所不包的博物学领域。另外，从词语鉴赏层面上，味道和认知这两个词在概念上重叠，也体现了学术界和贸易界的联系。[③] 林奈精确的分类语言，就像他的命名法一样成为一种标准，代表了对传统分类的完善。虽然林奈在区分两种茶叶上犯了错误，但他这样做的理由是基于对茶叶、花瓣形状和数量的非常具体的（尽管不正确）观察。[④]

但博物学也与政治经济有关。在最近一个关于林奈的研究中，斯贝

① Linné, *Linnés avhandling*, p. 6.

② Staffan Müller-Wille, "Walnuts at Hudson Bay, Coral Reefs in Gotland：The Colonialism of Linnaean Botany," in *Colonial Botany: Science, Commerce, and Politics in the Early Modern World*, eds. by Londa L. Schiebinger and Claudia Swan（Philadelphia：University of Pennsylvania Press, 2005）, pp. 34-48.

③ Harald Cook, *Matters of Exchange: Commerce, Medicine, and Science in the Dutch Golden Age*（New Haven：Yale University Press, 2007）, pp. 13-20.

④ Linné, *Linnés avhandling*, p. 6.

特·寇尔内（Lisbet Koerner）把瑞典博物学家归为官房学派。[1] 他的一个研究是林奈在瑞典种植茶树的计划。广为人知的是，林奈曾多次尝试从中国得到一棵活的茶树。茶树在从中国回来的途中经历了一系列的不幸，或者从船舷掉落，或者被老鼠吃掉，或者在行程即将结束时成了死株，侥幸存活下来的却被确认为山茶属（Camelia Genus）下的其他植物。1763 年，经过 20 多年的努力，林奈能够在乌普萨拉的植物园里迎来活茶树。然而，在两年内，仅有两株存活，其他的都死掉了。种活的两株中仅有一株活过了林奈，它最后一次被提及是在 1781 年，也就是林奈去世三年后。[2]

林奈和他的同时代人并不清楚茶树需要热带和亚热带气候、充足的降雨，最好是种植在高海拔地区。直到 18 世纪末和 19 世纪初，随着亚历山大·冯·洪堡（Alexander von Humboldt）的研究，植物地理学才逐渐发展起来，欧洲博物学家才慢慢认识到这一点。然而，林奈的尝试并不局限于中国茶树的移植，他还试图用国产药草代替中国茶。例如，他建议用牛至（Origanum vulgare）茶和双生花（Linnaea borealis）茶代替中国茶。林奈自称尝过"很多仿制的中国茶"，尤其对牛至茶印象深刻，沃尔伯格曾把茶叶卷起来，模仿中国成品提供给林奈。林奈认为，这种茶在"大小、香气和口味"方面与武夷茶非常相似，除了那些"特别了解茶的人"之外，人们"都不会轻易注意到任何区别，至少在习惯了它之后，会像中国人那样愉快地喝下去"。为了致敬沃尔伯格，林奈为牛至茶取了一个同义名，即"沃尔伯格替代茶"（Theæ Suceedaneum Wahlborgii）。[3]

瑞典皇家科学院和林奈经常对公众建议的替代茶样本进行调查。我们也很容易想象，林奈参与撰写了 1746 年匿名出版的《皇家科学院关于茶和咖啡饮用的滥用和过量公告，以及以瑞典药草代替茶的说明》，上述小册子的一个出发点是，"国内香料"最符合"瑞典人的肠道"，而国内药草最能治疗"北欧"疾病。作者指出，消费本国产品不仅益于受试者的健康，连国家的经济状况也会得到改善。诚然，中国茶的味道很难复制，因

---

[1] Lisbet Koerner, *Linnaeus: Nature and Nation* (Cambridge, MA: Harvard University Press, 1999).

[2] Gustaf Drake, "Linnés försök till inhemsk teodling," *Svenska Linnésällskapets årsskrift* 10 (1927): 68-83 (pp. 71-78).

[3] From Linnaeus' Wästgöta-Resa, förrättad 1746, p. 254, quoted in Drake, "Linnés," p. 81.

为人们认为上帝赋予了每种植物独特的味道。适度饮用进口茶和咖啡也不一定对个人健康或国家经济状况有害。鼓励滥用和挥霍是时尚。因此，这本小册子的作者得出结论，只有新的潮流才能驱走旧的潮流："服装就是这样，出于习惯和为了和平而喝的饮料也是如此。"虽然人们认为用坚果、谷物和浆果来代替咖啡太难了，但这本小册子确实提出了用国内野生的 33 种植物和 5 种园艺药草来制茶的建议，此外，针对患有坏血病、痛风和绞痛等疾病的人，小册子还提出加入一些适合他们的混合物。这份制作清单的权威性在于，它是各省医生在皇家科学院的召集下帮助编制的，在植物名录中同时使用俗名和学名。①

对可替代中国茶的国产药草的俗名，林奈及其他博物学家表现了浓厚的兴趣。1755 年出版的《植物志》第二版包含不少于七个地区的植物名称，除了最能让人想起其瑞典的现代名称——林奈草本（Linnæi ört）或"林奈药草"，双生花这一名称在 18 世纪的瑞典已经为人熟知。② 然而，光有俗名和学名似乎不足以成功推广新的国产热门产品。就连林奈使用的、暗指茶叶消费异国渊源的替代名称，比如用"国王茶"或"海角茶"之名来命名牛至茶和双生花茶，都未能成功吸引瑞典消费者。林奈希望"海角茶"流行起来成为中国"皇帝茶"的替代品，"海角"意指好望角，是东印度公司商船的必经之地，这种命名为本土替代品赋予了一种更具异国情调的气氛。③

上述讨论说明，林奈和其他博物学家在寻找中国茶的替代品时，研究了味道与生物分类学之间的关联。看起来，他们的重点至少是通过以新奇口味迎合瑞典消费者来合法地取代中国茶。重要的不仅仅是味道，国产产品和中国茶在视觉上的任何相似之处都是能加分的地方，这一点正如沃尔伯格的茶所展示的那样。皇家科学院的小册子还建议了一个加工的准备过程，包括仔细选择叶子、在干燥过程中以不同时长来烘烤它们，这样不仅可以去除草的味道，还可以使产品看起来"不那么绿色"。④

---

① Kongl. *Collegii medici kundgiörelse om thet miszbruk och öfwerfl öd，som thé och caffé drickande är underkastat，samt anwisning på swenska örter at bruka i stället för thé*（Stockholm，printed by Pet. Momma，1746），no pag.

② Carl von Linné，*Flora Svecica*（Stockholm：Forum，1986），pp. 193-194.

③ Drake，"Linnés，" p. 82；Koerner，*Linnaeus*，p. 79.

④ Kongl. *Collegii medici kundgiörelse om thet miszbruk och öfwerflöd.*

这个建议在某种程度上没什么恶意。也许，在将国内产品加工成中国商品的过程中，并没有什么拼配造假行为，从这一点可以看出，瑞典的茶叶消费量相对较少。正如我们从第二章了解到的那样，在英国供应的廉价红茶并不总是，甚至可能大多数时候不是来自武夷山的纯正武夷茶。在终端消费者收到货物之前，武夷茶通常在广州与其他产地和类型的茶相拼配，而且在从原产国运往欧洲的途中，经过干燥、烘烤甚至涂漆后的叶子，以及回收的茶叶，经常被混入中国的货物中。欺诈与相对更合法的茶叶拼配之间的界限到底在哪里，并不总是很容易分辨的。可能是英国消费者对茶的喜好，使他们更喜欢批发、走私贸易和零售连锁店的拼配茶，而不是最初在广州或武夷山买到的纯正茶货。

不管无辜与否，瑞典确实发生了茶叶欺诈事件。在给最亲密的朋友、皇家科学院主席亚伯拉罕·贝克（Abraham Bäck，1713-1795）的一封信中，林奈描述了一个商人从高价购买的一大批茶叶中拿出一份样品给他，样品包裹在一大张"到处都是巫术一样字母的中国纸"中，林奈发现里面装的是正宗茶叶和黑刺李叶的混合物。[1] 换句话说，茶叶生意为博物学家提供了许多运用他们知识的机会。

林奈的茶叶进口替代计划乍一看似乎有点幼稚，或者至少脱离了日常的茶叶消费实际。然而，值得强调的是，虽然喝茶和咖啡对身体的影响从一开始就被欧洲的医学文献记录下来——林奈本人将茶列为治疗困倦的药物——但直到 19 世纪初才确定，仅少数植物含有咖啡因这种活性成分。同样值得注意的是，林奈很了解欧洲和大西洋的其他替代品，尽管他承认还没有茶能超越中国的茶。"不管你愿意与否，你必须承认，在迄今为止发现的所有替代植物中，没有一种能超过茶。"[2] 换句话说，寻找国内替代品不是非理性的，这样做的也不是只有林奈。鉴于林奈用重新命名的国产茶叶替代中国茶叶的尝试失败，林奈从中国订购装饰着双生花图案的瓷器，而双生花又是对他而言具有标志性意义的植物，看起来有点讽刺。虽然公众普遍拒绝他的好望角茶，但至少林奈喝茶用的是装饰着双生花的茶具！

---

① Drake, "Linnés," p. 83.

② Linné, *Linnés avhandling*, p. 11.

第三节 从中国经瑞典到印度

对莉丝贝丝·克尔纳来说，林奈的茶叶计划代表了一种失败的尝试，即创造一种"本土现代性"，以"绕过荷兰和英国，通过国际贸易实现经济增长"。① 然而克尔纳强调林奈的官房主义计划在瑞典破产了，在一定程度上没有关注到这个计划所涉及的欧洲背景。后者也是本节的重点，虽然林奈没能成功在瑞典种植茶叶，但他确实为另一个更长远的计划的最终成功做出了贡献，尽管这个计划的实现是后来才发生的，且实现该计划的经济体系与他原来设想的不一样。

我们可以在几个不同的背景下追溯林奈所处的欧洲大格局。例如，林奈提到的欧洲人进行东印度贸易比较普遍。他在 1765 年写道："欧洲人中最聪明的那些人征服了美洲最遥远的地区，那里最大的难题是挖掘珍贵的白银，最大的危险是如何把它安然带回欧洲，带到地球的另一端，带到东印度群岛，只是为了换一些灌木丛的叶子，这看起来是有趣的。"②

瑞典只是一个小的茶叶消费国，事实上，只有置于欧洲的大背景下，林奈关于茶叶的思想才有意义。哥本哈根和哥德堡只是茶叶运达的第一个登陆点，而这些茶叶主要是运往欧洲喝茶更多的国家，林奈当然可能不太了解这一点。值得指出的是，林奈在 1736 年至 1738 年于荷兰的哈特坎普（Hartekamp）工作，在乔治·克利福德三世宫廷担任御用博物学家。克利福德这个人在第二章和第三章中提到过，他作为商业银行家和东印度公司的代理人，积极参与欧洲东印度贸易。正如克利福德与查尔斯·欧文的通信所揭示的那样，他对欧洲茶叶和其他亚洲商品的市场了如指掌。

欧文的信件没有透露的是，克利福德热衷于具有异国情调的花园和博物学。在林奈工作的哈特坎普，克利福德大规模扩建了他的私人花园。到 1737 年，这个私人花园已经包括了一个动物园、一个橘园和四个温室（Tropical Houses）。此外，该园还收藏了大量的标本，其中一些可以追溯

---

① Koerner, *Linnaeus*, p. 139.

② Linné, *Linnés avhandling*, p. 14.

到 18 世纪 20 年代，甚至是 18 世纪第二个十年，这些标本都是由克利福德自己收集的。[①]

林奈虽然并未从他的雇主那里了解到东印度贸易的内部运作情形，但值得注意的是，他为克利福德工作之时，恰逢瑞典东印度公司第一个动荡时期。而且，正是作为克利福德的雇员，林奈才第一次开始规划在欧洲种植茶叶。林奈在 1737 年出版的《克利福德植物园》（Hortus Cliffordianus）中写道："几年之内，有七次把种子带到这个花园里。"虽然从文字来看，当这些货物到达时，林奈可能不在场，但他从其他记载中清楚地知道，茶种发芽是一件有风险的事情。茶种中含有大量的油，很容易腐臭。然而，林奈认为他有一个解决办法，就是在从中国到欧洲的旅途中把种子包在硝石里。[②]

在克利福德通过欧洲的中国茶叶贸易增加自己的财富之时，他的博物学家正忙着计划在欧洲种植茶叶。我们之所以知道这一点，是因为林奈发表了他的计划，尽管《克利福德植物园》是用拉丁语写的，而且第一批副本只赠送而不出售，只有那些独家读者才能看到。[③] 我们回到林奈计划的公共性质和茶种馈掉的问题。目前的结论是，林奈的茶叶移植计划是在欧洲而不是在瑞典的背景下诞生的，并且这种大背景是由欧洲东印度公司茶叶贸易带来的财富创造的，至少在某些方面是这样。在林奈关于健康和茶的著作中，欧洲的背景也是一个重要的参考。他在写过度饮茶的危害时，参照了欧洲大陆更广泛的饮茶习惯。他观察到，在汉堡和阿姆斯特丹等大城市，富裕的女性整天喝茶，变得"苍白"和"臃肿"。[④] 在关于饮食的研究中，他将饮用茶和咖啡、"白色肉球"似的荷兰和德国女人，与喝健康冷水的瑞典农妇做了对比。[⑤]

然而，并非瑞典东印度公司所有的茶叶都会被转口。瑞典男女受到林

① D. Wijnands and Johannes Heniger, "The Origins of Clifford's Herbarium," *Botanical Journal of the Linnean Society* 106. 2（1991）: 129–146.

② From Linnaeus' Hortus Cliuffortianus, quoted from Drake, "Linnés," p. 81.

③ Wijnands and Heniger, "The Origins," p. 135.

④ Linné, *Linnés avhandling*, p. 13. Similar descriptions are included in Linnaeus's Diet, quoted in Linné, *Linnés avhandling*, p. 13.

⑤ Linné, *Linnés avhandling*, p. 13, n. 40, see also Kongl. *Collegii medici kundgiörelse om thet miszbruk och öfwerflöd*.

奈著述的不良影响。皇家科学院在 1746 年出版的一本医学小册子中写道，虽然茶已经在欧洲消费了 100 年，但直到过去的"20 年"里，它才开始进入"瑞典更普通的家庭"。① 然而，正如在序言中讨论的，事实上几乎没有证据表明 18 世纪瑞典存在广泛的茶叶消费，尽管林奈所属的精英阶层有喝茶习惯。有鉴于此，我们或许可以这样理解林奈的茶叶移植计划，即林奈的计划有一个预期为基础，那就是预期未来瑞典茶叶消费量会大幅增加到与荷兰差不多的数量。或者林奈希望瑞典能够通过持续向欧洲市场出口国产茶，而非通过瑞典东印度公司向欧洲转口中国茶，获得一些白银；或者，获得正如林奈所说的"财富"和"运气"，而这两者以前只有中国独享。②

　　林奈并不是唯一一个强调对华贸易会耗尽欧洲白银储备的人，在近代早期许多经济辩论中，这是一个常见的观点。和其他人一样，林奈希望这种贸易能很快结束，并指出这种结束的迹象是存在的。在这篇乐观的文章中，我们不仅可以追溯到林奈对泛欧洲茶叶贸易的看法，还可以依据年表和历史学追溯与中国的贸易如何促进欧洲发展："近年来南欧桑树的种植和丝绸业生产取得了如此大的进步，以至于我们不再需要从中国获取丝绸的时代就快到来。萨克森、普鲁士、法国和我们祖国的瓷器制作艺术最近已日趋完善，这些瓷器无论是在造型上，还是在色彩上，都优于中国。只有在茶叶领域，中国人是一家独大。"③

　　像任何著名的欧洲学者一样，林奈与欧洲各地的博物学家交流甚广。正如贝蒂娜·迪茨（Bettina Dietz）所展示的，林奈出版的著述在很多方面都是共同创作的，来自瑞典和欧洲其他地方的博物学家经常参与其中。林奈的许多著作，比如最著名的《自然系统》（Systema Natura）和《植物物种》，都吸收了其他博物学家的成果，他们对林奈的观点进行了补充和更正，而林奈又将这些成果融入了他定期整理的新版本中。④ 茶的问题同样是共同处理的，尽管在这方面它更像是英国—瑞典合作，而不是泛欧合作。与林奈交换关于茶的想法的主要是英国记者约翰·埃利斯（John El-

①　Kongl. *Collegii medici kundgiörelse om thet miszbruk och öfwerflöd.*

②　From Linnaeus's Diet, p. 117, quoted in Linné, *Linnés avhandling*, p. 21 n. 49.

③　Linné, *Linnés avhandling*, p. 14.

④　Bettina Dietz, "Contribution and Co-production：The Collaborative Culture of Linnaean Botany," *Annals of Science* 69. 4（2012）：551-569；"Linnaeus' Restless System：Translation as Textual Engineering in Eighteenth-Century Botany," *Annals of Science* 73. 2（2014）：1-16.

lis，1710–1776），他因参与爱尔兰纺织品贸易而变得富有，因此能够在陷入困境之前继续研究自然历史。他撰写了多部学术著作，并于1754年成为英国皇家学会会员。埃利斯破产后，在萨里（Surrey）担任园丁，还在美洲和伦敦担任过与殖民事务有关的多个职位。[①]

埃利斯和林奈的通信可以追溯到18世纪50年代中期。[②] 在15年的时间里，他们谈到了许多话题，然而，其中一个反复出现的话题是茶，特别是如何将茶种和幼苗从中国转移到欧洲。埃利斯称林奈为"伟大的为科学增光添彩者"，承认林奈在学术上造诣过人，他们的关系变得更加平等，尤其是在埃利斯将茶种埋在蜡里的方法被证明是成功的之后，尽管林奈最初持怀疑态度。[③] 林奈声称，"从中国采购植物的最佳方法"是在"船只离开广州的当天"将它们种在花盆中，并在途中发芽。[④] 虽然林奈是欧洲分类学的权威，但就植物和种子迁移的实际经验而言，很多人可以与之媲美，其中包括可以从自身园丁和殖民背景中借鉴经验的埃利斯。林奈也很尊重英国人的能力，他以特有的恭维口吻对埃利斯说："你们的同胞能够在可能的范围内完成任何可能的事情，如果他们无法将茶带到欧洲，那么这件事就永远无人做到了。"[⑤]

出于多种原因，包括个人利益的原因，对植物迁种后勤物流工作的关注是埃利斯和林奈书信中的主题之一。例如，林奈曾请求埃利斯在他的国家的"贵族"和"大亨"中为他历经千辛万苦才获得的茶树寻找买家。[⑥] 问题是他们愿意付多少钱？由于林奈声称他是欧洲第一个拥有茶树的人，

① Paul F. S. Cornelius and Patricia A. Cornelius，"Ellis，John（c. 1710–1776），" in *Oxford Dictionary of National Biography*，eds. by H. C. G. Matthew and Brian Harrison（Oxford：Oxford University Press，2004）. Online ed. by Lawrence Goldman，May 2005. http://0-www. oxforddnb. com. pugwash. lib. warwick. ac. uk/view/article/8703.

② 这些书信已经被印刷成册，参见 *A Selection of the Correspondence of Linnæus and Other Naturalists, from the Original Manuscripts*，ed. by James Edward Smith（London：printed for Longman，Hurst，Rees，Orme，and Brown，Paternoster Row，1821），pp. 82–281。

③ Quote from J. Ellis to C. Linnaeus，1/1/1765，Linné，*A Selection*，p. 162. On the issue of their different approaches compare for example C. Linnaeus to J. Ellis 3/4/1761，and J. Ellis to C. Linnaeus 25/9/1770，Linné，*A Selection*，pp. 141，251.

④ C. Linnaeus to J. Ellis，1/1/1765，Linné，*A Selection*，p. 195.

⑤ C. Linnaeus to J. Ellis，16/9/1761，Linné，*A Selection*，pp. 148–149.

⑥ J. Ellis to C. Linnaeus，1/1/1765，Linné，*A Selection*，p. 162. See also J. Ellis to C. Linnaeus，29/10/1765，Linné，*A Selection*，p. 181，where Ellis repeats his offer to put Linnaeus in contact with potential purchasers.

我们可以假设它们不会便宜。在 18 世纪的伦敦，出售外来植物是一笔大生意。① 不知出于何种原因，相关交易似乎没有达成。也许林奈对大家都认为瞬息万变的市场环境反应太慢了？1770 年，也就是茶树生意的想法被提出的五年后，埃利斯报告说，英国的茶树有近 100 株。② 尽管如此，它仍然是不同经济体发挥作用的一个例证。虽然林奈是从近代早期政治经济学的角度来理解茶叶贸易的，他认为中国茶叶的大量消费引发了欧洲白银的流失，但他和埃利斯也是淘金者，他们可以通过交易茶树来获取个人利益。

关注个人利益和通过种子发芽迁种茶树并不意味着埃利斯或林奈没有意识到他们的计划一旦成功而带来的影响。在他们通信的几年后，林奈预言："不久之后，我们可能会看到茶树在欧洲生长。"这使埃利斯相信茶树"耐寒"，足以"承受瑞典的寒冷"。③ 埃利斯也有更长远的眼光，他与英国皇家学会工艺院合作，将用蜡包着的茶种分发给从新英格兰到佐治亚州的各省总督，目的是在美洲种植茶树。④ 在通信中，他们经常就有关美国和欧洲成功种植茶树的传闻发表评论，这表明，他们非常了解，甚至警惕其他地方关于茶树种植方面的进展。⑤ 埃利斯同样证实，来自美国的消息是"假的"。⑥

林奈和埃利斯各自做了茶树种植试验，茶树的长势和试验的进展是他们之间的深刻话题。1761 年 4 月，林奈在给埃利斯的信中写道："告诉我你的茶树种子发芽了吗？我的茶树长势良好，只是还没有开花。"⑦ 6 个月后，他又写道："长势苗壮，但仍未开花。"埃利斯宽慰林奈说，"没少保护它，没让它经受恶劣天气的影响是对的"，这似乎是在解释为何没开花

---

① Sarah Easterby-Smith, "Cross-channel Commerce: The Circulation of Plants, People and Botanical Culture between France and Britain c. 1760-c. 1789," in *Intellectual Journeys: The Translation of Ideas in Enlightenment England, France and Ireland*, eds. by Lise Andries and others (Oxford: Voltaire Foundation, 2013), pp. 215-230.

② J. Ellis to C. Linnaeus, 16/1/1770, Linné, *A Selection*, p. 245.

③ C. Linnaeus to J. Ellis, 4/11/1760, and J. Ellis to C. Linnaeus, undated, Linné, *A Selection*, pp. 136, 138.

④ J. Ellis to C. Linnaeus, undated, Linné, *A Selection*, p. 139.

⑤ C. Linnaeus to J. Ellis, 8/12/1767, Linné, *A Selection*, p. 222.

⑥ J. Ellis to C. Linnaeus, 15/3/1769, and J. Ellis to C. Linnaeus, 28/12/1770, Linné, *A Selection*, pp. 228, 255.

⑦ C. Linnaeus to J. Ellis, 3/4/1761, Linné, *A Selection*, p. 142; C. Linnaeus to J. Ellis, 12/2/1765, Linné, *A Selection*, p. 166.

的原因。① 当埃利斯成功地种植了自己的茶树时，他和林奈往返的信件中就会经常提到这些茶树的长势。② 虽然有些滑稽，但如果我们考虑到打破中国茶叶垄断地位这一计划的宏伟之处，他们对彼此的茶树的极大关注确实合乎情理。

对林奈和埃利斯来说，成功与否取决于他们照料之下的脆弱的茶种和幼苗长势的好坏。茶种和幼苗是在英国和瑞典的东印度公司的帮助下采购的。林奈、瑞典皇家科学院和瑞典东印度公司之间的联系可见于多个不同的场合。为瑞典东印度公司工作的商船商务总管和船长经常被任命为该学院的研究员，并在中国文化和技术的不同方面发表文章。林奈经常利用这层关系为他的学生在哥德堡开往东印度的船上谋取牧师和外科医生的职位。作为回报，学生们向老师汇报，为他提供信息和资料。对一些人来说，比如 1750 年乘坐卡尔亲王号（Prins Carl）离开哥德堡的佩尔·奥斯贝克（Pehr Osbeck，1723-1805），在林奈的指导下，他们登船的时间成为探索亚洲和瑞典自然的起点。奥斯贝克在这次旅行中收集了 900 多种不同的植物，林奈将奥斯贝克的许多发现纳入了《植物物种》的第一版。③

在与埃利斯的通信中，林奈提到奥斯贝克和他在瑞典东印度公司的联系人试图给他送茶种，但常以失败告终。④ 埃利斯同样提到了他在东印度公司中的关系网，其中包括在广州工作多年的"菲茨休先生"（Mr. Fitzhugh）。正是后者使埃利斯能够于 1768 年第一次在伦敦详细地研究一棵茶树，林奈的学生丹尼尔·索兰德陪伴左右，索兰德自 1760 年以来一直住在伦敦。⑤ 另一位刚从中国回来的"朋友"给埃利斯带来了茶花，以便他能在伦敦检查，然后转交给林奈。林奈的分类学表明植物的花和生殖器官应该被给予特别的注意。⑥

---

① C. Linnaeus to J. Ellis, 15/8/1765, and J. Ellis to C. Linnaeus, 10/9/1765, Linné, *A Selection*, pp. 169, 176.

② C. Linnaeus to J. Ellis, 16/1/1770, and J. Ellis to C. Linnaeus, 25/9/1770, Linné, *A Selection*, pp. 245, 251.

③ Kenneth Nyberg, "Linnaeus' Apostles, Scientific Travel and the East India Trade," *Zoologica Scripta* 38.1 (2009): 7-16; Kenneth Nyberg and Mariette Manktelow, "Linnés apostlar och tillkomsten av Species plantarum," *Svenska Linnésällskapets årsskrift* (2002-2003): 9-30.

④ C. Linnaeus to J. Ellis, 8/12/1758 and 16/9/1761, Linné, *A Selection*, pp. 110, 149.

⑤ J. Ellis to C. Linnaeus, 19/8/1768, Linné, *A Selection*, p. 232.

⑥ J. Ellis to C. Linnaeus, 1/11/1768, Linné, *A Selection*, p. 236.

　　林奈和埃利斯对分享材料的开放态度，以及瑞典东印度公司相对愿意容纳林奈的学生是值得注意的。他们的工作，至少在理论上，有可能破坏公司的整个经营理念。正如科恩·维梅尔（Koen Vermeir）所论述的那样，近代早期欧洲学术界的秘密知识和公共知识之间的关系往往很复杂，没有绝对的界限。通过用拉丁语写作，读者既可以被包括在内，也可以被排除在外。使用信件和其他手写材料而不是印刷材料意味着信息的流传可以局限在小范围之内。策略可能会随着时间而改变。从手写格式向出版格式的转变可能意味着信息传播已经达到了一个临界点。随着手写材料和信件被复制并传播到单个作者的小型人际网之外，后者可以通过出版来重新控制其作品的某些内容。① 茶叶贸易的泛欧洲属性，以及有关茶叶进口和销售的价格与数量的新闻传播的公开性，是否已经影响了林奈和埃利斯？他们的信件没有保密的感觉，有的只是想成为欧洲或大西洋地区首个种茶人的紧迫感和雄心壮志。信息共享当然也是"学者共和国"的一个强烈理想，即使学者是相互交战的国家的公民。②

　　综上所述，林奈的茶叶移植计划是在几个体系内发展的。虽然当地情况导致林奈试图用本土茶替代中国茶的尝试徒劳无功，但欧洲的跨国茶叶计划却展现了不同的轨迹。

　　说到欧洲茶叶的跨国计划，特别是说到英国和瑞典的跨国合作，我们可以将林奈的计划的失败与另一个试图重塑茶叶贸易的英国人联系起来。1788 年，也就是林奈去世十年后，英国皇家学会主席、雄心勃勃的博物学家约瑟夫·班克斯（Joseph Banks，1743–1820）将林奈最初的想法修改后，向英国东印度公司建议将茶叶从中国移植到印度东北部。③

　　在多个方面，班克斯对林奈都心存感激，像林奈一样，班克斯从经济

---

① Koen Vermeir, "Openness Versus Secrecy? Historical and Historiographical Remarks," *The British Journal for the History of Science* 45. 2 (2012): 165–188.

② Lorain Daston, "Nationalism and Scientific Neutrality under Napoleon," in *Solomon's House Revisited: The Organization and Institutionalization of Science*, ed. by Tore Frängsmyr (Canton, MA: Science History Publications, 1990), pp. 95–119.

③ J. Banks to W. Devaynes, "Memorial Sent to the Deputy Chairman," 27/12/1788 (Letter 268), J. Banks, "Letters 1783–1789," in *The Indian and Pacific Correspondence of Sir Joseph Banks, 1768–1820*, ed. by Neil Chambers, 7 Vols. (London: Pickering & Chatto, 2009), Vol. 2, pp. 377–384. See also Richard H. Drayton, *Nature's Government: Science, Imperial Britain, and the "Improvement" of the World* (New Haven: Yale University Press, 2000), p. 119.

的角度理解博物学，认为博物学的目的之一就是帮助人类开发自然。① 班克斯很早就认识到林奈对欧洲分类学和命名法现代化的重要意义，以及它对博物学和欧洲探险的促进意义。班克斯在伦敦和全球各地雇用了林奈以前的几位学生，其中包括前文提到的索兰德，让他们担任不同的职位，以协助他创建和改进博物收藏事业。② 班克斯在给东印度公司的报告中提到了在印度种植茶叶的计划，他引用了奥斯贝克所著的旅行记录，该记录于 1771 年被翻译成英文出版。③ 然而，与林奈小心翼翼地保护他唯一幸存的茶树不同，班克斯能够利用亚洲和大西洋世界的植物园来迁种植物和生产。班克斯经常与罗伯特·基德（Robert Kyd，1746-1793）通信，后者在加尔各答植物园的建立中发挥了重要作用。后来，先于罗伯特·基德，班克斯与威廉·罗克斯堡（William Roxburgh，1751-1815）讨论了在印度种植茶树的可能性。④

难题之一是选择种茶树的地点。与林奈一样，班克斯广泛讨论了茶叶可以成功种植的纬度。虽然班克斯认为产红茶的茶树最好种植在纬度 25 度至 30 度的地区，而产绿茶的茶树最好生长在纬度 30 度至 34 度的地区，但

---

① John Gascoigne, *Joseph Banks and the English Enlightenment: Useful Knowledge and Polite Culture* (Cambridge：Cambridge University Press，2003)；*Science in the Service of Empire: Joseph Banks, the British State and the Uses of Science in the Age of Revolution* (Cambridge：Cambridge University Press，1998).

② Hanna Hodacs，"Local，Universal，and Embodied Knowledge：Anglo-Swedish Contacts and Linnaean Natural History," in *Global Scientific Practice in the Age of Revolutions, 1750 – 1850*，eds. by Patrick Manning and Daniel Rood (Pittsburgh：Pittsburgh University Press，forthcoming)；David Philip Miller，"Joseph Banks，Empire and the 'Centre of Calculation' in Late Hanoverian London," in *Visions of Empire: Voyages, Botany, and Representations of Nature*，eds. by David Philip Miller and Peter Hans Reill (Cambridge：Cambridge University Press，1996)，pp. 21-37.

③ J. Banks to W. Devaynes，"Memorial Sent to the Deputy Chairman,"27/12/1788 (Letter 268) in *The Indian and Pacific Correspondence of Sir Joseph Banks, 1768-1820*，ed. by Neil Chambers，7 Vols. (London：Pickering & Chatto，2009)，Vol. 2，p. 383.

④ On Kyd and Tea Cultivation Plans See R. Kyd to the Court of Directors，the Honourable East India Company，1/6/1786 (Letter 86) in *The Indian and Pacific Correspondence of Sir Joseph Banks, 1768-1820*，ed. by Neil Chambers，7 Vols. (London：Pickering & Chatto，2009)，Vol. 2，p. 123. See also J. Banks to W. Roxburgh，9/8/1798 (Letter 334)，"Letters 1792-1798," in *The Indian and Pacific Correspondence of Sir Joseph Banks, 1768-1820*，ed. by Neil Chambers，7 Vols. (London：Pickering & Chatto，2011)，Vol. 4，p. 529.

他和林奈一样，对绿茶和红茶取自不同种的茶树表示怀疑。[①] 这两位博物学家的分歧在于如何进行茶树移植。班克斯提交给东印度公司董事会的计划有一个核心特点，那就是与有茶叶种植经验的中国人签约，让他们协助在印度种植和加工茶叶。班克斯制订了一项移植计划，将中国的茶株、工具和技术原封不动地从广州地区迁移到加尔各答的植物园。班克斯承诺拿出 20 英亩土地来进行茶叶的种植和制作试验。[②]

班克斯在与其他人的通信中进一步强调了对中国茶叶技术的需求。他在给最杰出的盟友、18 世纪后期英国的关键政治人物、霍克斯伯里第一代男爵和利物浦第一代伯爵（1st Baron Hawkesbury and 1st Earl of Liverpool）查尔斯·詹金森（Charles Jenkinson，1729-1808）的信中描述说，英国没有人成功地酿造出任何东西，除了用境内灌木茶树叶酿造出一种"刺鼻且不合口味"的饮料，现在"少有新奇的花园没有这种饮料"。[③] 在给 18 世纪 90 年代访问中国的大使乔治·马戛尔尼（George Macartney，1737-1806）的一封信中，班克斯写道，"我们无法模仿"中国茶叶制造过程中使用的化学工艺，由它制作的饮料"适合所有人的口味"，是"我们拥有的最让人提神的药"。[④]

班克斯的计划在其他方面也与林奈的计划不同。相比之下，班克斯考虑的是欧洲而非瑞典，尤其是英国的茶叶市场是如何划分的。我们从他的通信中得知，班克斯和他的妻子对茶的品味非常讲究，他们喜欢"珠兰

[①] J. Banks to W. Devaynes, "Memorial Sent to the Deputy Chairman," 27/12/1788 (Letter 268) in *The Indian and Pacific Correspondence of Sir Joseph Banks, 1768-1820*, ed. by Neil Chambers, 7 Vols. (London: Pickering & Chatto, 2009), Vol. 2, p. 378. Note the tentative plant geography here; Banks writes about the "cooling influence of the neighbouring mountains of Boutan".

[②] J. Banks to W. Devaynes, "Memorial Sent to the Deputy Chairman," 27/12/1788 (Letter 268) in *The Indian and Pacific Correspondence of Sir Joseph Banks, 1768-1820*, ed. by Neil Chambers, 7 Vols. (London: Pickering & Chatto, 2009), Vol. 2., p. 380.

[③] J. Banks to C. Jenkinson, May 1788 (Letter 216) in *The Indian and Pacific Correspondence of Sir Joseph Banks, 1768-1820*, ed. by Neil Chambers, 7 Vols. (London: Pickering & Chatto, 2009), Vol. 2, p. 301.

[④] J. Banks to G. Macartney, 1st Earl Macartney, 22/1/1792 (Letter 231), "Letters 1789-1792," in *The Indian and Pacific Correspondence of Sir Joseph Banks, 1768-1820*, ed. by Neil Chambers, 7 Vols. (London: Pickering & Chatto, 2010), Vol. 3, p. 330.

茶"（Chulan）和"包种茶"（Pouchong）这样的高级货。① 然而，这种偏好并没有影响班克斯设法寻找最有利可图的种茶方式。在他 1788 年给东印度公司的计划中，班克斯认为：

> 所有新制造业都会从劣质产品做起：他们制作质量低劣的产品不会那么困难，与昂贵的商品相比，（当它们被下层人民接触到时）更有可能立即被接受，而昂贵的商品的消费对象是鉴赏力更强的人，而且购买时也较少考虑能不能省几个钱。②

换句话说，班克斯想迎合的是习惯饮用低端武夷红茶的大众市场。根据班克斯的说法，由于英国的商船商务总管的懒惰和中国茶商的欺诈，这种低端茶经常被运到英国。这种观点可能反映了班克斯对东印度公司驻广州雇员协助不足的不满。这些雇员担心，如果印度茶叶开始与中国茶叶竞争，他们就会吃亏。③

　　班克斯与林奈的不同之处不但在如何获得茶树上，而且在对东印度公司运作的理解上，更重要的是，他在对采茶人和制茶人的选择上的思考也不一样。他在提交给东印度公司的报告中写道，印度劳动力由"节俭、勤劳、聪明的当地人组成，习惯了可能比其他任何劳动力都低的工资"，将

---

① See A. Duncan to J. Banks, 7/3/1794 (Letter 118) in *The Indian and Pacific Correspondence of Sir Joseph Banks, 1768-1820*, ed. by Neil Chambers, 7 Vols. (London: Pickering & Chatto, 2011), Vol. 4, p. 200; and Whang Tong to Banks, 18/6/1796 (Letter 258) in *The Indian and Pacific Correspondence of Sir Joseph Banks, 1768-1820*, ed. by Neil Chambers, 7 Vols. (London: Pickering & Chatto, 2011), Vol. 4, p. 391. See also M. Raper to J. Banks 1/12/1788 (Letter 260) in *The Indian and Pacific Correspondence of Sir Joseph Banks, 1768-1820*, ed. by Neil Chambers, 7 Vols. (London: Pickering & Chatto, 2009), Vol. 2, pp. 371-372, explaining the distinctions between different types of tea imported by the EIC.

② J. Banks to W. Devaynes, "Memorial Sent to the Deputy Chairman," 27/12/1788 (Letter 268) in *The Indian and Pacific Correspondence of Sir Joseph Banks, 1768-1820*, ed. by Neil Chambers, 7 Vols. (London: Pickering & Chatto, 2009), Vol. 2, pp. 378-379.

③ J. Banks to W. Devaynes, "Memorial Sent to the Deputy Chairman," 27/12/1788 (Letter 268) in *The Indian and Pacific Correspondence of Sir Joseph Banks, 1768-1820*, ed. by Neil Chambers, 7 Vols. (London: Pickering & Chatto, 2009), Vol. 2, p. 380.

是最理想的劳动力来源。① 这一论点可以追溯到他给东印度公司报告之前的通信。在回复查尔斯·詹金森的一封信时，班克斯详细阐述了"制作茶叶的方法"，指出这涉及"相当多的劳动"，绿茶生产尤其"乏味和昂贵"，因为收货时看到的茶叶都需要"手工揉捻成型"。在殖民地（这里班克斯大概指的是英国在大西洋的属地）和英格兰都找不到可以雇得起的工人。正是在这种情况下，印度脱颖而出。班克斯认为，这里的"劳动力似乎和中国一样便宜"。②

其他人也提出了类似的观点，比如曾忙于绘制印度大陆地图的制图师詹姆斯·伦内尔（James Rennell，1742-1830）。他写信给班克斯说，茶叶生产"最适合印度人"。他们持续的勤奋和柔韧的手指将使整个生意获得巨大的优势。③

因此，当林奈用近代早期经济框架，以白银从大西洋世界流通到亚洲为线索，试图用瑞典栽培的替代品取代中国茶时，班克斯却把眼光放在了大英帝国不断扩张的版图内的劳动力及其价格的情况。班克斯的观点也有政治层面的考量。随着糖、咖啡和烟草构成大西洋贸易的基石，印度茶叶生产为东印度公司提供了这样一个机会，即在宗主国和殖民地之间建立更紧密的联系，但不会侵扰帝国其他地区的贸易。④

班克斯和林奈对茶叶种植和消费方式的看法有不同之处，但二者也有很多共同点。正如奥尔布里顿·琼森（Albritton Jonsson）指出的，林奈和班克斯在如何对待自然方面有一种独特的方法，这种方法一直代表另一种

① J. Banks to W. Devaynes, "Memorial Sent to the Deputy Chaiman," 27/12/1788 (Letter 268) in *The Indian and Pacific Correspondence of Sir Joseph Banks, 1768-1820*, ed. by Neil Chambers, 7 Vols. (London: Pickering & Chatto, 2009), Vol. 2, p. 381.

② J. Banks to C. Jenkison, May 1788 (Letter 216) in *The Indian and Pacific Correspondence of Sir Joseph Banks, 1768-1820*, ed. by Neil Chambers, 7 Vols. (London: Pickering & Chatto, 2009), Vol. 2, pp. 301-302. Banks wrongly thought that green tea was produced by the Chinese for export only.

③ J. Rennell to J. Banks, 22/12/1788 (Letter 265) in *The Indian and Pacific Correspondence of Sir Joseph Banks, 1768-1820*, ed. by Neil Chambers, 7 Vols. (London: Pickering & Chatto, 2009), Vol. 2, p. 375.

④ J. Banks to W. Devaynes, "Note Appended to the Preceding Letter in 'Memorial Sent to the Deputy Chairman'," 27/12/1788 (Letter 268) in *The Indian and Pacific Correspondence of Sir Joseph Banks, 1768-1820*, ed. by Neil Chambers, 7 Vols. (London: Pickering & Chatto, 2009), Vol. 2, p. 381.

对自然的自由理解，这种理解一直持续到 19 世纪及以后。虽然亚当·斯密最终认为市场将有助于解决生态失衡，但林奈和班克斯都认为，在以国家为中心的官房主义框架或帝国经济框架下，博物学家的参与更为重要。①

班克斯的计划迟迟未能实现的原因与这里讲述的历史不同，但在中国和日本以外开始生产茶叶是半个世纪后才开始的事。虽然印度的棉织品贸易输给了英格兰西北部，但它获得了种植茶叶的机遇。印度在阿萨姆邦、大吉岭和斯里兰卡（当时被称为锡兰）雇佣了数百万人进行茶叶生产，其恶劣和奴隶般的工作条件臭名昭著。在 20 世纪，茶叶的生产扩展到了非洲的肯尼亚。中国失去了其近乎全球性的垄断地位，尽管中国继续生产茶叶并用于国内消费和出口。换句话说，也许具有讽刺意味的是，在欧洲人对中国茶的起源和制作有了更全面的了解后，林奈命名的武夷茶和绿茶被并称为"中国茶"，但几十年后，中国以外的茶叶生产就崛起了。这一演变呼应了尊崇重商主义的东印度公司的终结，也呼应了帝国经济的启动。在帝国经济中，英国人利用廉价劳动力，控制了亚洲和后来非洲的茶叶生产。

第四节　染料的全球化与颜色的本土化

纺织品是由东印度公司船只从亚洲进口的第二大商品，仅次于茶叶。从 17 世纪晚期开始，亚洲纺织品对欧洲时尚和室内设计的变化产生了根本性的影响。最著名的例子是从印度进口棉织品。用不褪色的迷人染料印染的印花棉布（Chintz）和印花平布（Calicoes）成为欧洲一些地区的日常用品。本书得出的结论是，特别是在 18 世纪上半叶，中国丝绸，即广受欢迎的五颜六色的花纹锦缎、塔夫绸和北京绸纷至沓来，在几乎无法获得印度货源的瑞典等地产生了重要影响。

当然，不是只有亚洲人才会生产染料和印染品。在同中国丝绸的贸易中，大批法式名称被使用，这本身就表明了 18 世纪时欧洲的色彩是多么丰富。色彩的流行趋势瞬息万变，新的色度和色调组合创造了新的趋势，我

---

① Fredrik Albritton Jonsson, "Rival Ecologies of Global Commerce: Adam Smith and the Natural Historians," *The American Historical Review* 115.5 (2010): 1342-1363.

们在前几章关于瑞典东印度公司丝绸颜色多样性的研究中已经对一些趋势做过描述。其他的工艺流程也在起作用，其中之一是不同染料的供应。正如亚历山大·恩格尔（Alexander Engel）在英国的个案中所表明的那样，非欧洲产的染料，包括靛蓝、胭脂虫（一种用于生产红色的染料）、苏木和其他染料，占了 18 世纪英国使用的所有染料价值的 65%—90%。根据近代早期的染料配方典籍，恩格尔还评估了不同染料的效果。他计算出，在 18 世纪的英国，80%—90% 的染色纺织品的染料来自欧洲之外。①

所用纤维的不同和染料价格的差异也影响了色彩设计。恩格尔将胭脂虫消费量的下降与棉花消费量的上升做了关联考察，指出将胭脂虫染到棉花上效果不佳是其价格下降的原因。真正管用的是一种源自亚洲的以茜草为基础的染料，这种染料经过复杂的染色程序，可以生产一种高质量的红色，叫"土耳其红"。直到 18 世纪中叶，欧洲人才能够复制这种染色工艺，并在棉织品上染出高质量的红色。② 19 世纪初，黑色越来越受欢迎，因为人们发现，借助于苏木，可以制作纯黑的颜色。苏木是一种比之前使用的深靛蓝色和深茜草色混合物便宜得多的染料。在近代早期，纺织品上较深的颜色通常比较浅的颜色的生产成本更高。③

按照惯例，欧洲的染色工人被分为不同的类别。近代早期的德国商人通常属于这两种分支中的一种：一种是黑色染料工（Schwartzfärber）或粗制染料工（Schlechtfärbert），这里的前缀"Schlecht"的意思是"简单"，没有现代这个词所蕴含的负面意思；另一种是精致染料工（Schönfärber）。前者负责在亚麻和羊毛纺织品上染黑色、棕色和深蓝色，而后者则负责在较轻质的材料上试验更广泛的颜色。这两类划分都不是绝对的，事实上，随着时间的推移和地区的变化，染料也会呈现多样化的趋势，新产品会被开发出来，消费模式也会发生变化。④ 同样，法国的染色工人也被分为"大

---

① Alexander Engel, "Colouring Markets: The Industrial Transformation of the Dyestuff Business Revisited," *Business History* 54.1（2012）：10-29.

② Engel, "Colouring," p. 17. See also Giorgio Riello, "Asian Knowledge and the Development of Calico Printing in Europe in the Seventeenth and Eighteenth Centuries," *Journal of Global History* 5.1（2010）：1-28.

③ Engel, "Colouring," pp. 18, 21; William Jervis Jones, *German Colour Terms: A Study in Their Historical Evolution from Earliest Times to the Present*（Amsterdam: John Benjamins Publishing, 2013）, p. 118.

④ Jones, *German*, pp. 119-120.

染色师”和“小染色师”（Teinturiers en Grand et bon teint），前者在更传统的纺织品上使用更多的不褪色染料，后者的染品往往更鲜艳，尽管不那么耐用。法国的染色工人的分类在一定程度上是路易十四的大臣让·巴普蒂斯·科尔伯特（Jean Baptise Colbert）所发起的立法活动的产物。法国对染色程序的规范一度让染色技术试验和染色样式更新衰落。1667 年，法国官方认证的色彩数量固定为 120 种，1730 年又增加了 100 种，其目的是减少昂贵染料的进口，以实现至关重要的贸易出超。[①]

18 世纪的瑞典法规则有所不同，因为染色工人是根据他们所染色的纺织纤维差异进行分类的。斯德哥尔摩的丝绸、亚麻布和棉布染色工人可以使用任何现有的染料，尽管他们必须使用并遵循规定的配方和方法来印染。若是给自己的颜色色调贴错标签，谎称自己的颜色是用耐用、不褪色的染料制成的，工人可能会受到惩罚。颜色的色度也必须符合设定的颜色标准。在判断斯德哥尔摩染色商产品好坏时，均匀度和光泽也是考虑的因素。[②] 在 18 世纪，染色也是一项家庭活动。纱线和较小的纺织品通常在家里染色，而给较大的纺织品染上蓝色、红色和绿色则需要在城镇雇用染色工人。后面这几种颜色通常需要进口的染料，在较大的纺织品上染上均匀的色度（Uniform Shade）也很困难，这一过程需要大型容器或大桶。[③]

虽然商人的工作是生产颜色，但他们对颜色的创意也做出了贡献。近代早期，特别是 18 世纪，颜色理论和染料的使用都得到了发展。正如萨拉·劳文加德（Sara Lowengard）所论述的，颜色是科学和工艺相融合的领域。艾萨克·牛顿（Isaac Newton）等自然哲学家使用棱镜来研究颜色的性质和数量，而更有哲学头脑的商人则试图用不同的染料或染料组合形成固定的配方，将色调分为原色和次色两个不同类别并给颜色排序。从矿物学发展而来的化学，为 18 世纪早期新的合成染料（如普鲁士蓝）的发展提供了一个框架。[④] 这些变化也催生了新的供应体系，其中包括能够提供不

---

① Jones, *German*, pp. 119，121.

② Bergström Eva. *Den blå handen: om Stockholms färgare 1650 - 1900*（Stockholm：Nordiska museets förlag, 2013），pp. 95 - 100.

③ Dahl, Hjördis. *Högsäng och klädbod: ur svenskbygdernas textilhistoria*（Helsingfors：Svenska litteratursällskapet i Finland, 1987），p. 330.

④ Sara Lowengard, The Creation of Color in Eighteenth-Century Europe（electronic resource），http://www. gutenberg-e. org/lowengard/index. html.

同新色调的专业贸易商。① 我们可以把这看作 18 世纪和 19 世纪更广泛的
结构性变化的一部分。正如恩格尔所解释的那样："当定义染料的权力从
市场需求方转到供给方时，它们作为贸易商品的性质就发生了变化：它们
从商品变成专业化的产品。"②

　　然而，这种决定性的力量也与那些用进口染料替代国产染料的人有
关。瑞典进口的外来商品总价值中，非欧洲产的染料价值占了很大一部
分。现存的 1769 年到 1771 年的统计数据显示，只有糖（其价值约占总价
值的 1/3）比染料更重要。靛蓝、胭脂虫和其他非欧洲产的染料的价值占
外来商品总价值的 1/5 以上，烟草占 16%，咖啡占 14%。③ 有鉴于此，有
官房主义思想的瑞典博物学家将目光转向国内，寻找替代品来仿制昂贵的
进口染料所产生的颜色，也就不足为奇了。

　　这些博物学家因应了一场更广泛的运动。18 世纪出现了一系列新技
术，旨在通过染色、上漆、抹灰和镀金等手段，将表面处理得更加独特。④
正如牛顿在 1671 年提出的那样，颜色取决于不同波长的光，并且在某种意
义上是非物质的，从而可以用许多不同的方式模拟。在瑞典早期历史上，
为颜色仿制和染料替代工艺做出最重要贡献的人之一是约翰·林德（Johan
Linder，1678–1724），他后来被封为贵族。林德是一位物理学家，正如他
的瑞典染色艺术所（Swedish Art of Dyeing）展示的那样，他对博物学和染
料有着浓厚的兴趣。1720 年，林德首次出版了《国内药草、草、花、叶、
树皮、腐烂物、植物和矿物质》（*Swedish Art of Dyeing: With Domestic Herbs,
Grass, Flower, Leaves, Barks, Rots, Plants, and Minerals*）一书。⑤ 虽然他是用瑞
典语写作的，但林德的方法是全球性的。林德通过借鉴古代作家和《圣

---

① Engel, "Colouring," p. 11.

② Engel, "Colouring," p. 12.

③ Leos Müller, "Kolonialprodukter i Sveriges handel och konsumtionskultur, 1700–1800," *Histo-
risk tidskrift* 124：2（2004）：224–248.

④ Reed Benhamou, "Imitation in the Decorative Arts of the Eighteenth Century," *Journal of Design
History* 4.1（1991）：1–13；Maxine Berg, "From Imitation to Invention：Creating Commodities
in Eighteenth-Century Britain," *The Economic History Review* 55.1（2002）：1–30.

⑤ Johan Linder, *Swenska färge-konst, med inländska örter, gräs, blomor, blad, löf, barkar, rötter,
wäxter och mineralie*, 2nd ed.（Stockholm：printed by Lars Salvius, 1749）. On Linder/Linde-
stolpe, see George Gezelius, *Försök til et biographiskt lexicon öfver namnkunnige och lärde svenske
män, andra delen, I-R*（Stockholm：printed by Joh. A. Carlbohm, 1779）, pp. 127–128.

经》，讨论了颜色在历史上的使用，这些流派具有鲜明的欧洲和基督教色彩，随后，他转而讨论了贸易和制造业，讨论范围横跨全球。在"论蓝色"的副标题下，我们了解了菲律宾、印度、中国和墨西哥当地关于靛蓝的俗称和东印度群岛靛蓝6种不同的分类，以及西印度群岛靛蓝的优劣。[1]

从全球采购的原材料到巴黎的染料工艺，林德将植物、昆虫、矿物与丰富的颜色命名法联系了起来，这反映了他个人与欧洲大都会物质文化的亲密关系。林德花了相当多的时间在欧洲大陆学习。从东印度贸易中我们辨认出一些颜色名称，如深红色、肉红色、胭脂红、天蓝色、土耳其蓝和蓝莓蓝，但更多的名称从未进入与中国的贸易。[2] 这些关于颜色的丰富背景构成了林德写作这本书的初衷，即推广由国产材料制成的染料。林德在介绍了全球红颜色的历史后总结道："这是关于外国红色的介绍。现在让我们看看，在我们国家是否也可以使用某种染料达到同样的水平。"[3]

蓝莓、杜松子、接骨木果、樱桃和李子，以及苔藓、荨麻和黑桤木都被列为亚洲和大西洋世界染料产品的替代物。[4] 林德熟知北欧地理，包括生物方面的信息。"深红色"的源头可以在"茂密的树下"的阴影中找到，在那里有"真爱之结"四叶重楼草（Trollbär）或巴黎药草（Herba Paris）生长。[5] 在近代早期医学教育中，博物学是一门核心学科。林德利用他的博物学知识，将染料与俗名和学名命名法结合了起来。他还概述了生产适合不同介质染料的诀窍和配方。然而，在这里，他的介绍变得比较笼统。林德将其用瑞典配方所生产的颜色通常简单地称为蓝色、黄色和红色，有时是"深红色"和"淡红色"。[6] 林德描述颜色的模糊化并不一定意味着他的配色没有任何有意或无意的变化。将林德所借鉴的本地资源、知识与18世纪世界性的消费、时尚和科学联系起来，中间缺乏的是作为媒介的语言。其中也有一些例外很能说明问题。例如，在国产染料可以产生的红色中，林德列出了"肉色"和"玫瑰色"。[7] 正如我们在上一章了解到的，这

---

[1] Linder, *Swenska*, p. 54.

[2] Linder, *Swenska*, pp. 38, 39, 59.

[3] Linder, *Swenska*, pp. 29, 38–39, 55–56.

[4] Linder, *Swenska*, pp. 33, 49, 61, 63, 66, 82, 83.

[5] Linder, *Swenska*, p. 44.

[6] Linder, *Swenska*, pp. 44, 45.

[7] Linder, *Swenska*, p. 44.

两个颜色词语经常被用来描述 18 世纪从中国进口到欧洲的丝绸。如果我们认为这些颜色是使用红花（Carthamus Tinctorius）或瑞典语中的藏红花（Safflor）作为活性成分的结果，那么它就不那么反常了。红花在欧亚大陆作为染红和染黄的原料有着悠久的历史。换句话说，与一种众所周知的活性成分联系起来，确实有助于确定红色色度，这也解释了林德在讨论国际化的欧洲未使用的染料成分时，对颜色的描述为何模糊不清。

在林德的描述中，另一个引人注目的方面是使用的媒介有限。林德如何染色的建议针对的纤维几乎完全来自羊毛和亚麻，所染的也都是布匹和纱线。如果我们把林德关于如何去除污渍的章节也包括在内，那么整本书中只有两次提到丝绸。[①] 换句话说，在 18 世纪 20 年代，林德试图用产品复制在全球生产而流行于欧洲大陆的配色方案，它们不但缺乏变化和差异化，而且应用的媒介也仅限于 18 世纪早期瑞典家庭中最常见的纤维。

林德意识到他的设想在提供多样化颜色方面的不足，但他表示他的颜色"适合那些生活在乡村的人"。[②] 他还设想了更好的结果，随着时间的推移，如果人们有足够的兴趣从"外国货"转向"瑞典草本植物和药草"，就会有一个更完整的染色世界。从各方面看，他对"由瑞典羊毛和瑞典亚麻制成并由我们的女性纺织"的以外的材料的忽视是有意而为之。他更喜欢瑞典这些材料，而不是那些来自"印度、波斯、土耳其、西班牙、法国、德国、英国、荷兰"的"蚕丝"。[③] 林德的信息是经济性的，他的颜色也许并不完美，但对欧洲外围国家来说已经足够好了，因为他们买不起异国染料或异国纤维。

其他大多数在瑞典出版的关于染色的书，在涉及地理和政治时描述有些模糊。在某种程度上，这是由这类文献作品的市场决定的，关于染色的图书经常从英语或法语翻译成瑞典语。[④] 许多相同的成分，比如锅灰和强

---

① Linder, *Swenska*, pp. 87, 113.

② Linder, *Swenska*, p. 39.

③ Linder, *Swenska*, p. 2.

④ See for example *Kårt och redig underwisning om färgekonsten, som lärer at sätta allehanda färgor på siden-ylle-och linne-tyger, jämte en liten tillökning om åtskilliga färgor på hår. Det allmänna bästa til tjenst och nytta ifrån ängelskan öfwersatt* (Stockholm: printed by Lars Salvius, 1747); *Fullständig fruentimmers färge-bok, jämte åtsilliga oeconomiska försök och konster til fläckars utta-gande, skins färgande, lacks tilwärkande, med mera. Ifrån danska öfwersatt, med någon tilökning förbättrad* (Lund: printed by Carl Gustaf Berling, 1772). The Danish work referred to in the title is a translation from a French work by Jean Hellot.

化剂①，在整个欧洲都在使用。同样，许多用于制作染料的植物和昆虫的栖息地也跨越了国界，再加上人们可以更普遍地获得全球采购的染料，并且这些染料被运到阿姆斯特丹和伦敦，然后再出口到整个欧洲大陆，因此，有关染色的建议性文献在一定程度上是一种跨国话语也就不足为奇了。

林德独特的瑞典方法源于对北欧动植物的了解，然而，毫不奇怪，林奈及其学生的著作中也复制了这一方法。林奈对颜色的来源有着浓厚的兴趣。在他穿越瑞典的旅途中，他记录下使用国内植物制作染料的情况，他的许多学生也这样做了，比如佩尔·卡尔姆（Pehr Kalm，1716－1779），他因在 18 世纪 40 年代末的北美之旅而闻名。林奈和卡尔姆都在瑞典皇家科学院的期刊上发表了他们的观察摘要。1745 年，也就是他动身前往西部的两年前，卡尔姆发表了一份染色方法和染料用植物清单，其中包括他用蓝莓将袜子染成紫色，这是他在一次国内旅行中发现的。② 在介绍这个话题时，卡尔姆提及了林德和林奈。后者在几年前出版了他自己在波罗的海岛屿哥特兰岛和厄兰岛（Öland）上使用的植物清单，目的是帮助“未受过教育的农民”改进染法。③ 在有关卡尔姆和林奈的叙述中，值得注意的是，他们继续关注的是由亚麻和羊毛制成的纱线和布匹的染色。他们与林德作品的另一个相似之处是颜色表述模糊。不同的染料所产生的颜色被无差别地笼统描述为红、蓝、绿——尽管也有例外。例如，用生长在厄兰岛上的苹果树树皮制成了“相当漂亮的柠檬黄”，林奈在 1742 年总结道。④

瑞典皇家科学院在 18 世纪下半叶继续出版有关颜色、染料的著作。值得注意的是，随着第一种合成染料普鲁士蓝或柏林蓝的发现，人们对化学制色方法的兴趣越来越大。林奈的另一位学生埃里克·利贝克（Eric Lidbeck，1724－1803）也写了一些文章，建议采用农业方法制作金色染料

---

① 强化剂是一种用于食品、饮料、化妆品等产品中的添加剂，可以为产品赋予鲜艳的颜色。（译者注）

② Pehr Kalm，"Förtekning på någre inhemska färgegräs," Kongl. *Vetenskaps-Academiens Handlingar, Oct., Nov., Dec.* （1745）：243-253.

③ Kalm，"Förtekning," p. 20.

④ Carl von Linné，"Förteckning，af de färgegräs，som brukas på Gotland och Öland," Kongl. *Vetenskaps-Academiens Handlingar, Jan., Feb., Mar.* （1742）：20-28 （p. 26）.

（Rubia Tinctorium）。① 直到 18 世纪末，由于诺尔雪平市（Norrköping）当地一位叫约翰·彼得·韦斯特林（Johan Peter Westring，1753–1833）的医生的研究，制作方法才发生了重大变化。

与林奈最后一代学生中的其他几位博物学家一样，韦斯特林特别关注地衣。众所周知，这是一个使用林奈性系统纲目难以对其分类的物种。它们与真菌和藻类一起构成了林奈物种分类中杂类第二十四类的主要内容。最著名的地衣博物学家埃里克·阿卡里斯（Eric Archarius，1757–1819）是邻近的瓦斯泰纳（Vadstena）镇的一位物理学家，他与韦斯特林是密切合作者。韦斯特林根据他的研究讨论了不同地衣物种的分类、栖息地、入药及食用情况，以及他主要关注的用来做染料的情况。

瑞典皇家科学院在 1791 年至 1798 年发表的一篇文章分七部分概述了数百次地衣染色实验的结果。② 在 19 世纪的第一个十年，韦斯特林还制作了八本成系列的小册子，书名为《瑞典地衣的色彩历史，或如何将它们用于染色和其他对家庭有用的方法》（*The Colour History of Swedish Lichen, Or How to Use Them for Colouring and in Other Useful Ways for the Household*）。③ 从韦斯特林第二系列出版物获得的回应来看，他的读者中有一部分是挑剔的化学家。④ 然而，从韦斯特林的著述中可以清楚地看出，除了科学界之外，他还考虑了另外两个非科学界的读者：那些在染色行业工作的人和"好奇的瑞典女士"。⑤

他的作品中提到了许多颜色类别，比如属于棕色的一些色度。在瑞典东印度公司的销售目录中，丝绸经常被简单地描述为"棕色"或"各种棕

① Lidbeck，Eric，Gustaf. "Beskrifning på rätt planter och tilrednings-sättet af färgeörten Krapp," Kongl. *Vetenskaps-Academiens Handlingar, Apr. , May, Jun.* （1755）：117–129.

② Johan P. Westring， "Försök，att af de flesta laf-arter（Lichenes）bereda färgstofter，som sätta höga och vackra färgor på ylle och silke," Kongl. *Vetenskaps-Academiens Handlingar, Apr. , May, Jun.* （1791）：113–138；*Oct. , Nov. , Dec.* （1791）：293–307；*Jan. , Feb. , Mar.* （1793）：35–54；*Jan. , Feb. , Mar.* （1794）：3–31；*Jan. , Feb. , Mar.* （1795）：41–57；*Jul. , Aug. , Sep.* （1797）：176–192；*Jan. , Feb. , Mar.* （1798）：1–21.

③ Johan P. Westring，*Svenska lafvarnas färghistoria, eller sättet att använda dem till färgning och annan hushållsnytta*，Parts 1–8（Stockholm：printed by Carl Delén，1805–109）.

④ Westring，*Svenska*，Part 7，1808，pp. 1–21（'Svar på Recensionen af Svenska Lafvarnes Färghistoria i Ekonomiska Annalerna för December månad 1807'）.

⑤ Westring，*Svenska*，Part 1，1805，p. Ⅵ（'Förtal'）.

色"，相比之下，韦斯特林提供了丰富的棕色。除了"榛子色"（Noisette）、
"栗子色"（Chestnut）和"橡树皮棕色"（Oak Bark Brown）外，我们还发
现了许多更具异国情调的颜色。① 不仅有"巧克力棕"，还有"点心巧克力
牛奶棕"（Dim Choclade au lait）和"圣诞巧克力棕"（Chocla de Santa），以
及两种烟草棕——威尼斯烟草（Tabac de Vénise）和西班牙烟草（Tabac
d'Espagne）。② 在"肉桂棕色"（Cinnamon Brown）旁边，我们找到了"肉
豆蔻"（Nutmeg）和"大黄棕色"（Rhubarb Brown）的参考资料。③ 韦斯特
林的配方也可以用来制作如"埃及大地"（Terre d'Egypte）等颜色，这种
颜色被描述为"灰棕色美丽的阴影"、"木乃伊"、一种"深灰棕色"。④ 正
如上文的例子所说明的那样，命名法在很大程度上起源于法语，以至于我
们似乎可以在韦斯特林的颜色命名法中找到最近法国入侵埃及的痕迹。
韦斯特林还用"小牛毛"（Poil de veaus）作为"金棕色"的同义词，用
"Garance Foncise"作为"暗黄棕色"的同义词。⑤ 使用山藏红花（今天被
称为 Solorina Crocea）作为活性成分，有许多颜色可以应用于丝绸纤维上，
包括标有"奶茶色"（Théau lait）的灰棕色。⑥

　　正如我们在前一章中学到的，茶作为一种参考颜色出现在 17 世纪关于
中国染色的说明书中，关于它的记录也可以在有关广州走私的材料中找
到。然而，在 18 世纪上半叶，它并没有渗透到广州以外的欧亚丝绸贸易
中。当茶在欧洲颜色命名法中被采用时，它指的是一种让人想起牛奶红茶
的颜色，牛奶红茶是一种在欧洲流行的饮品。此外，虽然英国是欧洲第一
茶饮国，但这个颜色词语的起源不是英语，而是时尚的主导语言——
法语。

　　虽然韦斯特林对"茶色"的理解带有明显的欧洲色彩，但他对丝绸这
一媒介以及如何染色的理解，受到了他的中国丝绸体验的影响。韦斯特林
将他的染色结果与其他地方的丝绸颜色进行比较，挑选了这种茶色丝绸，

---

① Westring, *Svenska*, Part 2, 1806, p. 18.
② Westring, *Svenska*, Part 2, 1806, pp. 28, 37, 121.
③ Westring, *Svenska*, Part 5, 1807, pp. 90, 194, 202, 218.
④ Westring, *Svenska*, Part 2, 1806, pp. 12, 201.
⑤ Westring, *Svenska*, Part 3, 1806, pp. 79, 202
⑥ Westring, *Svenska*, Part 3, 1806, p. 107.

声称他的颜色"达到了和中国丝绸一样的光泽"。[①] 除了大量提及棉花外，韦斯特林的书还反映了瑞典广泛使用不同纺织品的情况。作为颜色媒介的纤维，羊毛和亚麻不再是唯一被讨论的对象，因为丝绸和棉花也经常在其制作配方中被列出。所有人都认为地衣是一种染料，可以用于由动物和植物材料制成的新旧纤维染色。

即使韦斯特林生产茶色染料的配方从未被使用过，这个例子也说明了染料是如何与颜色分离的。虽然韦斯特林的颜色命名法源自欧洲时尚中心，甚至结合了有关法国入侵埃及的参考资料，但其中的材料来源地截然不同。韦斯特林的茶色染料是由生长在极地圈上方的地衣制成的，产自瑞典的拉普曼肯（Lappmarken）和芬兰的北部低地（Österbotten）。

第五节　通用色素和合成染料

对丝绸和颜色命名法的关注，在很大程度上源于法语，瑞典语的名称被用作同义词，这乍看上去似乎表明，到世纪之交，瑞典已经融入了西北欧消费世界。这让人有一种颜色反映变化的感觉。例如，韦斯特林经常将特定的色调称为"现代色"。[②] 从他的著述中可以清楚地看出，韦斯特林设想女性会因为有这么多不同的颜色而特别"愉悦"，这反映了他对颜色市场的理解。正如我们在上一章中了解到的，在中国丝绸贸易中，颜色类别是一个重要方面，这也许比颜色上的创新更重要。[③] 18 世纪末和 19 世纪初，欧洲染料的生产和消费也发生了更普遍的转变，这一转变导致非欧洲产染料进口的减少，以及国内染料生产的增加。[④] 从这方面来说，韦斯特林是他那个时代所造就的。

然而，韦斯特林并没有接触到其想象中的农村家庭妇女读者，或者没有把她们作为主要的消费者。她们同样也是颜色生产者，只不过使用的是

① Westring, *Svenska*, Part 1, 1805, p. vii（'Förtal'）.
② Westring, *Svenska*, Part 5, 1807, p. 201；Part 6, 1808, p. 225.
③ Westring, *Svenska*, Part 1, 1805, p. 18；Part 2, 1806, p. 48.
④ Engel, "Colouring," p. 18.

容易获得的廉价染料。① 在这方面，韦斯特林代表了一种与林德和林奈相同的观点。例如，林德从回忆"饥饿是最好的调味品"开始他的叙述，他哀叹，为进口"东印度胡椒、生姜、肉桂、肉豆蔻"和"印度、波斯和土耳其"的丝绸而支付的"铜、铁、黄铜线、兵器、木板、梁、桅杆和焦油，都是在国内用辛勤劳动和汗水制造出来的"。"这个国家很贫穷。外国人拿走了主要资源，留给我们一些边角料。这（对外国人来说）是一场划算的贸易。"林德在 1720 年总结道。我们从林奈对与中国贸易的理解中可以看出一种情绪上的感叹，尽管它是在全球背景下进行的。②

金属、木材和海军用品都是瑞典人制造的瑞典货。在林德和韦斯特林的世界里，重要的是生长在资源丰富的北方地貌中的苔藓和地衣。虽然这些都是有用的原材料，但在 18 世纪晚期，它们并不是与民族身份相关联的消费品。在这方面，林德和韦斯特林的研究框架与英国等不同。在英国，伯明翰、英国陶瓷工业基地（Potteries③）和曼彻斯特制造的玩具、小饰品、盛奶油的陶瓷用具和棉织品成为英国中产阶级认同的核心资产。④松树林，作为一种关注自然、远离现代化和制造业的浪漫传统的一部分，直到后来的 19 世纪才被写进瑞典民族认同的故事中。

韦斯特林的"地衣计划"旨在使瑞典从进口和消费国转向出口和生产型国家。韦斯特林认为，瑞典采集的地衣在为欧洲大陆，尤其是法国和英国市场提供染料原料方面具有巨大潜力。韦斯特林对法国颜色命名法的广泛使用可能也反映了他推动这种出口的意图。韦斯特林估算了采集和出售地衣的规模。在他的愿景中，采集地衣是"穷人"的生计。在这方面，韦斯特林的思路与约瑟夫·班克斯相似，他强调产品与劳动力之间的联系，而不是只关注消费和收入。

随着欧洲西北部新的化学染料生产线的发展，瑞典周边与其他地方都发生了巨大的变化。一系列新型合成染料进入流通市场，普鲁士蓝只是第一个。在韦斯特林发表了他对瑞典苔藓和地衣的研究不到五十年后，随着

---

① Westring, *Svenska*, Part 1, 1805, p. 16; Part 2, 1806, p. 47; Part 3, 1806, p. 104.

② Linder, *Swenska*, p. 20.

③ "Potteries"可用作名词，表示陶瓷制造业或陶瓷产品的总称，这个词通常被用来指英国特伦特河畔斯托克市的陶瓷工业。（译者注）

④ Maxine Berg, *Luxury and Pleasure in Eighteenth-Century Britain* (Oxford: Oxford University Press, 2005).

苯胺紫（Mauveine）的率先问世，合成染料染出色彩鲜艳且均匀的产品，西方的时尚实现大众化。合成染料受到瑞典消费者的青睐，他们很快就学会了欣赏这种新颜色的鲜艳和成色的均匀。① 从合成染料到通用颜色（用数字而不是用法语命名）的飞跃已经不远了。正如瑞典人所了解的，合成染料的颜色褪得更快，使纺织品变得灰暗无光。随着时间的推移，有机染料产生的色调变得更温和、更浅——关于有机染料如何卷土重来是另一个故事。②

小　结

亚洲商品在许多方面对欧洲产生了影响，而这些影响并没有反映到东印度公司的货物分布和贸易统计数据上。林奈曾尝试在瑞典种植中国茶，并以自产茶代替中国茶，但失败了，这段历史说明了欧洲其他地区的发展如何被投射到瑞典的版图之上。将茶的故事简化为瑞典历史只考虑了茶叶替代计划失败的那一部分过往。打破中国对茶叶垄断的尝试也是一项波及全欧洲的长期工程。林奈在哈特坎普与克利福德父子公司的联系，以及林奈在乌普萨拉时与伦敦的约翰·埃利斯的合作都说明了这一点。透过更长的时间阶段，以英国的贡献为重点，我们可以将林奈与约瑟夫·班克斯以及最终于 19 世纪 40 年代在印度取得成功的计划联系起来。班克斯对茶叶的大众市场和生产茶叶所涉及的劳动力的理解，加上林奈的分类学改革，以及他所持续建立的博物学与政治经济学之间的联系，可以追溯到阿萨姆邦、大吉岭和斯里兰卡的茶园。在那时，18 世纪东印度公司贸易的框架已经被 19 世纪英国全面的帝国主义取代。

中国茶叶中的咖啡因含量，决定了中国茶树这种植物无法在欧洲用本土植物来替代。彩色的染料有些不同。从瑞典本土植物中提取的染色物，在确保不褪色方面，可能不如印度用于装饰欧洲市场棉织品的染料。然

---

① Sam Vettese Forster and Robert M. Christie, "The Significance of the Introduction of Synthetic Dyes in the Mid-19th Century on the Democratisation of Western Fashion," *JAIC-Journal of the International Colour Association* 11 (2013): 1-17; Engel, "Colouring," p. 17.

② Dahl, *Högsäng*, pp. 330-333.

而，如果人们满足于临时的印染效果和模糊的颜色，当地的大自然可以提供替代品。18 世纪的染料典籍提供了一种探究全球纺织品和染料贸易对瑞典的影响的方法。与中国丝绸贸易的情况一样，法国时尚持续发挥了作用，提供了可以区分某些颜色和色调的名称，但并非全部。约翰·韦斯特林的"地衣计划"代表了 18 世纪和 19 世纪早期全球和当地交流的高峰。一方面，韦斯特林具有官房主义传统，具有宽广的博物学视野，他把分类学知识用于寻找进口替代品。另一方面，韦斯特林立足于更加一体化的欧洲时尚经济，此时颜色命名法和染料已经相互分离。

跨越两个世纪，我们可以将近代早期物质文化与化工业的发展联系起来。19 世纪后期，合成染料大规模出现为消费者提供了更多标准化颜色的选择，使颜色被普遍编码化。只有在全球背景下，以更长远的视角研究变化的年代和地理，结果才会呈现。对距离的理解为我们正在研究的现象提供了一个认知尺度。

结 语

从新的时空维度看斯堪的纳维亚

　　欧洲北部丝绸和茶叶史是一部由多重历史进程交织而成的全球史，跨越了不同的地域和时代。

　　广州贸易体系的核心是以拉丁美洲的白银为交易媒介。大西洋世界西南部的银矿开采可以追溯至 16 世纪西班牙征服美洲。其后的几个世纪里，随着东印度公司海上贸易的扩张，白银成为一种主要的支付方式，尤其是在不断增长的对华贸易中。丹麦亚洲公司和瑞典东印度公司与中国展开直接贸易相对较晚。在 18 世纪早期的格局中，他们只是小规模的参与者。然而，他们中立的旗帜和相对独立于亚洲其他殖民公司的特性为他们带来了后发优势。当欧洲超级大国处于战争状态时，它们可以继续贸易，且与荷兰东印度公司相比，他们不需要把大量胡椒运到广州来换茶叶。尽管在加的斯购买或从欧洲各地采购拉丁美洲白银来支付中国货物的成本更高，但也有好处。购买优质的武夷头茶，即用于制作廉价红茶的首摘茶叶时，可以更迅速签订合同，无须为运往广州的货物与中国行商进行耗时的讨价还价。就像现代廉价航空公司一样，丹麦亚洲公司和瑞典东印度公司受益于既有的贸易基础，尤其是"广州体制"：所有到达珠江上游的商人均可在同等条件下与十三行商人进行交易。可能更重要的是，斯堪的纳维亚的东印度公司可以从奥斯坦德公司挖来投资者和人力，为他们到广州的航行提供组织支持。一旦货物退到哥本哈根和哥德堡，有来自低地国家的商业网络为中国商品输送到欧洲市场方面发挥关键作用。

　　将斯堪的纳维亚东印度公司贸易史作为全球史的一部分来研究，意味着要超越许多关于这些公司的传统叙事，这些叙事以前都是作为国别史来撰写的，其编年史或以特许状规定的制度变迁为节点，或以反映国别情况和政治为内容。正如本书所展示的那样，虽然国别叙事也是重要的拼图方式，但它们只能为斯堪的纳维亚与亚洲的贸易如何发展提供有限的解释。本书为未来研究中国茶叶种植史和出口型制造业历史，或研究欧洲的养蚕、缫丝、织造和印染工艺的历史提供重要的新视角，希望本书能成为继续探索近代早期全球贸易的参考。

中国丝绸贸易的历史比拉丁美洲白银的全球流通历史要悠久得多。在欧洲东印度公司将丝绸纳入海上贸易之前，桑蚕业和丝织品已经在欧亚大陆上流通了近2000年。当时，丝绸已成为欧洲的"时尚引领者"，借助丝绸这一媒介，新的流行趋势从巴黎和伦敦等中心传播到整个欧洲。虽然我们可以追溯亚洲丝绸对欧洲时尚的早期影响——尤其以巴洛克后期奇异风格为典型，但到18世纪中叶，中国丝绸的设计已不再主导整个欧亚大陆的潮流，转而主动适应欧洲的时尚和需求。这一点在丝绸的色彩体系上尤为明显：泛欧的、以法语为主的色谱命名法帮助中国丝绸融入了欧洲当时的市场。中国的丝绸单品一般比欧洲本地的丝绸单品宽大。更重要的是，这些中国丝绸被认为更便宜，是一种大众轻奢品：既承载着传统精英对奢侈的想象，又以相对低价满足大众消费者。在斯堪的纳维亚半岛，中国丝绸很快开辟了一个新的市场，为买不起法国或本土丝绸的消费者提供廉价的奢华。色彩斑斓的丝绸遍布斯堪的纳维亚半岛，尤其是那些以前很少消费亚洲纺织品的地区。大量中国丝绸进口，以及我们从乌普萨拉和赫尔辛基实施禁奢侈法的消费证据，都表明斯堪的纳维亚北部地区对彩色丝绸服饰特别渴望。丹麦王国，尤其是丹麦本土，在较长时期内从事亚洲纺织品贸易的历史更悠久。由于能获得色彩鲜艳的印度棉织品，斯堪的纳维亚南部地区对廉价中国丝绸的渴求被抑制了。在18世纪中叶的数十年里，丹麦亚洲公司和瑞典东印度公司的垄断保护了国内市场的中国丝绸贸易。与此同时，国家对本土丝绸制造业的支持也推动了与丝绸相关的禁奢法的放宽，这也为亚洲商品的流入打开了一扇窗，至少在18世纪中叶之前是如此。

印度棉织品进入欧洲是近代早期消费和变革史的一个被频频提及的主题。欧洲北部丝绸的历史呈现了一个与主流叙事不同的变化过程，主流叙事通常更关注英格兰的消费。欧洲北部丝绸的历史表明，来自中国的色彩斑斓的大众轻奢丝绸为斯堪的纳维亚北部的棉织品铺平了道路，为消费者提供了世界时尚、颜色和材质方面的参考。在这方面，斯堪的纳维亚进口中国丝绸的历史，确实为欧洲近代早期消费如何因亚洲进口而发生变化的复杂历史增加了一块拼图。但是，我们还需要进一步研究这些丝绸是如何在哥德堡和哥本哈根的拍卖会上出售的，以及它们是如何被分成更小货包，沿着批发和零售链流向北部消费者手中的。

与白银和丝绸相比，茶叶是远距离贸易的新成员。中国的茶叶消费和生产很早就传到了日本，而且在与欧洲的海上贸易兴起之前，茶叶也已通过亚洲陆路向西传播。然而，与中国建立直接贸易后，大量且日益增多的红茶开始进入欧洲，这标志着欧洲消费习惯的转变。欧洲日益增多的咖啡因饮料消费（茶叶和咖啡）的大众市场，以及随之而来的糖和陶瓷市场，反映了近代早期的社会经济进程。勤勉革命的"中心"是荷兰和英国。英国消费者饮用了 3/4 到达欧洲的茶叶。不断扩大的大众茶叶市场带来了财政机遇，高额的茶叶税为英国带来了高额税收。对茶叶的渴求也吸引了那些制造假茶、回收茶加工以及走私茶贸易商的注意。斯堪的纳维亚东印度公司为走私提供茶叶，丹麦人和瑞典人在广州精心拼配和包装茶叶货物反映了来自合法贸易和"标签造假"货物贸易的竞争。由于 18 世纪上半叶英国消费的大部分茶叶可能是走私茶，因此我们可以推断，正是欧洲大陆东印度公司的商船商务总管和从事走私交易的批发商，形塑甚至决定了英国人对茶的品味。

在茶叶如何在欧洲部分地区和中低收入的消费者中流行起来的历史中，武夷和工夫等红茶品类对终端消费者的相对意义，以及各种不同口味和不同产地的茶叶如何拼配于其中，是一个迄今为止尚未被充分挖掘的主题。我们需要进一步探索茶叶的物质史，并将其与其他异国贵重商品的回收、替代和淘汰的历史进行比较。

1784 年的《减税法案》将英国的茶叶税从 119% 降至 12.5%，标志着茶叶走私贸易的终结，斯堪的纳维亚东印度公司与中国贸易的商业逻辑也随之消失。19 世纪，随着印度和大英帝国的其他地区替代中国成为欧洲茶叶市场的供应商，英国的茶叶贸易和消费发生了更为彻底的变化。欧洲北部茶叶和丝绸史连接了 18 世纪的中国茶叶贸易和 19 世纪大英帝国茶叶生产的崛起。我们可以通过关注欧洲的学术史，来探索它们之间的联系。林奈和瑞典博物学为 18 世纪的欧洲提供了科学交流的平台。最重要的是，林奈利用自然达到经济目的的雄心壮志走在了前列，通过植物迁移和茶叶灌木的异地栽培打破中国对茶叶的垄断被视为神圣之举。早在 18 世纪 30 年代，林奈就开始了将茶叶移植到欧洲的探索。当时，他被聘为乔治·克利福德三世的博物学家。乔治·克利福德三世是一位商人银行家，其银行总部设在荷兰，但与包括瑞典东印度公司在内的欧洲东印度贸易关系密切。虽然林奈的茶叶替代计划失败了，但他建立的泛欧洲项目在继续发展。这里所说的泛欧洲项目，可以追溯至 18 世纪末英国以及约瑟夫·班克斯将茶叶种植地由中国转移到印度的尝试。博物学及其与近代早期政治经济学的联系属于殖民科学的范畴，几十年后，殖民科学成功地将茶叶和茶叶生产从中国转移到印度。

如果我们关注博物学和政治经济学，那么在丝绸贸易中如此突出的色彩史也可以与超越 18 世纪的历史联系起来。与近代早期的咖啡和茶叶贸易一样，欧洲进口外来染料也催生了许多替代方案。在 18 世纪，欧洲北部的学者们转而从波罗的海寻找鲜艳染料来源。早期的尝试揭示了用本土材料和媒介替代他国染料和世界性的颜色方案所面临的挑战。其结果是没有获得与国外相区别的颜色，所获得的染料只能用简单的词语描述为蓝色、红色和黄色。到 18 世纪末，标注为本土染料的颜色词语已经大幅增多，这不仅表明时尚和潮流已经拓展至欧洲的最北部，也表明颜色名称与颜色来源或染料之间在实体关联上已经彼此脱钩。人们不再需要使用传统染料来生产契合世界时尚的颜色。随着欧洲化学染色技术取得新的进步，巨大的变革普遍发生。最终，19 世纪，甚至 20 世纪的历史，成为合成染料的历史，成为以数字而非法语命名通用颜色的历史。

通常，以政治经济为中心的讨论在国家框架下展开，将其与全欧洲的学术嬗变相结合，我们可以跨越更长的时限，在更广袤的地域范围内研究欧亚贸易所产生的影响，植物迁移、进口替代失败或成功的历史变得不那么重要。相反，更惹人注目、值得持续探讨的是咖啡因和颜色的历史，以及它们对消费、生产、勘探和开发的影响。

综上所述，中国茶和丝绸在北欧的历史是一部从广州到哥本哈根、哥德堡，从奥斯坦德、阿姆斯特丹到伦敦的历史，是一部全球的历史。此外，它还与欧洲更广为人知的英国茶叶消费历史和斯堪的纳维亚半岛鲜为人知的大众轻奢丝绸消费史彼此相关。通过从物质史转向政治经济学和科学史，我们可以将视野延伸到19世纪早期第二英帝国在亚洲的崛起以及合成染料在欧洲的诞生。换言之，欧洲北部的茶叶和丝绸史不仅是一部与斯堪的纳维亚相关的历史，也是一部远远超越18世纪中叶瑞典和丹麦时空范畴的历史。

附　录

附　录　1

1733—1767年丹麦亚洲公司与瑞典东印度公司进口的茶叶量统计

单位：千克

销售年份（欧洲）	公司	已知载货明细船次/总船次	武夷茶	饼茶	工夫茶	小种茶	松萝茶	熙春茶	熙春皮茶	白毫茶	雀舌茶	屯溪茶	其他品种	货物总量
1733	瑞典东印度公司（SEIC）	0/1												
1735	丹麦亚洲公司（DAC）	1/1	280712	4183	15910	726		1595		7152			28480	338759

184

续表

销售年份（欧洲）	公司	已知载货明细船次/总船次	武夷茶	饼茶	工夫茶	小种茶	松萝茶	熙春茶	熙春皮茶	白毫茶	雀舌茶	屯溪茶	其他品种	货物总量
1736	瑞典东印度公司（SEIC）	0/1												
1737	丹麦亚洲公司（DAC）	1/1	242270	7458	13908		14235	793		9973	806			289443
	瑞典东印度公司（SEIC）	0/1												
1738	丹麦亚洲公司（DAC）	1/1	288649	3495	9787		8574			3237				313742
	瑞典东印度公司（SEIC）	0/1												
1739	丹麦亚洲公司（DAC）	1/1	258599	3582	1610		48795	1288		1212				315086
	瑞典东印度公司（SEIC）	1/2	112745	3209	7365	9984	20560			4697			130	158690
	斯堪的纳维亚地区合计（Scan. total）		371344	6791	8975	9984	69355	1288		5909			130	473776
1740	丹麦亚洲公司（DAC）	1/1	270989	7007	3310		55279			3353				339938
	瑞典东印度公司（SEIC）	1/1	271460	3479	2221	2027	13305						2556	295048

续表

销售年份（欧洲）	公司	已知载货明细船次/总船次	武夷茶	饼茶	工夫茶	小种茶	松萝茶	熙春茶	熙春皮茶	白毫茶	雀舌茶	屯溪茶	其他品种	货物总量
1740	斯堪的纳维亚地区合计（Scan. total）		542449	10486	5531	2027	68584			3353			2556	634986
1741	丹麦亚洲公司（DAC）	2/2	635106	8078	5902		100921	1898		6057	1936			759898
1742	瑞典东印度公司（SEIC）	3/3	721216	12228	14992	14672	53266	63		12367			1807	830611
1743	丹麦亚洲公司（DAC）	1/1	307038	3449	3812		26499	2360		3509	726			347393
	瑞典东印度公司（SEIC）	1/1	257852	3493		5058	24421			3221			457	294502
	斯堪的纳维亚地区合计（Scan. total）		564890	6942	3812	5058	50920	2360		6730	726		457	641895
1744	丹麦亚洲公司（DAC）	1/1	332750		3025		36300	908		3630	1210			377823
	瑞典东印度公司（SEIC）	1/1	311109	968	3630		45369	1573		1513	2113			366275
1745	瑞典东印度公司（SEIC）	3/3	740779	4593	24056	14519	8633			10256			2133	804969
	斯堪的纳维亚地区合计（Scan. total）		1051888	5561	27686	14519	54002	1573		11769	2113		2133	1171244

续表

销售年份（欧洲）	公司	已知载货明细船次/总船次	武夷茶	饼茶	工夫茶	小种茶	松萝茶	熙春茶	熙春皮茶	白毫茶	雀舌茶	屯溪茶	其他品种	货物总量
1746	丹麦亚洲公司（DAC）	1/1	157408	1198	3025		25209	834		3660	1210			192544
1747	丹麦亚洲公司（DAC）	2/2	680211	1842	8175		46652	1569		6449	3378			748276
	瑞典东印度公司（SEIC）	1/2	214785		15595	31448								261828
	斯堪的纳维亚地区合计（Scan. total）		894996	1842	23770	31448	46652	1569		6449	3378			1010104
1748	丹麦亚洲公司（DAC）	2/2	583962	5039	51147		91049	4366		14823	7293		1320	758999
	瑞典东印度公司（SEIC）	3/3	797993		26288	23688				239			542	848750
	斯堪的纳维亚地区合计（Scan. total）		1381955	5039	77435	23688	91049	4366		15062	7293		1862	1607749
1749	丹麦亚洲公司（DAC）	2/2	763390	2228	13720		99146	2837	6187	12208	3972		432	904120
	瑞典东印度公司（SEIC）	3/3	760488	3329	36766	48084	6162	14757		7208			143	876937
	斯堪的纳维亚地区合计（Scan. total）		1523878	5557	50486	48084	105308	17594	6187	19416	3972		575	1781057

续表

销售年份（欧洲）	公司	已知载明细船次/总船次	武夷茶	饼茶	工夫茶	小种茶	松萝茶	熙春茶	熙春皮茶	白毫茶	葡萄茶	屯溪茶	其他品种	货物总量
1750	丹麦亚洲公司（DAC）	2/2	679641	4550	26434		85074	1892		15524	6814		457	820386
	瑞典东印度公司（SEIC）	1/1	277079	2349	10186	14546	13885	2505		3340			827	324717
	斯堪的纳维亚地区合计（Scan. total）		956720	6899	36620	14546	98959	4397		18864	6814		1284	1145103
1751	丹麦亚洲公司（DAC）	2/2	919672	1815	21432		51584	3052	11790	1838	1815			1012998
	瑞典东印度公司（SEIC）	2/2	801592	4771	35768	33963	16251	16983		16550			2864	928742
	斯堪的纳维亚地区合计（Scan. total）		1721264	6586	57200	33963	67835	20035	11790	18388	1815		2864	1941740
1752	丹麦亚洲公司（DAC）	1/1	403838	1815	29766		12826	1392	5324	1392	2662			459015
	瑞典东印度公司（SEIC）	2/2	774676	3552	68848	46096		1596	3370	12379			2329	912846
	斯堪的纳维亚地区合计（Scan. total）		1178514	5367	98614	46096	12826	2988	8694	13771	2662		2329	1371861
1753	丹麦亚洲公司（DAC）	3/3	1169163	2481	91476		26499	4598	12645	4477	2723			1314062

续表

销售年份（欧洲）	公司	已知载货明细船次/总船次	武夷茶	饼茶	工夫茶	小种茶	松萝茶	熙春茶	熙春皮茶	白毫茶	雀舌茶	屯溪茶	其他品种	货物总量
1753	瑞典东印度公司（SEIC）	1/1	397963	1535	58349	8370	12182	2808		8154			1785	491146
	斯堪的纳维亚地区合计（Scan. total）		1567126	4016	149825	8370	38681	7406	12645	12631	2723		1785	1805208
1754	丹麦亚洲公司（DAC）	2/2	783774	5052	48948		30163	1908	3351	8580	2390			884166
	瑞典东印度公司（SEIC）	3/3	861985	5746	176591	22741	17598	15657		12318			5022	1117658
	斯堪的纳维亚地区合计（Scan. total）		1645759	10798	225539	22741	47761	17565	3351	20898	2390		5022	2001824
1755	丹麦亚洲公司（DAC）	1/1	382723	1210	40838		8349	2541	5445	2420	1452			444978
1756	瑞典东印度公司（SEIC）	3/4	1245133	3607	300155	41579	1606	5870	4497	9816			2914	1615177
1757	丹麦亚洲公司（DAC）	1/1	356712	1210	18953		19874	5279	574	4719	1863		303	409487
	瑞典东印度公司（SEIC）	1/1	382291	6828	56154	28494	10200	7468		9065			439	500939
	斯堪的纳维亚地区合计（Scan. total）		739003	8038	75107	28494	30074	12747	574	13784	1863		742	910426

续表

销售年份（欧洲）	公司	已知载货明细船次/总船次	武夷茶	饼茶	工夫茶	小种茶	松萝茶	熙春茶	熙春皮茶	白毫茶	雀舌茶	屯溪茶	其他品种	货物总量
1758	丹麦亚洲公司（DAC）	1/1	329415	1158	37659		40126	2957	6573	3119	1755		385	423147
	瑞典东印度公司（SEIC）	1/1	334551	2446	81794	18731	6267	5006		6010			519	455324
	斯堪的纳维亚地区合计（Scan. total）		663966	3604	119453	18731	46393	7963	6573	9129	1755		904	878471
1759	丹麦亚洲公司（DAC）	1/1	355251	1181	47951		6679	1627	6090	3025	1513		1189	424506
	瑞典东印度公司（SEIC）	2/2	929927	3910	128776	44886	10016	4312		10288			606	1132721
	斯堪的纳维亚地区合计（Scan. total）	3/3	1285178	5091	176727	44886	16695	5939	6090	13313	1513		1795	1557227
1760	丹麦亚洲公司（DAC）	3/3	1059570	1427	113484		14686	2166	5507	11180	6665		1187	1215872
1761	丹麦亚洲公司（DAC）	2/2	599071	2360	46767		38539	5808		5687	1452	23474	121	723279
	瑞典东印度公司（SEIC）	2/4	934680	2580	106552	22781	13991	4583	4808	6712		18340	655	115682
	斯堪的纳维亚地区合计（Scan. total）		1533751	4940	153319	22781	52530	10391	4808	12399	1452	41814	776	1838961

续表

销售年份（欧洲）	公司	已知载货明细船次/总船次	武夷茶	饼茶	工夫茶	小种茶	松萝茶	熙春茶	熙春皮茶	白毫茶	雀舌茶	屯溪茶	其他品种	货物总量
1762	丹麦亚洲公司（DAC）	1/1	346847	1392	34122		10890	1694	3267	3570	2965	5264	61	410072
	瑞典东印度公司（SEIC）	1/1	551401		78432	7175	6123	1598	1358	1993			212	648292
	斯堪的纳维亚地区合计（Scan. total）		898248	1392	112554	7175	17013	3292	4625	5563	2965	5264	273	1058364
1763	丹麦亚洲公司（DAC）	2/2	1060928	2783	75020		25047	4719	11677	8289	4417	7018		1199898
	瑞典东印度公司（SEIC）	2/2	1059141	3039	133795	20175	10113	4648	3131	3954			394	1238390
	斯堪的纳维亚地区合计（Scan. total）		2120069	5822	208815	20175	35160	9367	14808	12243	4417	7018	394	2438288
1764	丹麦亚洲公司（DAC）	3/3	1110720	1573	95832		31218	3933	6716	6413	7805	5990	847	1271047
	瑞典东印度公司（SEIC）	2/2	921658	2279	131318	10373	7178	3173	6113	2163			595	1084850
	斯堪的纳维亚地区合计（Scan. total）		2032378	3852	227150	10373	38396	7106	12829	8576	7805	5990	1442	2355897
1765	丹麦亚洲公司（DAC）	2/2	900119	2965	84156		15912	5385	7865	8107	3146	16517		1044172

续表

销售年份（欧洲）	公司	已知载货明细船次/总船次	武夷茶	饼茶	工夫茶	小种茶	松萝茶	熙春茶	熙春皮茶	白毫茶	雀舌茶	屯溪茶	其他品种	货物总量
1765	瑞典东印度公司（SEIC）	1/1	505083	1172	81978	12485		5746	1551	1230		4341	339	613925
	斯堪的纳维亚地区合计（Scan. total）		1405202	4137	166134	12485	15912	11131	9416	9337	3146	20858	339	1658097
1766	丹麦亚洲公司（DAC）	2/2	758610	1755	55116		18090	6413	6837	5143	5445	7381	61	864851
	瑞典东印度公司（SEIC）	1/2	499214	694	33360	6435	5272	2694	862	3299	5445		178	552008
	斯堪的纳维亚地区合计（Scan. total）		1257824	2449	88476	6435	23362	9107	7699	8442	5445	7381	239	1416859
1767	丹麦亚洲公司（DAC）	1/1	429369	1150	60682		12342	4780	5566	5869	3328	11072	61	534219
	瑞典东印度公司（SEIC）	2/2	912200	1627	131593	15396	8582	7625	1881	5778			605	1085287
	斯堪的纳维亚地区合计（Scan. total）		1341569	2777	192275	15396	20924	12405	7447	11647	3328	11072	666	1619506

资料来源：Neg. prot. Vols. 1116–1154；Kasse-og hovedboger fra kinaskibene 2190–2231，DAC，RAC；Christian Koninckx，*The First and Second Charters of the Swedish East India Company, 1731–1766: A Contribution to the Maritime, Economic and Social History of North-Western Europe in Its Relationship with the Far East*（Kortrijk：Van Ghemmert，1980），pp. 451–452；John Andersen-Juul，Asiatisk Kompagnis Kinahandel 1732–1772，unpublished essay（special historie），Department of History，University of Copenhagen，1978.

附 录 2

1733—1759年丹麦亚洲公司与瑞典东印度公司进口的丝绸匹数统计

单位：匹

运至欧洲的年份	公司	进口丝绸匹数	床用锦缎	花纹锦缎	其他锦缎	棱纹花绸	高哥纶	北京绸	缎子	塔夫绸	光亮绸	其他
1733	瑞典东印度公司（SEIC）	9087	358	859	654	164	2142	2391	691	1345	120	363
1735	丹麦亚洲公司（DAC）	401			200	100	100	1				
1736	瑞典东印度公司（SEIC）	6267	601		2538	270		27	1424	885	89	433
1739	丹麦亚洲公司（DAC）	40			34							6
1740	丹麦亚洲公司（DAC）	800	200	170				180	150	100		
1742	瑞典东印度公司（SEIC）	15004	582	4917	206	1367		1021	1407	4704	6	794
1743	丹麦亚洲公司（DAC）	238					238					

续表

运至欧洲的年份	公司	进口丝绸匹数	床用锦缎	花纹锦缎	其他锦缎	棱纹花绸	高哥纶	北京绸	缎子	塔夫绸	光亮绸	其他
1743	瑞典东印度公司（SEIC）	5871	310	1699	100	657		702	629	1668		106
1745	瑞典东印度公司（SEIC）	22148	802	6692	817	4694	6	1989	819	5502	63	764
1746	丹麦亚洲公司（DAC）	3057	240	1080		522	707	100	70		338	
1747	瑞典东印度公司（SEIC）	5380	244		2869	451		433	91	1262	15	15
1748	丹麦亚洲公司（DAC）	480		200		100	180					
1748	瑞典东印度公司（SEIC）	19385	1124	8346	260	1793		920	405	6293	7	237
1749	瑞典东印度公司（SEIC）	11641	740	4592	82	1991		582	683	2838	72	61
1750	丹麦亚洲公司（DAC）	100				100						
1751	丹麦亚洲公司（DAC）	250	150								100	
1751	瑞典东印度公司（SEIC）	1725	90	502	1	538		80	52	454		8

续表

运至欧洲的年份	公司	进口丝绸匹数	床用锦缎	花纹锦缎	其他锦缎	梭纹花绸	高哥纶	北京绸	缎子	塔夫绸	光亮绸	其他
1752	丹麦亚洲公司（DAC）	2555	200	650		550	715				440	
1752	瑞典东印度公司（SEIC）	8921	260	2537	115	1177		341	1417	3043		31
1753	丹麦亚洲公司（DAC）	1190	100	500		280	310					
1753	瑞典东印度公司（SEIC）	5746	300	2290	2	616		313	427	1793		5
1754	丹麦亚洲公司（DAC）	3234	100	800		410	1030		195	150	478	71
1754	瑞典东印度公司（SEIC）	11656	355	2982	7	1591		1376	4516	762	2	65
1755	丹麦亚洲公司（DAC）	1324	120	450		30	400			147	116	61
1755	瑞典东印度公司（SEIC）	16				8			3	5		
1756	丹麦亚洲公司（DAC）	4897	400	899	235	710	1535		306		680	132
1756	瑞典东印度公司（SEIC）	419	30	122		118				149		

续表

运至欧洲的年份	公司	进口丝绸匹数	床用锦缎	花纹锦缎	其他锦缎	棱纹花绸	高哥纶	北京绸	缎子	塔夫绸	光亮绸	其他
1757	丹麦亚洲公司（DAC）	5090	500	850	200	800	1300		370	200	750	120
1757	瑞典东印度公司（SEIC）	1886	120	1000	60	50				286		370
1758	丹麦亚洲公司（DAC）	2692	100	600		644	600		50	200	498	20
1758	瑞典东印度公司（SEIC）	3810	140	1340		406		130	50	1700	36	8
1759	丹麦亚洲公司（DAC）	644	30	250		200	100		60			4
1759	瑞典东印度公司（SEIC）	175			1	7			8	132		27
	瑞典东印度公司总计	129137	6056	37878	7712	15898	2148	10305	12622	32821	410	3287
	丹麦亚洲公司总计	26992	2140	6449	669	4446	7215	281	1201	797	3400	414
	斯堪的纳维亚地区总计	156129	8196	44327	8381	20344	9363	10586	13823	33618	3810	3701

资料来源：Kasse－og hovedbøger fra kinaskibene 2190, 2192－2193, 2195－2196, 2199, 2204－2205, 2207－2208, 2209b, 2211; Neg. Prot. Vols. 1120－1121, 1127, 1129－1131, 1134, 1136－1137, DAC, RAC; Försäljningskataloger, Vols. 1－4, 6－21, KA, RAS. 这些目录已由斯德哥尔摩的瑞典国家档案馆ERC 项目"欧洲的亚洲世纪"扫描，现在通过华威大学图书馆数字馆藏向公众开放 http://contentdm. warwick. a. uk/cdm/landingpage/collection/swedish。

注：这些数字包括大件丝绸匹数。被称为"Peeling"和绢帕类的小件丝绸未统计在内，成衣或成衣的衣料也被排除在外；不包括为丹麦王室购买或作为圣赫勒拿岛礼物使用的布匹。

196

附录 3　斯堪的纳维亚地区大事记（译者补充）

3—4 世纪，斯堪的纳维亚诸部族向西欧和南欧移民。

10 世纪，罗马天主教从丹麦传入瑞典。

970 年，瑞典首任国王胜利者埃里克六世（Erik Segersall）登基。

1008 年，奥洛夫·舍特康努格（Olof Skotkonung）成为瑞典首个基督教国王。

1016 年，丹麦国王克努特大帝（Knud II den Store）攻占英格兰全境，建立了版图包括挪威、英格兰、苏格兰大部和瑞典南部的"北海大帝国"。

1042 年，北海大帝国瓦解。

1397 年，丹麦、挪威（含冰岛、法罗群岛、格陵兰岛等）、瑞典（含芬兰）三国在瑞典的卡尔马举行会议，成立丹麦王室主导的卡尔马联盟（Kalmar Union）。

1523 年，瑞典脱离卡尔马联盟独立，古斯塔夫一世·瓦萨（Gustav I Vasa）任瑞典国王。挪威与瑞典继续保持联合。

1527 年，瑞典与教皇决裂，开始宗教改革。

1563—1570 年，瑞典和丹麦为争夺波罗的海海上霸权展开第一次北方战争。1570 年双方签订和约，丹麦遏制瑞典的图谋失败。

1593 年，路德宗成为瑞典国教。

1611 年，瑞典宣称拥有关于挪威北方领土的权利，丹麦对瑞典宣战。

1612 年，丹麦军队控制了哥德堡，瑞典丧失出海口。

1613 年，英格兰国王詹姆斯一世促成丹麦和瑞典和谈，丹瑞战争结束。

1616 年，丹麦受荷兰东印度公司的启发，建立丹麦东印度公司，并计划殖民锡兰。

1618 年，三十年战争开始，瑞典加入新教阵营参战，对抗神圣罗马帝国。

1625 年，瑞典控制了利沃尼亚（Livonia）地区（今属爱沙尼亚和拉脱维亚）。

1632 年，瑞典国王古斯塔夫二世·阿道夫（Gustav Ⅱ Adolf）在德国境内吕岑战役（Battle of Lutzen）中阵亡。

1634 年，瑞典军队在德国境内纳德林根（Nördlingen）战役中战败，撤回国内。

1645 年，丹麦与瑞典签订《布勒姆瑟布鲁条约》（Brömsebro Treaty）。丹麦、挪威王国将哥得兰岛、埃泽尔岛（Ösel，即萨列马岛）及挪威的哈耶达伦（Härjedalen）、耶姆特兰（Jämtland）割让给瑞典，免除瑞典商品的海峡税。

1648 年，法国与瑞典联军战胜神圣罗马帝国，三十年战争以《威斯特伐利亚和约》签署告终，瑞典得到了德意志领土波美拉尼亚、维斯马、威尔登和不来梅等地。

1655 年，瑞典趁波俄战争爆发，出兵波兰，第二次北方战争爆发，相关国家参战。

1656 年，勃兰登堡-普鲁士被瑞典打败，被迫成为瑞典盟邦。瑞典、哥萨克酋长国、特兰西瓦尼亚、勃兰登堡、摩尔多瓦、瓦拉几亚等国，正式组成同盟；波兰则与俄国、克里米亚汗国结盟。

1658 年，瑞典和丹麦签订《洛斯基尔德和平协议》（Loeskilde Peace Agreement），从丹麦手里收复了南部沿海的斯科讷、布勒金厄等地，版图空前广阔。

1660 年，瑞典国王卡尔十世（Charles X）突然去世，世仇波兰趁机与瑞典签订和平条约，第二次北方战争结束。波兰放弃对瑞典王位的要求，放弃利沃尼亚，瑞典在波罗的海势力大增。

1675 年，斯堪尼亚（Scania）战争爆发，丹麦试图重新控制斯堪尼亚，但未能成功。

1700 年，大北方战争（第三次北方战争）开始，俄国、丹麦、波兰结盟，与瑞典交战。

1709 年，瑞典国王卡尔十二世（Charles Ⅻ）在今乌克兰境内被俄国沙皇彼得一世击溃，逃至奥斯曼帝国。瑞典由盛转衰，俄国开始取代瑞典成为北欧及波罗的海地区的新兴强国。

1720 年，丹麦通过《弗里德里希堡条约》（Treaty of Friedrichburg）重新控制石勒苏益格。

1721 年，大北方战争结束，瑞典战败，丧失了波罗的海属地及军事强国地位，利沃尼亚地区被并入俄国。

1729 年，丹麦国王弗雷德里克四世（Frederick Ⅳ）收回了丹麦东印度公司的经营权，公司宣告破产。

1730 年，丹麦东印度公司重组为丹麦亚洲公司恢复经营。

1731 年，瑞典东印度公司成立，于 18 世纪成为瑞典最大型贸易公司，直至 1813 年停止运作。

1732 年，丹麦亚洲公司被赋予对亚洲贸易的垄断权，掌握丹麦对中国、印度和东南亚的贸易。

1772 年，丹麦王室取消了丹麦亚洲公司的垄断权，并于 1779 年开始直接管辖丹属印度的土地和事务。

1773 年，丹麦重新控制荷尔斯泰因部分地区。

1800 年，丹麦与俄罗斯、普鲁士成立武装中立联盟。

1807 年，丹麦与英国发生炮舰战争，丹麦经济遭到毁灭性打击。

1809 年，俄国吞并了瑞典统治下的芬兰。芬兰成为俄罗斯帝国内的大公国，沙皇亚历山大一世兼任芬兰大公。

1813 年，瑞典正式加入反法同盟，瑞典东印度公司停止运营。

1814 年，丹麦与瑞典签订《基尔条约》（Treaty of Kiel），丹麦将挪威割让给瑞典。挪威乘机宣布独立并颁布了宪法。瑞典对其发动战争，挪威被迫同意作为一个国家臣服于瑞典国王，结成瑞典-挪威联合王国。

1845 年，印度特兰奎巴及其周围的所有丹麦人的定居点被尽数卖给英国。

1868 年，丹麦在印度的最后一块殖民地——尼科巴群岛，被卖给英国。

1905 年，挪威脱离联盟独立，瑞典主导的瑞典-挪威联合王国解散。

1918 年，苏俄通过《革命政府关于芬兰独立的宣言》，芬兰独立。

参考文献

未出版文献

Rigsarkivet, Copenhagen (**Danish National Archive**)

Asiatisk Kompagni arkiv

Auktionsregnskaber over indk. ostindiske og kinesiske varer 1786–1839

Kasse- og hovedbøger fra kinaskibene

Kinesiske Ekspeditioners kopibog

Negotieprotokoller for Kinafarere

Danske Cancelli Kommissionen arkiv

Den Esmarckske arkivaflevering, 1727–1757, A. G. Moltkes protocol, solgte ladninger i Asiatiske Kompagni, Vol. 232

Christen Jensen Lindencrone arkiv

Brevkopiebog 1738–1743, 1746, 1751, 1753–1758

Riksarkivet, Stockholm (**Swedish National Archive**)

Kommerskollegiums arkiv

Enskilda arkiv inom Kommerskollegium, Ostindiska kompaniet, Försäljnings kataloger, Vols. 1–21

These catalogues have been scanned on behalf of the ERC project Europe's Asian Centuries by the Swedish National Archive in Stockholm and are now made available to the general public via the Warwick University Library, Warwick Digital Collection, http://contentdm. warwick. a. uk/cdm/landingpage/collection/swedish.

Nationaal Archief, TheHague (**National Archive of the Netherlands**)

Vereenigde Oostindische Compagnie Archief

canton 167

Landsarkivet i Göteborg（Gothenburg Regional Archive）

Öijareds arkivet

a 406 FIII

Östads arkivet

A 152

Göteborgs universitetsbibliotek（Gothenburg University Library）

Svenska ostindiska kompaniets arkiv

Rådplägningsbok för skeppet Götha Leijon http://www. ub. gu. se/samlingar/handskrift/ostindie/dokument/document. xml? id = 40

Balansräkningar för kontoret i Kanton 1772-1783, 1785-1786 http://www. ub. gu. se/samlingar/handskrift/ostindie/dokument/document. xml? id = 71

Skeppspredikanten C. C. Ströms papper, nr 1152: Promemoria, uppsatt af Michael Grubb, för någon till Canton afgående Ostindiska Compagniets agent. http://www. ub. gu. se/samlingar/handskrift/ostindie/dokument/document. xml? id = 101

Stockholms stadsarkiv（Stockholm City Archive）

Magistrat och rådhusrätten 1626-1849

Övriga ämnes ordnade Handlingar, F25: 11, Försäljningskataloger

James Ford Bell Library, Minneapolis University Library

Charles Irvine Collection

Uppsala universitets arkiv（Uppsala University Archive）

E IIIa Vol. 39, 1740

Warwick University

Europe's Asian Centuries: Trading Eurasia 1600 - 1830, database, transcribed records of EIC orders to China（Excel sheet "China 1706-1750"），http://www2. warwick. ac. uk/fac/arts/history/ghcc/eac/databases/english/; transcribed records of EIC orders to India（Excel sheet "Bengal 1706-1753", "Bombay 1708-1753", "Madras 1706-1753"），http://www2. warwick. ac. uk/fac/arts/history/ghcc/eac/databases/english/.

Warwick University Library, Warwick Digital Collection, Swedish East India Company Försäljningskataloger, Vols. 1 – 21, http://warwick. ac. uk/fac/arts/history/ghcc/eac/databases/scandinavian/.

Unpublished academic work

Andersen-Juul, John. Asiatisk Kompagnis Kinahandel 1732–1772 [unpublished essay (special historie), Department of History, University of Copenhagen, 1978].

Farrell, William. Silk and Globalisation in Eighteenth-Century London: Commodities, People and Connections c. 1720–1800 (unpublished doctoral thesis, University of London, Birkbeck College, 2014).

Muskett, Paul. English Smuggling in the Eighteenth Century (unpublished doctoral thesis, Open University, 1996).

Tsai, Simon Yang-Chien. Trading for Tea: A Study of the English East India Company'sTea Trade with China and the Related Financial Issues, 1760–1833 (unpublished doctoral thesis, University of Leicester 2003).

已出版文献

Advice to the Unwary, or, an Abstract, of Certain Penal Laws Now in Force Against Smuggling in General, and the Adulteration of Tea: with Some Remarks Very Necessary to be Read by All Persons, that They May not Run Themselves into Difficulties, or Incur Penalties Therefrom (London: Sold by G. Robinson, 1780).

Ahlberger, Christer. *Konsumtionsrevolutionen. 1, Om det moderna konsumtionssamhällets framväxt 1750–1900* (Göteborg: Humanisti ska fakulteten, Univ., 1996).

Aldman, Lili-Annè. *En merkantilistisk början: Stockholms textila import 1720–1738* (Uppsala: Acta Universitatis U psaliensis, 2008).

Aldman, Lili-Annè, "Customers and Markets for 'New' Textiles in Seventeenthand Eighteenth-Century Sweden," in *Selling Textiles in the Long Eighteenth Century: Comparative Perspectives from Western Europe*, eds. by Jon Stobart and Bruno Blondé (Basingstoke: Palgrave Macmillan, 2014), pp. 46–66.

Andersson, Eva, I., "Foreign Seductions: Sumptuary Laws, Consumption and National Identity in Early Modern Sweden," in *Fashionable Encounters:*

Perspectives and Trends in Textile and Dress in the Early Modern Nordic Wworld, eds. by Tove Engelhardt Mathiassen and others (Oxford: Oxbow Books, 2014), pp. 15-29.

Andersson, Gunilla, "Broderad sidenlyx," in *Ostindiska Compagniet: affärer och föremål*, ed. Kristina Söderpalm, 2nd ed. (Göteborg: Göteborgs stadsmuseum, 2003), pp. 193-202.

Ashworth, William J., *Customs and Excise: Trade, Production and Consumption in England, 1640-1845* (Oxford: Oxford University Press, 2003).

Avery, Martha, *The Tea Road: China and Russia Meet across the Steppe* (Beijing: China Intercontinental Press, 2003).

Banks, Joseph, "Letters 1783-1789" in *The Indian and Pacific Correspondence of Sir Joseph Banks, 1768-1820*, ed. by Neil Chambers, 7 Vols. (London: Pickering & Chatto, 2009), Vol. 2.

Banks, Joseph, "Letters 1789-1792" in *The Indian and Pacific Correspondence of Sir Joseph Banks, 1768-1820*, ed. by Neil Chambers, 7 Vols. (London: Pickering & Chatto, 2010), Vol. 3.

Banks, Joseph, "Letters 1792-1798" in *The Indian and Pacific Correspondence of Sir Joseph Banks, 1768-1820*, ed. by Neil Chambers, 7 Vols. (London: Pickering & Chatto, 2011), Vol. 4.

Barton, H. Arnold, *Canton vid Drottningholm. Ett mönstersamhälle för manufakturer från 1700-talet* (Borås: Arena, 1985).

Barton, H. Arnold, "Kanton," in *Kina Slott*, ed. Göran Alm (Stockholm: Byggförlaget/Kultur, 2002), pp. 306-326.

Becker-Christensen, Henrik. *Dansk toldhistorie. 2, Protektionisme og reformer: 1660-1814* (Copenhagen: Toldhistorisk selskab, 1988).

Benhamou, Reed, "Imitation in the Decorative Arts of the Eighteenth Century," *Journal of Design History* 4.1 (1991): 1-13.

Berg, Maxine, "From Imitation to Invention: Creating Commodities in Eighteenth Century Britain," *The Economic History Review* 55.1 (2002): 1-30.

Berg, Maxine, *Luxury and Pleasure in Eighteenth-Century Britain* (Oxford: Oxford University Press, 2005).

Berg, Maxine ed. , *Goods from the East, 1600 - 1800: Trading Eurasia* (Basingstoke and New York: Palgrave Macmillan, 2015).

Bergström, Eva, *Den blå handen: om Stockholms färgare 1650–1900* (Stockholm: Nordiska museets förlag, 2013).

Boje, Per, "Danish Economic History—Towards a New Millennium," *Scandinavian Economic History Review* 50. 3 (2002): 13–34.

Bowen, Huw V. , " 'So Alarming an Evil': Smuggling, Pilfering and the English East India Company, 1750 - 1810," *International Journal of Maritime History* 14. 1 (2002): 1–31.

Bowen, Huw V. , *The Business of Empire: The East India Company and Imperial Britain, 1756–1833* (Cambridge: Cambridge University Press, 2006).

Brenna, Brita, "Natures, Contexts, and Natural History," *Science, Technology & Human Values* 37. 4 (2012): 355–378.

Bresicus, Meike von, "Worlds Apart? Merchant, Mariners, and the Organization of the Private Trade in Chinese Export Wares in Eighteenth-Century Europe," in *Goods from the East, 1600 - 1800: Trading Eurasia*, ed. Maxine Berg (Basingstoke and New York: Palgrave Macmillan, 2015), pp. 168–182.

Brewer, John, "The Error of Our Ways: Historians and the Birth of Consumer Society," *Cultures of Consumption (ESRC-AHRB) Working Paper* 12 (2004), http://www. consume. bbk. ac. uk/publications. html (accessed 10 May 2015).

Bruijn, Jaap R. and Femme S. Gaastra ed. , *Ships, Sailors and Spices: East India Companies and Their Shipping in the 16th, 17th and 18th Centuries* (Amsterdam: NEHA, 1993).

Cain, Peter J. and Anthony G. Hopkins, *British Imperialism, 1688 - 2000* (Harlow: Longman, 2002).

Carlén, Stefan, "An Institutional Analysis of the Swedish Salt Market, 1720–1862," *Scandinavian Economic History Review* 42. 1 (1994): 3–28.

Clemmensen, Tove and Mogens B. Mackepr ang, *Kina og Danmark, 1600–1950: Kinafart og Kinamode* (Copenhagen: Nationalmuseet, 1980).

Clunas, Craig, "Modernity Global and Local: Consumption and the Rise of the West," *The American Historical Review* 104. 5 (1999): 1497-1511.

Cole, William Alan, "Trends in Eighteenth Century Smuggling," *The Economic History Review* 10. 3 (1958): 395-410.

Colenbrander, Sjoukje, *Zolang de weefkunst bloeit: zijdeweverijen in Amsterdam en Haarlem, 1585-1750,* Academisch proefschrift (Amstertam: Gw: Instituut voor Cultuur en Geschiedenis, 2010).

Cook, Harald, John, *Matters of Exchange: Commerce, Medicine, and Science in the Dutch Golden Age* (New Haven: Yale University Press, 2007).

Cooper, Alix, *Inventing the Indigenous: Local Knowledge and Natural History in Early Modern Europe* (Cambridge: Cambridge University Press, 2007).

Cornelius, Paul F. S. and Patricia A. Cornelius, "Ellis, John (*c.* 1710-1776)," in *Oxford Dictionary of National Biography*, eds. by H. C. G. Matthew and Brian Harrison (Oxford: Oxford University Press, 2004). Online ed. by Lawrence Goldman, May 2005. http://0-www. oxforddnb. com. pugwash. lib. warwick. ac. uk/view/article/8703 (accessed 8 July 2015).

Crosby, Alfred W. , *The Columbian Exchange: Biological and Cultural Consequences of 1492* (Westport, CT: Praeger, 2003).

Cuenca-Esteban, Javier, "India's Contributi on to the British Balance of Payments, 1757 - 1812," *Explorations in Economic Historyy* 44. 1 (2007): 154-176.

Cumming, V. , C. W. Cunnington, and P. E. Cunnington eds. , *The Dictionary of Fashion History* (Oxford: Berg, 2010).

Dahl, Camilla Luise and Piia L empiäinen, "The World of Foreign Goods and Imported Luxuries: Merchant and Shop Inventories in Late 17th-century Denmark-Norway," in *Fashionable Encounters: Perspectives and Trends in Textile and Dress in the Early Modern Nordic World*, eds. by Tove Engelhardt Mathiassen and others (Oxford: Oxbow Books, 2014), pp. 1-14.

Dahl, Hjördis. *Högsäng och klädbod: ur svenskbygdernas textilhistoria* (Helsingfors: Svenska litteratursällskapet i Finland, 1987).

Dahlbäck Lutteman, Helena. *Svenskt porsl in: fajans, porslin och flintgods 1700-1900* (Västerås: Ica bokförl. , 1980).

Daniels, Christian and Nicholas K. Menzies, "Agro-Industries: Sugarcane Technology, Agro-industries and Forestry," in *Science and Civilisation in China* 6, ed. Joseph Needham (Cambridge: Cambridge University Press, 1996).

Daston, Lorain, "Nationalism and Scientific Neutrality under Napoleon," in *Solomon's House Revisited: The Organization and Institutionalization of Science*, ed. by Tore Frängsmyr (Canton, MA: Science History Publications, 1990), pp. 95-119.

Degryse, Karel, "The Origins of the Growth of the West-European Tea Trade in the 18th Century," in *Maritime Food Transportt*, ed. by Klaus Friedland (Köln: Böhlau, 1994), pp. 483-519.

Degryse, Karel and Jan Parmantier, "Maritime Aspects of the Ostend Trade to Mocha, India and China (1715-1732)," in *Ships, Sailors and Spices: East India Companies and Their Shipping in the 16th, 17th and 18th Centuries*, eds. by Jaap R. Bruijn and Femme S. Gaastra (Amsterdam: NEHA, 1993), pp. 137-175.

'Den 28. Sept. Angående inrikes tillwärkade siden-warors friare bruk, än de förre förordningar mot yppighet innehålla' (from 28/9 1736) in *Utdrag utur alle ifrån 1729. års slut utkomne publique handlingar, placater, förordningar, resolutioner ock publicationer som riksens styrsel samt inwärtes hushållning och författningar i gemen, jämwäl ock Stockholms stad i synnerhet, angå med nödige citationer af alle paralel-stellen, som utwisa hwad ändringar tid efter annan i ett eller annat mål kunnat wara giorde. Hwarförutan de uti desse handlingar åberopade äldre acters innehåll korteligen anföres, så ofta nödigt warit. Följande efterst wid hwar del ett fullkomligt orda-register öfwer des innehåll D. 2, Til år 1740* (Stockholm: printed by Lorentz Ludewig Grefings, 1746), pp. 1302-1303.

Deng, Gang, "The Foreign Staple Trade of China in the Pre-modern Era," *The International History Review* 19. 2 (1997): 253-285.

Dermigny, Louis. *La Chine et l'Occident: le commerce à Canton au 18e siècle 1719-1833*. 4 Vols. (Paris, 1964).

Dickson, David, Jan Parmentier and Jane Ohlmeyer eds. , *Irish and Scottish Mercantile Networks in Europe and Overseas in the Seventeenth and Eighteenth*

Centuries (Gent: Academia Press, 2007).

Dietz, Bettina, "Contribution and Co-production: The Collaborative Culture of Linnaean Botany," *Annals of Science* 69. 4 (2012): 551–569.

Dietz, Bettina, "Linnaeus' Restless System: Translation as Textual Engineering in Eighteenth-Century Botany," *Annals of Science* 73. 2 (2014): 1–16.

Diller, Stephan. *Die Dänen in Indien, Südostasien und China (1620–1845)* (Wiesbaden: H arrassowitz, 1999).

Drake, Gustaf. 'Linnés försök till inhemsk teodling', *Svenska Linnés ällskapets årskrifft* 10 (1927): 68–83.

Drayton, Richard, H., *Nature's Government: Science, Imperial Britain, and the "Improvement"of the World* (New Haven: Yale University Press, 2000).

Easterby-Smith, Sarah, "Cross-channel Commerce: The Circulation of Plants, People and Botanical Culture between France and Britain c. 1760–c. 1789," in *Intellectual Journeys: The Translation of Ideas in Enlightenment England, France and Ireland*, eds. by Lise Andries and others (Oxford: Voltaire Foundation, 2013), pp. 215–230.

Elizabeth, Currie, "Diversity and Design in the Florentine Tailoring Trade, 1560–1620," in *The material Renaissance*, eds. by Michelle O'Malley and Evelyn Welch (Manchester: Manchester University Press, 2008), pp. 154–173.

Engel, Alexander, "Colouring Markets: The Industrial Transformation of the Dyestuff Business Revisited," *Business Historyy* 54. 1 (2012): 10–29.

Engelhardt Mathiassen, Tove. 'Tekstil-import til Danmark cirka 1750–1850', *Den gamle By, Danmarks Købstadsmuseumr* (1996): 80–104.

Engelhardt Mathiassen, Tove, "Luxurious Textiles in Danish Christening Garments: Fashionable Encounters across Social and Geographical Borders," in *Fashionable Encounters: Perspectives and Trends in Textile and Dress in the Early Modern Nordic World*, eds. by Tove Engelhardt Mathiassen and others (Oxford: Oxbow Books, 2014), pp. 183–200.

Engellau-Gullander, Cecilia. 'Jean Eric Rehn och nyttokonsten på 1700-talet. En historiografisk studie', *Konsthistorisk tidskrift* 70. 1 (2001): 171–188.

Evans, Chris, Owen Jackson, and Göran Rydén, "Baltic Iron and the

British Iron Industry in the Eighteenth Century," *The Economic History Review* 55. 4（2002）: 642-665.

Fairchilds, Cissie, "Consumption in Early Modern Europe. A Review Article," *Comparative Studies in Society and History* 35. 4（1993）: 850-858.

Fairchilds, Cissie, "The Production and Marketing of Populuxe Goods in Eighteenth-Century Paris," in *Consumption and the World of Goods*, eds. by John Brewer and Roy Porter（London, New York: Routledge, 1993）, pp. 228-248.

Feldbæk, Ole, *India Trade under the Danish Flag, 1772-1808: European Enterprise and Anglo-Indian Remittance and Trade*（Lund: Studentlitteratur, 1969）.

Feldbæk, Ole, "Eighteenth-Century Danish Neutrality: Its Diplomacy, Economics and Law," *Scandinavian Journal of History* 8. 1（1983）: 3-21.

Feldbæk, Ole. ed. *Danske handelskompagnier 1616-1843: oktrojer og interne ledelsesregler*（Copenhagen: Se lskabet for Udgivelser af Kilder til Dansk Historie, 1986）.

Feldbæk, Ole, "The Danish Asia Trade, 1620-1807: Value and Volume," *Scandinavian Economic History Review* 39. 1（1991）: 3-27.

Feldbæk, Ole. 'Storhandelens tid: 1720-1814', in *Dansk søfarts historie*, 7 Vols.（Copenhagen: Gyldendal, 1997）, Vol. 3.

Findlay, Ronald and Kevin, H. O'Rourke, "Commodity Market Integration, 1500-2000," in *Globalization in Historical Perspective*, eds. by Michael D. Bordo, Alan M. Taylor, and Jeffrey G. Williamson（Chic ago: University of Chicago Press, 2003）, pp. 13-64.

Finlay, Robert, "Weaving the Rainbow: Visions of Color in World History," *Journal of World History* 18. 4（2007）: 383-431.

Finlay, Robert, *The Pilgrim Art: Cultures of Porcelain in World History*（Berkeley, CA: University of California Press, 2010）.

Fitzpatrick, Matthew P. , "Provincializing Rome: The Indian Ocean Trade Network and Roman Imperialism," *Journal of World History* 22. 1（2011）: 27-54.

Flynn, Dennis, O. and Arturo Giraldez, "Path Dependence, Time Lags, and the Birth of Globalization: A Critique of O'Rourke and Williamson," *European Review of Economic History* 8. 1 (2004): 81–108.

Flynn, Dennis, O. and Arturo Giraldez, "Born again: Globalization's Sixteenth Century Origins (Asian/Global versus European Dynamics)," *Pacific Economic Review* 13. 3 (2008): 359–387.

'Förnyad förordning emot en och annan yppighet' (from 20/1 1746) in *Utdrag utur alle ifrån 1729. års slut utkomne publique handlingar, placater, förordningar, resolutioner ock publicationer som riksens styrsel samt inwärtes hushållning och författningar i gemen, jämwäl ock Stockholms stad i synnerhet, angå med nödige citationer af alle paralel-stellen, som utwisa hwad ändringar tid efter annan i ett eller annat mål kunnat wara giorde. Hwarförutan de uti desse handlingar åberopade äldre acters innehåll korteligen anföres, så ofta nödigt warit. Följande efterst wid hwar delett fullkomligt orda-register öfwer des innehåll*, D. 3, Til 1747 års slut (Stockholm; printed by Lorentz Ludewig Grefings, 1749), pp. 2274–2282.

Frängsmyr, Tore. *Ostindiska kompaniet: människorna, äventyret och den ekonomiska drömmen* (Höganäs: Bra böcker, 1976).

Fullständtig fruentimmers färge-bok, jämte åtsilliga oeconomiska försök och konster til flfl äckars uttagande, skins färgande, lacks tilwärkande, med mera. Ifrån danska öfwersatt, med någon tilökning förbättradd (Lund: printed by Carl Gustaf Berling, 1772).

Fur, Gunlög M. *Colonialism in the margins: Cultural Encounters in New Sweden and Lapland* (Leiden: Brill Academic Publishers, 2006).

Gasch-Tomás, José L., "Globalisation, Market Formation and Commodification in the Spanish Empire. Consumer Demand for Asian Goods in Mexico City and Seville, c. 1571–1630," *Revista de Historia Económica/Journal of Iberian and Latin American Economic History* (New Series) 32. 1 (2014): 189–221.

Gascoigne, John, *Science in the Service of Empire: Joseph Banks, the British State and the Uses of Science in the Age of Revolution* (Cambridge: Cambridge Univ ersity Press, 1998).

Gascoigne, John, *Joseph Banks and the English Enlightenment: Useful*

Knowledge and Polite Culture (Cambridge: Cambridge University Press, 2003).

Gezelius, George. *Försök til et biographiskt lexicon öfver namnkunnige och lärde svenske män*, andra delen, I-R (Stockholm: print ed by Joh. A. Carlbohm, 1779).

Gill, Conrad, "The Affair of Porto Novo: An Incident in Anglo-Swedish Relations," *The English Historical Review*, 73 (1958): 47–65.

Giraldez, Arturo, *The Age of Trade: The Manila Galleons and the Dawn of the Global Economy* (Lanham: Rowman & Littlefield, 2015).

Glamann, Kristof, *Dutch-Asiatic Trade 1620–1740* (Copenhagen: Danish Science Press, 1958).

Glamann, Kristof, "The Danish Asiatic Company, 1732–1772," *Scandinavian Economic History Review* 8. 2 (1960): 109–149.

Glamann, Kristof. *Otto Thott's uforgribelige tanker om kommerciens tilstand: et nationaløkonomisk programskrift fra 1735* (Copenhagen: Festskrift udgivet af Københa vns Universitet, 1966).

Glamann, Kristof. 'Et kameralistisk programskrift: Uforgribelige tanker om kommerciens tilstand og opkomst', in *Studier i dansk merkantilisme: omkrinng tekster af Otto Thott*, ed. and written by Kristof Glamann and Erik Oxenbøll (Copenhagen: Akademisk forlag, 1983), pp. 11–77.

Gøbel, Erik, "The Danish Asiatic Company's Voyages to China, 1732–1833," *Scandinavian Economic History Review* 27. 1 (1979): 22–46.

Gøbel, Erik, "Danish Trade to the West Indies and Guinea, 1671–1754," *Scandinavian Economic History Review* 31. 1 (1983): 21–49.

Gøbel, Erik, "Danish Companies' Shipping to Asia, 1616–1807," in *Ships, Sailors and Spices: East India Companies and Their Shipping in the 16th, 17th and 18th Centuries*, eds. by Jaap R. Bruijn an Femme S. Gaastra (Amsterdam: NEHA, 1993), pp. 99–120.

Gøbel, Erik, "Danes in the Service of the Dutch East India Company in the Seventeenth Century," *International Journal of Maritime History* 16. 1 (2004): 77–94.

Godden, Geoffrey A. , *Oriental Export Market Porcelain and Its Influence on European Wares* (London: Granada, 1979).

Gottmann, Felicia, *Global Trade, Smuggling, and the Making of Economic Liberalism: Asian Textiles in France 1680 – 1760* (Basingstoke and New York: Palgrave Macmillan, forthcoming).

Grandjean, Bredo L. *Dansk ostindisk porcelaen: importen fra Kanton ca. 1700–1822* (Copenhagen, Thaning & Appels, 1965).

Grandjean, Bredo L. *Kongelig dansk porcelain: servisgods 1775 – 1975* (Malmö: Malmö Museum, 1975).

Hansen, Valerie, *The Silk Road: A New History* (Oxf ord: Oxford University Press, 2012).

Harler, C. R., *The Culture and Marketing of Tea* (London: Oxford University Press, 1933).

Hechscher, Eli F. 'De svenska manufakturerena under 1700–talet', *Ekonomisk Tidskrift* 39 (193 7): 152–221.

Heckscher, Eli F. 'Jonas Alströmer', in *Svenskt biografiskt lexikon* http://sok. riksarkivet. se/sbl/artikel/5732 (accessed 7 July 2015).

Hellman, Lisa, "Social Relations in the Canton Trade: Information Flows, Trust, Space and Gender in the Swedish East India Company," *The Bulletin of the Institute for World Affairs and Cultures, Kyoto Sangyo University*, 28 (2013): 205–225.

Hellman, Lisa, "Men You Can Trust? Intercultural Trust and Masculinity in the Eyes of Swedes in Eighteenth Century Canton," in *Encountering the Other: Ethnic Diversity, Culture and Travel in Early Modern Sweden*, eds. by Fredrik Ekengren and Magdalena Naum (Suffolk: Boydell & Brewer, forthcoming).

Henschen, Ingegerd. *Kattuntryck: svenskt tygtryck 1720–1850* (Stockholm: Nordiska museet, 1992).

Hodacs, Hanna and Leos Müller, "Chests, Tubs and Lots of Tea—The European Market for Chinese Tea and the Swedish East India Company, c. 1730–1760," in *Goods from the East, 1600–1800: Trading Eurasia*, ed. by Maxine Berg (Basingstoke and New York: Palgrave Macmillan, 2015), pp. 277–293.

Hodacs, Hanna, "Local, Universal and Embodied Knowledge: Anglo-Swedish Contacts and Linnaean Natural History," in *Global Scientific Practice in the Age of Revolutions, 1750 – 1850*, eds. by Patrick Manning and Daniel Rood (Pittsburgh：Pittsburgh University Press, forthcoming).

Högberg, Staffan. *Utrikeshandel och sjöfart på* 1700 – *talet：stapelvaror i svensk export och import* 1738–1808 (St ockholm：Bonnier, 1969).

Hoppe, Birgitte. 'Kulturaustausch zwischen Europa und Indien auf wissenschaftlicher Grundlage im frühen pietistischen Missionswerk', in *Der BolognaProzess und Beiträge aus seinem Umfeld*, ed. Dagmar Hülsenberg (Roßdorf：TZ-Verlag, 2009), pp. 133–173.

Hutchison, Ragnhild. 'Exotiska varor som förändrat vardagen. Kaffe och te i Norden, 1750–1850', in *Glob al historia från periferin：Norden* 1600–1850, ed. Leos Müller, Gör an Rydén, and Holger Weiss (Lund：Studentlitteratur, 2010), pp. 117–135.

Hutchison, Ragnhild, *In the Doorway to Development: An Enquiry into Market Oriented Structural Changes in Norway ca. 1750 – 1830* (Leiden：Brill, 2012).

Israel, Jonathan I. , *Dutch Primacy in World Trade 1585–1740* (Oxford：Clarendon, 1989).

Jensen, Niklas Thode, "Making It in Tranquebar：Science, Medicine and the Circulation of Knowledge in the Danish-Halle Mission, c. 1732–44," in *Beyond Tranquebar: Grappling across Cultural Borders in South India*, eds. by Esther Fihl and A. R. Venkatachalapathy (Delhi：Orient Blackswan, 2014), pp. 325–351.

Johansen, Hans Chr. , "Scandinavian Shipping in the Late Eighteenth Century in a European Perspective," *The Economic History Review* 45. 3 (1992)：479–493.

Jones, William Jervis, *German Colour Terms: A Study in Their Historical Evolution from Earliest Times to the Present* (Amsterdam：John Ben jamins Publishing, 2013).

Jonsson, Fredrik Albritton, "Rival Ecologies of Global Commerce：Adam Smith and the Natural Historians," *The American Historical Review* 115. 5 (2010)：

1342–1363.

Jonsson, Fredrik Albritton, "Natural History and Improvement: The Case of Tobacco," in *Mercantilism Re-imagined: Political Economy in Early Modern Britain and Its Empire*, eds. by Philip J. Stern and Carl Wennerlind (Oxford: Oxford University Press, 2013), pp. 117–133.

Jörg, Christian. J. A., *Porcelain and the Dutch China Trade* (The Hague: M. Nijhof f, 1982).

Jörg, Christiaan J. A., "Chinese Export Silks for the Dutch in the 18th Century," *Transactions of the Oriental Ceramic Society* 73 (2010): 1–23.

Jørgense n, J. B. Bro., *Industriens Historie i Danmark. 2, Tiden 1730–1820* (Copenhagen: Selskabet for udgivelse af kilder til dansk historie, 1975).

Kærgård, Niels, Bo Sandelin, and Arild Sæther, "Scandinavia, Economics," in *The new Palgrave Dictionary of Economics*, eds. by Steven N. Durlauf and Lawrence E. Blume, 2nd ed. (The New Palgrave Dictionary of Economics Online: Palgrave Macmillan, 2008). http://www. dictionaryofeconomics. com/article? id=pde2008_S000520 doi: 10. 1057/9780230226203. 1479 (accessed 12 July 2015).

Kalm, Pehr. 'Förtekning på någre inhemska färgegräs', *Kongl. Vetenskaps Academiens Handlingar* Oct., Nov., Dec., (1745): 243–253.

Kårt och redig underwisning om färgekonsten, som lärer at sätta allehanda färgor på siden-ylle-och linne-tyger, jämte en liten tillökning om åtskilliga färgor på hår. Det allmänna bästa til tjenst och nytta ifrån ängelskan öfwersatt (Stockholm: printed by Lars Salvius, 1747).

Kelsall, Philip, "The Danish Monopoly Trading Companies and Their Shareholders, 1730–1774," *Scandinavian Economic History Review* 47. 3 (1999): 5–25.

Kent, Heinz Sigrid Koplowitz, *War and Trade in Northern Seas: Anglo-Scandinavian Economic Relations in the Mid-eighteenth Century* (Cambridge: Cambridge University Press, 1973).

Kim, Elizabeth, "Race Sells. Racialized Trade Cards in 18th-century Britain," *Journal of Material Culture* 7. 2 (2002): 137–165.

Kjellberg, Anne, "English 18th-century Silks in Norway," in *Seidengewebe des 18. Jahrhunderts: Die Industrien in England und in Nordeuropa = 18th-Century Silks: The Industries in England and Northern Europe*, ed. by Regula Schorta (Riggisberg：Abegg-Stiftung Riggisberg, 2000), pp. 135–145.

Kjellberg, Sven T. *Svenska ostindiska compagnierna 1731–1813: kryddor, te, porslin, siden* (Malmö：Allhem, 1975).

Koerner, Lisbet, *Linnaeus：Nature and Nation* (Cambridge, MA：Harvard University Press, 1999).

Kongl. Collegii medici kundgiörelse om thet miszbruk och öfwerfl öd, som thé och caffé drickande är underkastat, samt anwisning på swenska örter at bruka i stället för thé (Stockholm：printed by Pet. Momma, 1746).

'Kongl. Maj：ts förordning emot yppighet och överflöd' (26/6 1766) in *Utdrag utur alle ifrån 1729. års slut utkomne publique handlingar, placater, förordningar, resolutioner ock publicationer som riksens styrsel samt inwärtes hushållning och författningar i gemen, jämwäl ock Stockholms stad i synnerhet, angå med nödige citationer af alle paralel-stellen, som utwisa hwad ändringar tid efter annan i ett eller annat mål kunnat wara giorde. Hwarförutan de uti desse handlingar åberopade äldre acters innehåll korteligen anföres, så ofta nödigt warit. Följande efterst wid hwar delett fullkomligt orda-register öfwer des innehåll D. 8, Til 1767 års slut* (Stockholm：Kongl. Tryckeriet, 1795), pp. 131–137.

Koninckx, Christian, *The First and Second Charters of the Swedish East India Company (1731–1766): A Contribution to the Maritime, Economic and Social History of North-Western Europe in Its Relationships with the Far East* (Kortrijk：Van Ghemmert, 1980).

Kristensen Søndergaard, Rikke, "Made in China：Import, Distribution and Consumption of Chinese Porcelain in Copenhagen c. 1600–1760," *Post-Medieval Archaeology* 48. 1 (2014)：151–181.

Larsen, Kay. *Den danske Kinafart* (Copenhagen：Gad, 1932).

Lassen, Aksel, "The Population of Denmark, 1660–1960," *Scandinavian Economic History Review* 14. 2 (1966)：134–157.

Lauring, Kåre, 'Kinahandelen-et spørsmål om finansiering', in *Søfart, politik, identitet, tilegnet Ole Feldbœk* ed. Hans Jeppesen （Copenhagen： Falcon, 1996）, pp. 215-226.

Lee-Whitman, Leanna, "The Silk Trade： Chinese Silks and the British East India Company," *Winterthur Portfolio* 17 （1982）： 21-41.

Lemire, Beverly, *Cotton* （Oxford： Berg, 2011）.

Lemire, Beverly, "An Education in Comfort," in *Selling Textiles in the Long Eighteenth Century: Comparative Perspectives from Western Europe*, eds. by Jon Stobart and Bruno Blondé （Basingstoke： Palgrave Macmillan, 2014）, pp. 13-29.

Lesger Clé Maria, *The Rise of the Amsterdam Market and Information Exchange: Merchants, Commercial Expansion and Change in Spatial Economy of the Low Countries*, *c. 1550-1630* （Aldershot： Ashgate, 2005）.

Lidbeck, Eric, Gustaf. 'Beskrifning på rätt planter och tilrednings-sättet af färgeörten Krapp', *Kongl. Vetenskaps-Academiens Handlingar*, April, Maj, Jun. , （1755）： 117-129.

Lin, Man Houng, "World Recession, Indian Opium, and China's Opium War," in *Mariners, Merchants and Oceans: Studies in Maritime History*, ed. by K. S. Mathew （New Delhi： Manohar, 1995）, pp. 385-417.

Lind, Ivan. *Göteborgs handel och sjöfart 1637 - 1920: his torisk-statistisk översikt* （Göteborg： Skrifter utgivna till Göteborgs stads trehundraårsjubileum, 1923）.

Linder, Johan. *Swenska färge-konst, med inländska örter, gräs, blomor, blad, löf, barkar, rötter, wäxter och mineralie*, 2nd ed. （Stockholm： printed by Lars Salvius, 1749）.

Lindroth, Sten. *Kungl. Svenska vetenskapsakademiens historia 1739-1818.* Part I： Vol. I, *Tiden intill Wargentins död （1783）* （Stockholm： Kungl. Vetenskapsaka demien, 1967）.

Linné, Carl von. 'Förteckning, af de färgegräs, som brukas på Gotland och Öla nd', *Kongl. Vetenskaps-Academiens Handlingar*, Jan. , Febr. , Mart. , （1742）： 20-28.

Linné, Carl von, *Flora Svecica* （Stockholm： Forum, 1986）.

Linné, Carl von. *Linnés avhandling Potus theae 1765* (Uppsala: Svenska Linnésällskapet, 2002).

Linné, Carl von, *A Selection of the Correspondence of Linnæus and Other Naturalists, from the Original Manuscripts*, ed. by James Edward Smith, 2 Vols. (London: printed for Longman, Hurst, Rees, Orme, and Brown, Paternoster Row, 1821), Vol. 1.

Liu, Yong, *The Dutch East India Company's Tea Trade with China, 1757-1781* (Leiden: Brill, 2007).

Ljungberg, Jonas and Lennart Schön, "Domestic Markets and International Integration: Paths to Industrialisation in the Nordic Countries," *Scandinavian Economic History Review* 61. 2 (2013): 101-121.

Lönnqvist, Bo. 'Siden, sammet, trasa, lump ···Klädestilar i Helsingfors på 1740-talet', in *Narika* 1981, ed. L. Arkio and M. -L. Lampinen (Helsinki: Helsingin kaupunginmuseo, 1982), pp. 98-122.

Lowengard, Sara, *The Creation of Color in Eighteenth-Century Europe* (electronic resource) http://www. gutenberg-e. org/lowengard/index. html (accessed 25 January 2015).

Machado, Pedro, "Awash in a Sea of Cloth: Gujarat, Africa, and the Western Indian Ocean, 1300-1800," in *The Spinning World: A Global History of Cotton Textiles, 1200-1850*, eds. by Giorgio Riello and Prasannan Parthasarathi (Oxford: Oxford University Press, 2011), pp. 161-179.

Mackillop, Andrew, "A North Europe World of Tea: Scotland and the Tea Trade, ca. 1690-ca. 1790," in *Goods from the East, 1600-1800: Trading Eurasia*, ed. by Maxine Berg (Basingstoke and New York: Palgrave Macmillan, 2015), pp. 294-308.

Magnusson, Lars. 'Merkantilismens teori och praktik: utrikeshandel och manufakturpolitik isitt idéhistoriska sammanhang', in *Till salu: Stockholms textila handel och manufaktur 1722-1846*, ed. Klas Nyberg (Stockholm: Stads-och kommunhistoriska institutet, 2010), pp. 27-45.

Magnusson, Thomas. '...till rikets oboteliga skada och deras winning...': *konflikten om Ostindiska kompaniet 1730 - 1747* (Göteborg: Historiska institutionen, Göteborgs universitet, 2008).

Marks, Robert B., "Rice Prices, Food Supply, and Market Structure in EighteenthCentury South China," *Late Imperial China* 12.2 (1991): 64–116.

Martens, Vibe Maria, "The Theft of Fashion: Circulation of Fashionable Textiles and Garments in 18th-century Copenhagen," in *Fashionable Encounters: Perspectives and Trends in Textile and Dress in the Early Modern Nordic World*, eds. by Tove Engelhardt Mathiassen and others (Oxford: Oxbow Books, 2014), pp. 157–171.

McCants, Anne EC., "Exotic Goods, Popular Consumption, and the Standard of Living: Thinking about Globalization in the Early Modern World," *Journal of World History* 18.4 (2007): 433–462.

McKendrick, Neil, "Josiah Wedgwood and the Commercialization of the Potteries," in *The Birth of a Consumer Society: The Commercialization of Eighteenth-Century England*, eds. by Neil McKendrick, John Brewer, and John Harold Plumb (London: Hutchinson, 1982), pp. 100–145.

Miller, David Philip, "Joseph Banks, Empire and 'Centre of Calculation' in Late Hanoverian London," in *Visions of Empire: Voyages, Botany, and Representations of Nature*, eds. by David Philip Miller and Peter Hans Reill (Cambridge: Cambridge University Press, 1996), pp. 21–37.

Mintz, Sidney W., *Sweetness and Power: The Place of Sugar in Modern History* (New York: Viking, 1985).

Mitchell, David M., " 'My Purple will be too Sad for that Melancholy Room': Furnishings for Interiors in London and Paris, 1660–1735," *Textile History* 40.1 (2009): 3–28.

Morse, Hosea Ballou, *The Chronicles of the East India Company Trading to China, 1635–1834*, 5 Vols. (London: Routledge, 2000) Vol. 1.

Mui, Hoh-cheung and Lorna H. Mui, "Smuggling and the British Tea Trade before 1784," *The American Historical Review* 74.1 (1968): 44–73.

Mui, Hoh-cheung and Lorna H. Mui, "Trends in Eighteenth-Century Smuggling' Reconsidered," *The Economic History Review*, New Series, 28 (1975): 28–43.

Mui Hoh-cheung and Lorna H. Mui, *The Management of Monopoly: A Study of the English East India Company's Conduct of Its Tea Trade, 1784–1833* (Vancouver: Univ. of British Columbia Press, 1984).

Mui Hoh-cheung and Lorna H. Mui, *Shops and Shopkeeping in Eighteenth-Century England* (L ondon: Routledge, 1989).

Müller, Leos, "The Swedish East India Trade and International Markets: Re-exports of Teas, 1731–1813," *Scandin avian Economic History Review* 51. 3 (2003): 28–44.

Müller, Leos. , *Consuls, Corsairs, and Commerce: The Swedish Consular Service and Long Distance Shipping, 1720 – 1815* (Uppsala: Acta Uni versitatis Upsaliensis, 2004).

Müller, Leos ' Kolonialprodukter i Sveriges handel och konsumtionskultur, 1700–1800', *Historisk tids kriftt* 124. 2(2004): 224–248.

Müller, Leos, "' Merchants' and ' Gentlemen' in Early-modern Sweden: The World of Jean Abraham Grill, 1736–1792, "in *The Self-perception of Early Modern Capitalists*, eds. by Margaret C. Jacob and Catherine Secretan(New York: Palgrave Macmillan, 2008), pp. 126–146.

Müller, Leos, Göran Rydén, and Holger Weiss ed. *Global hi storia från periferin: Norden 1600–1850* (Lund: Studentlitteratur, 2010).

Müller, Leos, "The Swedish East India Company: Strategies and Functions of an Interloper," in *Small is Beautiful?Interlopers and Smaller Trading Nations in the Pre-industrial Period*, eds. by Markus A. Denzel, Jan de Vries, and Philipp Robinson Rössner (Stuttgart: Franz Steiner Verlag, 2011), pp. 73–93.

Müller-Wille, Staffan, "Walnuts at Hudson Bay, Coral Reefs in Gotl and: The Colonialism of Linnaean Botany," in *Colonial Botany: Science, Commerce, and Politics in the Early Modern World*, ed. by Londa L. Schiebinger and Claudia Swan (Philadelphia: University of Pennsylvania Press, 2005), pp. 34–48.

Myers, Ramon H. and Yeh-chien Wang, "Economic Developments, 1644 – 1800," in *The Cambridge History of China*, ed. by Willard J. Peterson. 1st ed. Vol. 9 (Cambridge: Cambridge University Press, 2002), pp. 563–646.

Nilsson-Schönborg, Göran. *Kinesiskt importporslin i Göteborg sett ur ett arke-*

ologisk perspektiv, *Urbaniseringsprocesser i Västsverige* (Göteborg: Dept. of Archaeology, 2001).

Nørregaard, Georg. *Guldkysten. De danske etablissementer paa Guineakysten*, in *Vore gamle tropekolonier*, ed. Johannes Brønsted, 2nd. ed. , 8 Vols. (Copenhagen: V Fremad, 1968), Vol. 8.

Nováky, György. *Handelskompanier och kompanihandel: Svenska Afrikakompaniet 1649–1663: en studie i feodal handel* (Stockh olm: Uppsala Univ. , 1990).

Nyberg, Kenneth. *Bilder av Mittens rike: kontinuitet och förändring i svenska resenärers Kinaskildringar 1749 – 1912* (Göteborg: Histori ska institutionen, Univ. , 2001).

Nyberg, Kenneth and Mariette Manktelow. 'Linnés apostlar och tillkomsten av Species plantarum' , *Svenska Linnésällskapets årsskrift* (2002–2003): 9–30.

Nybe rg, Kenneth, "Linnaeus' Apostles, Scientific Travel and the East India Trade," *Zoologica Scripta* 38. 1 (2009): 7–16.

Nyberg, Klas. 'Staten, manufakturer na och hemmamarknadens framväxt' , in *Industrialismens tid: ekonomisk-historiska perspektiv på svensk industriell omvandling under 200 år*, ed. Maths Isacson and Mats Morell (Stockholm: SNS förlag, 2002), pp. 59–80.

Nyberg, Klas. 'Stockholms handlande borgerskap och manufakturister' , in *Till salu: Stockholms textila handel och manufaktur 1722–1846*, ed. Klas Nyberg (Stockho lm: Stads-och kommunhistoriska institutet, 2010), pp. 47–62.

Nyrop, C. *Niels Lunde Reiersen. Et mindeskrift* (Copenhagen, 1896).

Nyström, Johan Fredrik, *De svenska ostindiska kompanierna: historisk-statistisk framställning* (Göteborg: D. F. Bonniers boktryckeri, 1883).

Olán, Eskil. *Ostindi ska compagniets saga: historien om Sveriges märkligaste handelsföretag*, 2nd ed. (Göteborg: Wettergren & Kerber, 1923).

Olsen, Gunnar. 'Dansk Ostindien 1616–1732. De ostindiske kompagniers handel på Indien' , in *Vore gamle tropekolonier*, ed. Johannes Brønsted, 2nd. ed. , 8 Vols. (Copenhagen: Fremad, 1967), Vol. 5.

Oxenbøll, Erik. 'Manufakturer og fabrikker. Staten og industrien i det 18.

Århundrede', in *Studier i dansk merkantilisme: omkring tekster af Otto Thott*, ed. and written by Kristof Glamann and Erik Oxenbøll (Copenhagen: Akademisk forlag, 1983), pp. 79–136.

Parmentier, Jan, *Tea Time in Flanders: The Maritime Trade between the Southern Netherlands and China in the 18th Century* (Gent: Ludion Press, 1996).

Parthasarathi, Prasannan and Giorgio Riello, "The Indian Ocean in the Long Eighteenth Century," *Eighteenth-Century Studies* 48. 1 (2014): 1–19.

Pomeranz, Kenneth, *The Great Divergence: China, Europe, and the Making of the Modern World Economy* (Princeton: Princeton University Press, 2000).

Poni, Carlo, "Fashion as Flexible Production: The Strategies of the Lyons Silk Merchants in the Eighteenth Century," in *World of Possibilities: Flexibility and Mass Production in Western Industrialization*, eds. by Charles F. Sabel and Jonathan Zeitlin (Cambridge: Cambridge University Press, 1997), pp. 37–74.

Pontoppidan, Erik. *Oeconomiske balance eller uforgribelige overslag paa Dannemarks naturlige og borgerlige formue til at giöre sine inbyggere lyksalige, saavidt som de selb ville skiönne derpaa og benytte sig deraf* (Copenhagen: printed by Andreas Hartwig Godiche, 1759).

Pope, Charles. *The merchant, ship-owner, and ship-master's import and export guide: comprising every species of authentic information relative to shipping, navigation and commerce* (London: The Compiler, 1831).

Praak, Maarten and Jan Luiten van Zanden, "Introduction: Technology, Skills and the Pre-modern Economy in the East and the West, in *Technology, Skills and the Pre-modern Economy in the East and the West*, eds. by Maarten Prak and Jan Luiten van Zanden (Brill, E-Books Online Collection 2013), pp. 1–22.

Rasch, Aage and Poul Peter Sveistrup. *Asiatisk Kompagni i den florissante periode 1772–1792* (Copenhagen: Nordisk Forlag, 1948).

Rasch, Aage. 'Dansk Ostindien 1777–1845', in *Vore gamle tropekolonier*, ed. Johannes Brønsted, 2nd. ed., 8 Vols. (Copenhagen: Fremad, 1967), Vol. 7.

Rasmussen, Jens Rahbek, "The Danish Monarchy as a Composite State," in *European Identities, Cultural Diversity and Integration in Europe since 1700*, ed. by Nils Arne Sørensen (Odense: Odense University Press, 1995), pp. 23-36.

Rasmussen, Pernilla. *Skräddaren, sömmerskan och modet: arbetsmetoder och arbetsdelning i tillverkningen av kvinnlig dräkt 1770-1830* (Stockholm: Nordiska museets förlag, 2010).

Riello, Giorgio, "Asian Knowledge and the Development of Calico Printing in Europe in the Seventeenth and Eighteenth Centuries," *Journal of Global History* 5. 1 (2010): 1-28.

Riello Giorgio, and Prasannan Parthasarathi ed. , *The Spinning World, a Global History of Cotton Textiles, 1200-1850*, (Oxford: Oxford University Press, 2011).

Riello, Giorgio, *Cotton: The Fabric that Made the Modern World* (Cambridge: Cambridge University Press, 2013).

Roche, Daniel, *The Culture of Clothing: Dress and Fashion in the Ancien Regime* (Cambridge: Cambridge University Press, 1996).

Rönnbäck, Klas, "An Early Modern Consumer Revolution in the Baltic?" *Scandinavian Journal of History* 35. 2 (20 10): 177-197.

Rönnbäck, Klas, *Commerce and Colonisation: Studies of Early Modern Merchant Capitalism in the Atlantic Economy* (Gothenburg: Doctoral Theses from University of Gothenburg, 2010).

Rothstein, Natalie, *Silk Designs of the Eighteenth Century: In the Collection of the Victoria and Albert Museum, London, with a Complete Catalogue* (London: Thames and Hudson, 1990).

Runefelt, Leif. *Att hasta mot undergången: anspråk, flyktighet, förställning i debatten om konsumtion i Sverige 1730-1830* (Lund: No rdic Academic Press, 2015).

Rydén, Göran ed. , *Sweden in the Eighteenth-century World: Provincial Cosmopolitans* (Farnham: Ashgate, 2013).

Schön, Lennart. *Från hantverk till fabriksindustri: svensk textiltillverkning*

1820–1870（Lund：Arkiv för studier i arbetarrörelsens historia，1979）.

Schön，Lennart，*Sweden's Road to Modernity: An Economic History*（Stockholm：SNS förlag，2010）.

Schou，Jacob Henric. *Chronologisk register over de kongelige forordninger og aabne breve, som fra aar 1670 af ere udkomne, tillige med et nøiagtigt udtog af de endnu gieldene, for saavidt samme i almindelighet angaae undersaatterne i Danmark og Norge*，Vols. Ⅲ–Ⅳ（Copenhagen：Sebastian Popp，1795）.

Sewell，William H. ，"The Empire of Fashion and the Rise of Capitalism in Eighteenth-century France，" *Past & Present* 206. 1（2010）：81–120.

Shammas，Carole，*The Pre-industrial Consumer in England and America*（Oxford：Clarendon，1990）.

Shaw，Madelyn，" 'Shipped in Good Order' Rhode Island's China Trade Silks，" in *Global Trade and Visual Arts in Federal New England*，eds. by Patricia Johnston and Caroline Frank（Lebanon：University of New Hampshire Press，2014），pp. 119–133.

Sjöberg，Lars and Ursula Sjöberg. *Ostindiskt: kinesiskt porslin och Kinaintresset i Sverige under 1700–talett*（Stockholm：Norstedt，2011）.

Smith，Chloe Wigston，" 'Callico Madams'：Servants, Consumption, and the Calico Crisis，" *Eighteenth-Century Life* 31. 2（2007）：29–55.

Söder berg，Johan，"Daily Wages of Unskilled Labourers 1540–1850，" internet resource，http://www. riksbank. se/sv/Riksbanken/Forskning/Historisk-monetarstatistik/Loner/Dagsloner-for-hantlangare-i-Stockholm–15011850/2007（accessed 5 July 2015）.

Söderpal m，Kristina. 'Svenska Ost-Indiska Compagniet och den kinesiska vågen'，in *Kina slott*，ed. Göran Alm（Stockholm：Byggförlaget/Kultur，2002），pp. 264–284.

Söderpalm，Kristina ed. *Ostindiska Compagniet: affärer och föremål*，2nd ed.（Göteborg：Göteborgs stadsmuseum，2003）.

Söderpalm，Kristina. 'Auktionen på den första lasten från Kina'，in *Ostindiska Compagniet: affärer och föremål*，ed. Kristina Söderpalm，2nd ed.（Göteborg：Göteborgs stadsmuseum，2003），pp. 88–105.

Söderpalm, Kristina. 'SOIC-ett skotskt företag?', in *Ostindiska Compagniet: affärer och föremål*, ed. Kristina Söderpalm, 2nd ed. (Göteborg: Göteborgs stadsmuseum, 2003), pp. 37–61.

Söderpalm, Kristina. 'Svenska ostindiska kompaniet 1731–1813. Enöversikt', in *Ostindiska Compagniet: affärer och föremål*, ed. Kristina Söderpalm, 2nd ed. (Göteborg: Göteborgs stadsmuseum, 2003), pp. 9–29.

Stern, Philip J., "History and Historiography of the English East India Company: Past, Present, and Future!" *History Compass* 7. 4 (2009): 1146–1180.

Stobart, Jon, *Sugar and Spice: Grocers and Groceries in Provincial England, 1650–1830* (Oxford: Oxford University Press, 2012).

Stobart, Jon and BrunoBlondé, ed., *Selling Textiles in the Long Eighteenth Century: Comparative Perspectives from Western Europe* (Basingstoke: Palgrave Macmillan, 2014).

Struwe, Kamma. 'Dansk Ostindien 1732–1776. Tranquebar under kompagnistyre', in *Vore gamle tropekolonier*, ed. Johannes Brønsted, 2nd. ed. 8 Vol. (Copenhagen: Fremad, 1967), Vol. 6.

Styles, John, "Product Innovation in Early Modern London," *Past & Present* 168. 1 (2000): 124–169.

Styles, John, *The Dress of the People: Everyday Fashion in Eighteenth-Century England* (New Haven: Yale University Press, 2007). *The Canton-Macao Dagregisters 1762*, translation and annotations by Paul A. Van Dyke, revisions by Cynthia Viallé (Macao: Instituto Cultural do Governo da R. A. E. de Macau, 2006).

The Canton-Macao Dagregisters 1763, translation and annotations by Paul A. Van Dyke, revisions by Cynthia Viallé (Macao: Instituto Cultural do Governo da R. A. E. de Macau, 2008).

The Canton-Macao Dagregisters 1764, translation and annotations by Paul A. Van Dyke, revisiors by Cynthia Viallé (Macao: Instituto Cultural do Governo da R. A. E. de Macau, 2009).

The Philippine Islands 1493–1898: Explorations by Early Navigators, Descrip-

tions of the Islands, Their History and Records of the Catholic Missions, as Related in Contemporaneous Books and Manuscripts, translated from the originals, eds. by Emma Helen Blair and James Alexander Robertson, with historical introduction and additional notes by Edward Gaylord Bourne, 55 Vols. (Cleveland, OH: Arthur H. Clark Co. , 1903-1908), Vol. 42, 1670-1700.

The Tea Purchaser's Guide, or, The Lady and Gentleman's Tea Table and Useful Companion, in the Knowledge and Choice of Teas (London: Printed for G. Kearsley, 1785).

Thorley, John, "The Silk Trade between China and the Roman Empire at Its Height, circa ad 90-130," *Greece and Rome* 18. 1 (1971):71-80.

Toftegaard, Kirsten, "Bolette Marie Harboe's Bridal Dress: Fashionable Encounters Told in an 18th-century Dress," in *Fashionable Encounters: Perspectives and Trends in Textile and Dress in the Early Modern Nordic World*, eds. by Tove Engelhardt Mathiassen and others (Oxford: Oxbow Books, 2014), pp. 173-182.

Tveite, Stein, "The Norwegian Textile Market in the 18th Century," *Scandinavian Economic History Review* 17. 1 (1969): 161-178.

Twining, Richard, *Observations on the Tea and Window Act, and on the Tea Trade*, 3rd ed. (London: printed for T. Cadell, 1785). Uglow, Jenny S. , *The Lunar Men: The Friends who Made the Future 1730-1810* (London: Faber, 2002).

Uldall, Kai. *Gammel dansk fajence: fra fabrikker i kongeriget og hertugdømmerne*, 3rd ed. (Copenhagen: Forum, 1982).

Ulväng, Marie. *Klädekonomi och klädkultur: böndernas kläder i Härjedalen under 1800-talet* (Möklinta: Gidlund, 2012).

Van Dyke, Paul A. , *The Canton trade: Life and Enterprise on the China Coast, 1700-1845* (Hong Kong: Hong Kong University Press, 2005).

Van Dyke, Paul A. , "Weaver Suckin and the Canton Silk Trade 1750-1781," *Review of Culture*, International Edition No. 29 (2009): 105-119.

Van Dyke, Paul A. , *Merchants of Canton and Macao: Politics and Strategies in Eighteenth-Century Chinese Trade* (Hong Kong: Hong Kong University

Press, 2011).

Venborg Pedersen, Mikkel. *Luksus, forbrug og kolonier i Danmark i det 18. århundrede* (Copenhagen: Museum Tusculanum, 2013).

Vermeir, Koen, "Openness versus Secrecy? Historical and Historiographical Remarks," *The British Journal for the History of Science* 45.2 (2012): 165-188.

Vettese Forster, Sam and Robert M. Christie, "The Significance of the Introduction of Synthetic Dyes in the Mid-19th Century on the Democratisation of Western Fashion," *JAIC-Journal of the International Colour Association* 11 (2013): 1-17.

de Vries Jan and Ad van der Woude, *The First Modern Economy: Success, Failure, and Perseverance of the Dutch Economy, 1500-1815* (Cambridge: Cambridge University Press, 1997).

de Vries, Jan, "Connecting Europe and Asia: A Quantitative Analysis of the Cape Route Trade, 1497-1795," in *Global Connections and Monetary History, 1470-1800*, eds. by Dennis O. Flynn, Arturo Giraldez, and Richard von Glahn (Aldershot: Ashgate, 2003), pp.35-106.

de Vries, Jan, *The Industrious Revolution: Consumer Behavior and the Household Economy, 1650 to the Present* (Cambridge: Cambridge University Press, 2008).

de Vries, Jan, "The Limits of Globalization in the Early Modern World," *The Economic History Review* 63.3 (2010): 710-733.

Wakefield, Andre, *The Disordered Police State: German Ccameralism as Science and Practice* (Chicago: University of Chicago Press, 2009).

Wakefield, Andre, "Butterfield's Nightmare: The History of Science as Disney History," *History and Technology* 30.3 (2014): 232-251.

Weatherill, Lorna, *Consumer Behaviour and Material Culture in Britain, 1660-1760*, 2nd ed. (London: Routledge, 1996).

Wegener Sleeswijk, Anne, "Hearing, Seeing, Tasting and Bidding: Information at the Dutch Auction of Commodities in the Eighteenth Century," in *Information*, eds. by Leos Müller and Jari Ojala (Helsinki: Finnish Literature

Society, 2007), pp. 169-192.

Westring, Johan P. 'Försök, att af de flesta laf-arter (Lichenes) bereda färgstofter, som sätta höga och vackra färgor på ylle och silke', *Kongl. VetenskapsAcademiens Handlingar* Apr., Maj, Jun., (1791): 113-138; Oct., Nov., Dec., (1791): 293-307; Jan., Febr., Mart., (1793): 35-54; Jan., Febr., Mart., (1794): 3-31; Jan., Febr., Mart., (1795): 41-57; Jul., Aug., Sept., (1797): 176-192; Jan., Febr., Mart., (1798): 1-21.

Westring, Johan P. *Svenska lafvarnas färghistoria, eller sättet att använda dem till färgning och annan hushållsnytta*, part 1-8 (Stockholm: tryckt hos Carl Delén, 1805-1809).

Wijnands, D. and Johannes Heniger, "The Origins of Clifford's Herbarium," *Botanical Journal of the Linnean Society* 106.2 (1991): 129-146.

Winton, Patrik, "Denmark and Sweden in the European Great Power System, 1720-1765," *Revue d'histoire nordique* 14 (2012): 39-62.

Young, H., Manufacturing Outside the Capital: The British Porcelain Factories, Their Sales Networks and Their Artists, 1745-1795," *Journal of Design History* 12.3 (1999): 257-269.

Zahedieh, Nuala, *The Capital and the Colonies: London and the Atlantic Economy, 1660-1700* (New York: Cambridge University Press, 2010).

图书在版编目（CIP）数据

丝与茶：18世纪亚洲商品在斯堪的纳维亚／（瑞典）
汉娜·霍达克斯（Hanna Hodacs）著；贺建涛，陈文希
译 . --北京：社会科学文献出版社，2025.8. --ISBN
978-7-5228-4124-3

Ⅰ . F749

中国国家版本馆 CIP 数据核字第 20246SD049 号

丝与茶：18 世纪亚洲商品在斯堪的纳维亚

著　　者／［瑞典］汉娜·霍达克斯（Hanna Hodacs）
译　　者／贺建涛　陈文希

出 版 人／冀祥德
责任编辑／宋淑洁
文稿编辑／李铁龙
责任印制／岳　阳

出　　版／社会科学文献出版社·经济与管理分社（010）59367226
　　　　　地址：北京市北三环中路甲 29 号院华龙大厦　邮编：100029
　　　　　网址：www. ssap. com. cn
发　　行／社会科学文献出版社（010）59367028
印　　装／三河市东方印刷有限公司

规　　格／开本：787mm×1092mm　1/16
　　　　　印张：15.25　字数：247 千字
版　　次／2025 年 8 月第 1 版　2025 年 8 月第 1 次印刷
书　　号／ISBN 978-7-5228-4124-3
著作权合同
　　　　　／图字 01-2023-5788 号
登 记 号
定　　价／89.00 元

读者服务电话：4008918866